《资本论》生态哲学思想
及其当代意义

鲁明川　著

ZHEJIANG UNIVERSITY PRESS
浙江大学出版社
·杭州·

图书在版编目(CIP)数据

《资本论》生态哲学思想及其当代意义 / 鲁明川著
. --杭州：浙江大学出版社，2022.12
ISBN 978-7-308-23356-9

Ⅰ.①资… Ⅱ.①鲁… Ⅲ.①《资本论》—马克思著
作研究 Ⅳ.①A811.23

中国版本图书馆 CIP 数据核字(2022)第 235402 号

《资本论》生态哲学思想及其当代意义

鲁明川 著

责任编辑	傅百荣	
责任校对	徐素君	
封面设计	周　灵	
出版发行	浙江大学出版社	
	（杭州市天目山路 148 号　邮政编码 310007）	
	（网址：http://www.zjupress.com）	
排　　版	杭州隆盛图文制作有限公司	
印　　刷	广东虎彩云印刷有限公司绍兴分公司	
开　　本	710mm×1000mm　1/16	
印　　张	16.75	
字　　数	310 千	
版 印 次	2022 年 12 月第 1 版　2022 年 12 月第 1 次印刷	
书　　号	ISBN 978-7-308-23356-9	
定　　价	68.00 元	

序

　　鲁明川的著作《〈资本论〉生态哲学思想及其当代意义》的出版,值得庆贺。就理论发展而言,《资本论》可以说是人类取之不尽的思想宝库,其中许多理念的深刻内涵,有待后人进一步发掘,并且一旦能够发掘和光大,便会对社会产生深远影响。例如,马克斯·韦伯关于"资本主义精神"的思想,凯恩斯关于货币给经济体系带来本质性变化的思想、关于市场经济总供给必然过剩的理论等等,都是影响整个世界的思想。而这些思想,无论其提出者承认与否,我们都能非常明确地从《资本论》中发现追寻其思想发源地,而这些作者不可能不受《资本论》中相关著名思想的影响。而《资本论》中蕴含的极其丰富的生态哲学思想,更有待进一步发掘。鲁明川的这本著作,以他对《资本论》的总体思想的把握为基础,用明晰的逻辑思路和对当代社会现实的关切,在这方面做出了突出贡献。基于此,我非常乐意为此书作序。

　　直接地看来,生态问题首先是人与自然的关系问题,是现代工业化生产力发展所产生出来问题,因而必须通过科学技术与社会生产力的变革来解决。然而在生产力系统的这些技术性问题的背后,我们可以发现那种驱动这种生产力发展的社会关系力量,因而生态问题同时也是人与人的社会关系问题。正是某些社会集团为了达到自身目的而进行的生产活动,产生了危害他人和全人类的生态危机,因此变革生产关系是解决生态危机的前提。这就是"生态问题的二重性",它是《资本论》的劳动二重性思想在生态问题上的表现。从人与人的社会关系的角度来分析人与自然的关系,使《资本论》的生态思想本质上区别于西方生态思想。《资本论》中所所说的资本,乃是以物质性生产要素为载体的社会关系,是投入到生产中追求自身增殖的剩余劳动价值。资本为了自身增殖,必然成为组织生产要素进行扩大再生产的强大的社会关系纽带,从而具有推动社会生产力发展的强大动力。但是对资本来说,推动生产力发展只是手段,其目的只是为了实现价值增殖,也即赚钱。为了达此目的而进行的资本扩张过程,成为资本不断吞噬各种生产要素的不断把世界"资本化"的过程,由此形成了资本逻辑。这种资本逻辑必然与生态逻辑发生矛盾与冲突。资本逻辑的时空展现最终撕裂生态环境自身的逻辑。而这个过程表现为无限扩张的正反馈过程:资本以占有和利用生态资源为前提,不断将生态资源吸纳到资本体系内部,使之成为资本增殖的载体,破坏生态环境;而资本在汲取自然力之后,获得了更强的"扩张能力",需要吸纳更多的生态资源,不断加剧对自然资源的盘剥力度和对生态环境的破坏程度。人类劳动通过资本扩张过程产生了一个危害人类自身的恶化的环境系统,这是"生态异化"。要消除这种人与自然之间的"生态异化"的矛盾,必须改变造成这种"生态异化"的资本主义社会关系。这是马克思主义生态哲学与其他各种生态哲学的本质差异之所在。

鲁明川的这部著作,从当代现实的生态问题出发,来发掘《资本论》所蕴含的生态哲学,理论联系实际,探寻马克思《资本论》生态哲学思想对当下中国特色社会主义生态文明建设实践的重要意义及路径启示。本书的主要观点体现在以下五个方面:

(一)物化的社会关系力量:《资本论》研究的重要主题。《资本论》不仅包含生产、交换、消费组成的社会物质生产系统,而且还蕴含社会物质生产系统的驱动力,这个驱动力就是物化的社会关系力量,这也是唯物史观的生动体现。《资本论》中关于劳动有大量论述,人们通过社会分工条件下物化劳动将自身的本质力量凝结在劳动产物生产出大量的物质产品,同时通过物化劳动的物与物之间的联系实现人与人社会关系的联系。资本是人类社会发展过程中一定的"物"与一定的"社会关系"的综合体,它在社会生产和社会关系再生产过程表现出了双重作用:一方面通过"物"产生了创造文明的作用,另一方面通过"社会关系"产生一种客观的社会力量。

(二)"人-自然共同体":《资本论》生态哲学的社会向度。人与自然以及人与人之间的关系不是彼此隔离,而是不断进行着"物质变换",人与自然构成了密不可分的生态共同体。生产、交换、分配、消费等社会关系实质上是人与自然之间不断物质变换的生态关系表现。现实中的人与自然都不是一种先在的或现成的存在,而是一种具体的、现实的社会存在,人与自然的关系在人类社会实践中生成,彼此是一种"过程内在关系"。

(三)资本逻辑:人与自然关系的非生态发展。资本的本质是一种社会关系,由于其趋利本性,通过生产资料来支配他人的劳动,从而不断把客观世界"资本化",由此形成的推动社会经济运行的巨大的客观物质力量及其矛盾发展规律,导致强制生产、强制消费的大量出现,撕裂了人与自然的内在生态逻辑关系,出现"资本—生态"正反馈怪圈。资本主义发展史和生态灾难史是同一个历史过程。随着资本逻辑主宰世界,资本开始在全球裹挟和掠夺资源,从而致使生态危机的全球蔓延和频发,资本的无限制扩张是自然之死的主要原因,限制资本成为复活自然的首要任务。

(四)生态文明是人类生存的载体,也是人类存在的基本样式,涵盖了人与人的社会关系和人与自然的关系的全部内容。生态文明并非简单的"超越论"和"修补论",其本质就是人与自然、人与人、人与社会的对象性存在的良序状态。人与自然、人与人、人与社会彼此之间并不是一种"征服与被征服"、"改造与被改造"的关系,而是一种对象性关系。生态文明体现为人—自然—社会之间和谐共生的对象性存在的良序状态,其不只是对原始文明、农业文明、工业文明的简单超越,也是历史的产物,是人类文明形态不断演进的必然结果。

(五)实践与发展:《资本论》生态哲学思想为新时代中国特色社会主义生态文明建设提供了理论支撑和实践启示。《资本论》中的生态哲学思想对于推进新时代中国特色社会主义生态文明建设具有重要的启发意义。我国目前依然处在社会主义初级阶段,必须认识劳动和资本及其逻辑对发展经济、提高效率的积极作用,发挥中国特色社会主义制度优势和政府引导作用,驾驭和导控资本,克服资本及其逻辑的生态悖论,坚持绿色发展理念,大力发展循环经济,优化产业布局和结构,倡导生态消费,不断满足人民日益增长的美好生活需要,促进人与自然、人与社会的和谐发展,推动中国特色社会主义生态文明建设实践的不断发展。

总体而言,本书文献材料详实,观点明确,思路清晰,立足《资本论》原著文本,分析概括《资本论》生态哲学思想要点,使得论断有本可依、有源可寻、有理有据,富有说服力。当然,需要指出的是,《资本论》是马克思花费毕生精力撰写的一部鸿篇巨著,内容十分丰富,思想深刻,资本与生态的矛盾问题比较复杂,尽管作者在这方面做出了努力探索,但还有一些问题需要进一步的思考与研究。例如如何正确认识和分析资本全球化的生态正义问题？如何看待绿色资本主义问题？《资本论》生态哲学研究中如何进一步体现"中国特色"？如何从唯物史观分析中国特色社会主义生态文明建设与人类文明新形态的内在关系及其文明史意义？等等。希望并相信本书的作者在这些方面做进一步努力，丰富资本与生态相关问题的研究成果。

　　鲁明川工作所在地是浙江，是习近平总书记"绿水青山就是金山银山"理念的诞生地。浙江人民在习近平总书记的引领下，在生态文明建设上取得了举世公认的巨大成绩。深入发掘《资本论》的生态哲学思想，对于更好地理解和贯彻习近平总书记这一思想，对于我国的生态文明建设，有着重要的理论意义与现实意义。这是我对本书的最大希望。是为序。

鲁品越

目　录

引言　生态危机呼唤马克思主义生态哲学

"人诗意地居住在此土地上",荷尔德林这句著名的诗句充分表达了人与自然和谐相处的理想状态。但随着人类社会的发展,尤其是进入资本主义阶段后,资本猛然席卷了全球:一方面带来了生产力的极大发展,人类文明成果不断涌现;另一方面人与自然之间的矛盾不断激化,全球性的生态危机愈演愈烈。回望过去,西方资本主义国家从 20 世纪上半叶先后发生了"八大公害"事件①,这被视为西方世界环境污染和生态危机加剧的标志性事件。此后,1984 年印度博帕尔毒气泄漏事件、2010 年的墨西哥湾原油外溢事件以及 2011 年日本福岛核泄漏等一系列重大环境污染事件层出不穷。"全球垄断资本正在将整个地球的社会生态和自然生态的自我维持的潜能破坏殆尽,涸泽而渔的发展方式正在奋力掏空人类的未来以换取现有资本的存续。整个人类文明和自然环境都已经无法承受资本统治下这种自我毁灭的发展方式了。"②正因为如此,有学者指出:"今天的危机不再是一个国家或者地区的危机,而是全球性危机。整个人类结成一个共同体,一损俱损,一兴俱兴。所以,一旦人类不能应对挑战,危及的就不是一个国家、一个地区,而是整个人类文明"③。生态危机已经十分突出地呈现出了全球性和整体性的特征,"是现代文明总危机当中政治经济矛盾的一个重要现实

---

① "八大公害"事件:(1)1930 年比利时马斯河谷事件;(2)1984 年美国多诺拉事件;(3)20 世纪 40 年代美国洛杉矶光化学烟雾事件;(4)1952 年的英国伦敦烟雾事件;(5)1961 年日本四日市哮喘事件;(6)1963 年日本爱知县米糠油事件;(7)1953—1968 年日本水俣病事件;(8)1955—1977 年日本富山的痛痛病事件。

② 郗戈:《超越资本主义现代性——马克思现代性思想与当代社会发展》,中国人民大学出版社2014 年版,第 168 页。

③ 魏波:《环境危机与文化重建》,北京大学出版社 2007 年版,第 38 页。

表征,同时也时刻关系着超越国界的每一个人类的'自我持存'"①。"资本主义结构及其实践,不仅在蹂躏和掠夺人类自身,而且也在蹂躏和掠夺整个地球。因此,就其核心而言,马克思主义是而且必须是生态哲学和环境哲学。"②中国经过几十年的快速发展,取得了举世瞩目的成就,但我们也为此付出了巨大的环境代价,特别是一度笼罩着大半个中国的雾霾,使人们对"蓝天白云"的呼声不断高涨。生态危机已经成为关乎人类生存和发展的全球性的重大问题。2020年始在全球蔓延的新冠肺炎疫情,迫使我们对既有的生产和生活方式重新审思。人类今天所面临的生态危机源起何处?又是如何走到如此严重之地步?面对生态危机,人类该何去何从?当下中国又该如何引以为戒,克服经济社会发展中的"生态之困",走出一条别具一格的生态之路?这些既是我们必须认真思考的时代之问,也是我们必须认真回答的现实之问。

一、全球生态危机的加剧

工业革命以来,人类社会生产力得到了快速发展,特别是20世纪50年代以后,随着主要资本主义国家步入工业化的快车道以及新兴独立的发展中国家纷纷卷入工业化浪潮,社会生产力得到极大发展,物质财富迅猛增长,人们在谋求经济社会发展方面取得了巨大成功。但与此同时,自然资源能源消耗和生态环境破坏也达到空前规模。联合国发布的《2019年排放差距报告》再次向世人拉响了警报:如果全球温室气体排放量在2020年至2030年之间不能以每年7.6%的水平下降,世界将失去实现1.5℃温控目标的机会。③ 据统计,近100年里,资源能源的工业使用量增加了50倍,其中80%集中在20世纪50年代以后,④资源能源短缺成了世界普遍问题,大量二氧化碳和甲烷的排放,导致了全球气温的不断上升,"地球温度每10年就会升高0.1℃到0.26℃,地球两极则上升3℃到7℃不等"⑤。据测算,"全球气温比工业化前上升摄氏2度以上,可能就会有十

① 包大为:《从启蒙到解放:马克思主义政治哲学的多元实践研究》,上海社会科学院出版社2020年版,第335页。

② [美]菲利普·克莱顿、贾斯廷·海因泽克:《有机马克思主义:生态灾难与资本主义的替代选择》,孟献丽、于桂凤、张丽霞译,人民出版社2015年版,第74页。

③ 参见[美]杰里米·里夫金:《零碳社会:生态文明的崛起和全球绿色新政》,赛迪研究院专家组译,中信出版集团2020年版,序言第1页。

④ 参见邓翠华、陈墀成:《中国工业化进程中的生态文明建设》,社会科学文献出版社2015年版,第19页。

⑤ 李龙强:《生态文明建设的理论与实践创新研究》,中国社会科学出版社2015年版,第11页。

多亿人面临缺水,世界上 15％～30％的物种可能就会濒临灭绝"①。2019 年 9 月,世界气象组织发表报告显示,2015—2019 年间,"全球温室气体排放量增加了 20％,与前工业时期相比,全球平均气温升高了 1.1℃。"②温室效应已经对海洋藻类、农业、畜牧业以及人们的生产和生活产生了严重的影响。工业革命以后,人类贪婪的欲望不断被激活和膨胀,地球人口迅猛增长,掠夺自然达到史上空前的程度。为了满足人类无休止的欲望,人们喊着"天赋人权""人定胜天"口号,疯狂地侵占自然、掠夺自然,以达到人类的"自我实现"。地球的自然圈遭到严重破坏,物种灭绝的速度不断加快,人类欲望的肆意膨胀,臭氧层耗损不断加大、海洋污染随之扩大,生物的多样性不断减少等各种危机日益加剧,地球"一半以上的淡水资源已被人类利用;22％的渔业资源正在过度开发(或已耗尽),其中44 ％已达到开发极限;地球鸟类的 1 ／4 由于人类的活动已濒临灭绝。目前物种灭绝的速度已超过人类支配地球前的 100 到 1000 倍"③。统计显示,"每年全世界塑料制品产量约为 1 亿吨,依据 15％的废弃率,每年全球废弃塑料制品达到 1500 万吨"④。地球已经被破坏得"面目全非"。"今天,地球上每个主要的生态系统都在衰退。"⑤各种生态灾难不停地上演,"由核电站的许多事故和核废料引起的辐射;海洋的化学污染足以摧毁制造大气层中氧气的浮游植物;大气污染的一种'温室效应',破坏着臭氧层,使冰雪覆盖层融化,淹没大片地区;热带雨林遭到大规模的破坏,而它是再生氧的基本来源;大面积使用人造肥料,结果使得成千上万英亩的表层土壤失去了肥力"⑥。历史演进到今日,生态危机不再是一个国家、一个区域的"局部之痛",已经日益成为全球的"共同之病"。正如学者所言:"当英国、法国、德国上空的二氧化硫随着大西洋的季风吹到北欧诸国时,当南极上空的臭氧层空洞影响到世界气候时,当亚马孙河热带雨林的锐减造成大量生物物种减少时,生态环境问题已变成全球性问题了。"⑦生态危机是人类在

---

① 李龙强:《生态文明建设的理论与实践创新研究》,中国社会科学出版社 2015 年版,第 11 页。
② 王向阳:《新时代共建地球生命共同体创新路径选择》,《人民论坛·学术前沿》,2020 年第 6 期(上)。
③ ［美］约翰·贝拉米·福斯特:《生态危机与资本主义》,耿建新、宋兴无译,上海译文出版社 2006 年版,第 67-68 页。
④ 王向阳:《新时代共建地球生命共同体创新路径选择》,《人民论坛·学术前沿》2020 年第 6 期(上)。
⑤ ［美］约翰·贝拉米·福斯特:《生态革命——与地球和平相处》,刘仁胜等译,人民出版社 2015 年版,第 37 页。
⑥ ［英］安东尼·吉登斯:《现代性的后果》,田禾译,凤凰出版传媒集团译林出版社 2011 年版,第 111-112 页。
⑦ 魏波:《环境危机与文化重建》,北京大学出版社 2007 年版,第 40 页。

全球化进程中遭遇重大困境的一个突出表现,它是全球危机的折射和重要组成部分,已经超越了一般意义的地理、政治、文化的界限,逐渐演变成了全球性的整体性危机。

生态环境的持续恶化,对人们的生命健康造成了严重的伤害。据世界卫生组织测算,"约有四分之一的全球性疾病和伤害是与环境的污染和退化相关。约90%的腹泻性疾病(例如霍乱)平均每年导致 300 万人死亡,这一疾病主要是由于水被有毒特质污染所致。每年约有 150 万~270 万人死于疟疾,这其中 90%与环境破坏有关"①。2020 年,被称为"第八大陆"的太平洋垃圾带(主要由塑料垃圾组成)正向中国逼近,"其中塑料废物是海洋生物的 180 倍。研究表明,海洋生物每年会消耗多达 24000 吨塑料,塑料中的化学物质可以通过食物链传递给人类"②。世界自然基金会发布的《地球生命力报告 2014》指出,"人类的生存或许已经跨越了'地球边界',这可能导致突然或不可逆转的环境变化。我们需要1.5 个地球才能满足目前人类对自然的需求,这意味着我们正在逐渐耗尽我们的自然资源,这将使得子孙后代的需求更加难以维持。人口数量的不断增加和高人均生态足迹的双重效应,让我们施加在地球上的资源压力成倍增加。"③2014 年 4 月,英国环境部门检测到伦敦空气污染达 10 级,是 1952 年以来最严重的污染,引发英国 162 万人哮喘病发。④ 马克思、恩格斯很早就告诫人们:"不以伟大的自然规律为依据的人类计划,只会带来灾难。"⑤美国学者蕾切尔·卡逊在《寂静的春天》中也指出:"当人类向着他所宣告的征服大自然的目标前进时,已写下了一部令人痛心的破坏大自然的记录,这种破坏不仅仅直接危害了人们所居住的大地,而且也危害了与人类共享大自然的其他生命。"⑥在来自全球1600 名科学家签署的《世界科学家对人类的警告》中,指出:"人类和自然界正处于冲突之中。人类活动对环境和重要资源带来严重并且经常是不可修复的破坏。如果不加以阻止,我们目前的许多行为会对我们所期望的人类社会、地球和动物王国的未来带来严重的威胁,并将改变人类的生活世界以致无法按照我们所知道的方式延续生命。如果要避免我们目前进程所带来的冲突,就迫切需要

① [美]希拉里·弗伦奇:《消失的边界》,李丹译,上海译文出版社 2002 年版,第 54 页。

② 王向阳:《新时代共建地球生命共同体创新路径选择》,《人民论坛·学术前沿》,2020 年第 6 期(上)。

③ 参见世界自然基金会:《WWF 地球生命力报告 2014》,世界自然基金会门户网 http://wwf.panda. org/about_our_earth/all_publications/living_planet_report/。

④ 参见戴军:《英国:"霾害根除"还只是个传说》,《光明日报》2015 年 3 月 22 日。

⑤ 《马克思恩格斯全集》第 31 卷,人民出版社 1972 年版,第 251 页。

⑥ [美]蕾切尔·卡逊:《寂静的春天》,吕瑞兰、李长生译,上海译文出版社 2014 年版,第 85 页。

一些根本性的改变。"①哈佛大学社会生物学教授爱德华·威尔逊对人类不断破坏生态环境导致生态危机提出了批判,指出:"人口过多和环境恶化正在世界各地发生。它使得自然栖息地越来越小,生物多样性不断下降。现实世界是被市场经济和自然经济同时控制着的,人类正和剩余的生物作最后一次斗争。"②《地球生命力报告 2016》指出,1970—2012 年,陆地物种下降了 38%,淡水物种下降了 81%,海洋物种下降了 36%,整个地球生命力下降了 58%,年均降幅达 2%,且没有丝毫放缓迹象,每一年的"地球生态超载日"一次又一次被提前,1970 年,这一天出现在 12 月 23 日,2000 年出现在 10 月 4 日,2005 年出现在 9 月 3 日,2017 年出现在 8 月 2 日,预计到 2030 年,这一天会提前到 6 月份。③ 地球的生物正以前所未有的速度灭绝,全球性的生态危机日益严重,地球的生态系统对人类活动的支撑正处于崩溃的边缘。联合国政府间气候变化专门委员会在 2018 年 10 月发出严重警告:温室气体排放量还在加速上升,一系列更严重的气候事件一触即发,地球上的生命正在遭受前所未有的威胁。"生态危机是由'人类'或'人类文明'忽视其'自然的限度'这一事实所引发的灾难。"④现代社会,人不断被资本所座架,生态环境日益恶化,生态危机频发,轰动全球的生态灾难屡见不鲜,全球生态危机和不可逆的生态破坏已经不断挑战人类的生存底线,人类已经到了生死存亡的关键时刻,打破资本对生态的重重枷锁,解决困扰人类已久的生态环境问题,推进生态文明建设已经成为我们这个时代的当务之急。

二、"中国奇迹"与生态警钟的敲响

中国作为一个发展中国家,近几十年发展迅速,创造了举世瞩目的"中国奇迹"。但是,日益严重的环境污染问题,也给我们敲响了生态警钟,特别是前几年肆虐大半个中国的雾霾,从"北国之边"到"江南水乡"无一例外地被笼罩在雾霾之下。如何走出生态困境,实现经济、社会、生态的和谐发展,成了建设中国特色社会主义的重大现实课题。

---

① 李龙强:《生态文明建设的理论与实践创新研究》,中国社会科学出版社 2015 年版,第 79 页。
② [美]爱德华·威尔逊:《生命的未来》,陈加宽等译,上海人民出版社 2005 年版,第 60 页。
③ 参见 [德]魏伯乐、[瑞]安德斯·维杰克曼:《翻转的极限:生态文明的觉醒之路》,程一恒译,同济大学出版社 2018 年版,第 58 页。
④ [德]乌尔里希·布兰德、马尔库斯·威森:《资本主义自然的限度:帝国式生活方式的理论阐释及其超越》,郇庆治等编译,中国环境出版社 2019 年版,第 4 页。

（一）经济奇迹与生态弱置

改革开放以来，我们坚持"经济建设为中心"，"发展是硬道理"，经济建设取得了举世瞩目的成就。国家统计局统计数据显示，1978—2020年，我国年均经济增长率为9.3％，而同期世界经济年均增长率不足3％。中国经济保持40多年近两位数的增长速度，在世界范围内实属罕见，在人类经济发展史上创造了中国奇迹。1978年，我国的国内生产总值为3678.7亿元，2020年，上升到101.6万亿元，提高了275倍；经济总量从居世界第10位上升到并稳居世界第2位，成为仅次于美国的世界第二大经济体。与此同时，中国经济对世界的贡献率也在不断提高，特别是2008年国际金融危机爆发以来，我国对世界经济增长的年均贡献率实现了20％至30％连续跨越，①成为带动全球经济复苏以及拉动世界经济增长的重要引擎。

近代以来，各个国家在现代化的发展过程中，一直都以经济发展为主线和重心，经济实力决定了国家在地缘政治中地位和话语权，各国都为此极力发展经济，这本也无可厚非，但是这些率先发展起来的国家几乎无一例外地都弱置了生态环境，以牺牲生态环境换取经济的发展。改革开放40多年来，我国在不断创造经济奇迹的同时，似乎也走了一条类似于近代许多国家的发展之路，在发展经济时，没有充分重视生态环境问题，生态环境相对于快速的经济发展而言，处于弱置的地位。西方发达资本主义国家早年通过弱置生态环境发展经济，现在通过转移生态危机来继续发展经济。我们作为一个发展中国家，正在建设中国特色社会主义，经济发展和生态弱置问题不容回避，我们既不能走西方资本主义国家"先污染、后治理"的老路，也不能走它们现在转移污染的"邪路"。我们的经济和生态发展，该何去何从？这是我们必须正确认识和妥善处理的重大历史和现实问题。

改革开放以来，我国社会经济有了突飞猛进的发展，创造了巨大的社会物质财富，现代化的进程不断加速。我们在品尝现代化甜果的同时，不得不忍受环境污染苦果的煎熬。据统计，截至2017年，我国机动车的保有量达到3.1亿辆，②人们的出行工具得到了极大改善。但是，机动车尾气排放是生态环境污染的重要来源，也是造成灰霾、光化学污染的重要原因，加上机动车主要集中于各大城

---

① 国家统计局官网：《改革开放铸辉煌 经济发展谱新篇——1978年以来我国经济社会发展的巨大变化》，http://www.stats.gov.cn/tjgz/tjdt/201311/t20131106_456188.html。

② 央广网：《公安部：截至2017年底全国机动车保有量达3.10亿辆》，http://news.cnr.cn/native/gd/20180115/t20180115_524099848.shtml。

市,集中排放量巨大,对城市空气质量造成巨大的影响,直接威胁人们的身体健康。据测算,仅"十二五"期间,我国新增的机动车在 1 亿辆以上,新增机动车的汽柴油消耗约 1.5 亿吨,由此产生的尾气给生态环境造成了严重的压力。[①] 从某种意义讲,中国创造"经济奇迹"的 40 年,也是生态环境空前破坏的 40 年,"中国奇迹"的背后隐藏着环境污染和生态破坏的加剧。"2012 年我国国内生产总值达到 51.9 万亿元,占世界经济总量的 11.5%,但消耗了占世界 20% 的能源,煤炭消耗量占全世界的一半(50.2%),钢铁、铜等消耗也占世界的 40% 以上。发达国家几百年出现的资源环境问题,在我国 30 多年的快速发展中集中表现,水污染、土壤污染、空气污染非常严重,食品安全、药品安全、环境安全的问题时有发生。我国生态环境面临的压力比世界上任何国家都大,资源能源问题比任何国家都要突出,解决起来比任何国家都要困难。"[②]国家统计局统计数据显示,2014 年,"在按照《环境空气质量标准》(GB3095—2012)监测的 161 个城市中,城市空气质量达标的城市占 9.9%,未达标的城市占 90.1%"[③]。当今我国的环境形势非常严峻,不仅长期积累的环境问题未得到有效解决,且新的环境问题又在不断产生。我国每年因环境污染造成的损失已占 GDP 的 3%,一些污染严重地区的环境污染损失已占到 GDP 的 7% 以上。[④] 主要污染物排放总量大,70%的企业不能达到环境空气质量,一半城市市区地下水污染严重,环境风险继续增加,损害群众健康的环境问题比较突出。[⑤]

首先是水环境问题。主要包括水资源匮乏和水污染。全国年缺水总量约为300 亿至 400 亿立方米,每年因缺水造成的直接经济损失达 2000 亿元。[⑥] 此外,全国 7 大水系中约 26% 是五类和劣五类水,9 大湖泊中有 7 个是五类和劣五类水,[⑦]水污染呈现普遍化和严重化趋势。全国 118 个城市连续监测数据显示,约64% 的城市地下水遭受严重污染,33% 的地下水受到轻度污染,基本清洁的地下

①　参见杨朝飞、杜跃进等编著:《"治霾在行动"研究报告》,中国环境出版社 2015 年版,第 136 页。

②　万本太:《美丽中国不是梦——中国生态文明论坛(杭州)主题对话》(节选),《中国生态文明》2014 年第 1 季号,总第 2 期。

③　国家统计局官网:《2014 年国民经济和社会发展统计公报》,http://www.stats.gov.cn/tjsj/zxfb/201502/t20150226_685799.html。

④　《中国能源中长期(2030、2050)发展战略研究:综合卷》,科学出版社 2011 年版,第 12 页。

⑤　《深入贯彻党的十八大精神 大力推进生态文明建设 努力开创环保工作新局面——周生贤部长在 2013 年全国环境保护工作会议上的讲话》,2013 年 1 月 24 日,中华人民共和国环境保护部门户网:http://www.zhb.gov.cn/gkml/hbb/qt/201302/t20130204_245877.htm。

⑥　任雪松:《探讨我国的水资源短缺问题》,《科技创新与应用》2012 年第 28 期。

⑦　赵桂廷、赵倩、杨欣:《我国水污染概况及解决措施》,《现代农业科技》2011 年第 12 期。

水只有 3%。① 有报告显示,中国近年来水污染事故不断增加。

其次是大气环境问题。2013 年以来,受空气中 PM2.5 含量严重超标的影响,我国中东部地区连续发生多次中度、重度、极重度雾霾天气。雾霾天气时间之长、面积之大、浓度之高(最高达 1000mg)、受众人数之多(近 6 亿人口),堪称中国环境史上之最。据报道,全国 330 多个地级市及以上城市中,有近 2/3 的城市处于二级标准以下。2013 年 1 月,2/3 的日子出现了严重雾霾,其中,北京有 25 天出现雾霾。② 2010 年,全国 113 个环境保护重点城市空气质量检测显示,空气质量达一级标准城市占 0.9%,二级标准的占 72.6%,三级标准的占 25.6%,低于三级标准的占 0.9%。③

再次是土壤环境问题。2006 年的有关监测和调查数据显示,全国受污染的耕地约有 1.5 亿亩,污水灌溉污染耕地 3250 万亩,固体废弃物堆存占地和毁田 200 万亩,合计约占耕地总面积 1/10 以上。④ 除此之外,近年来,中国的水土流失不断加剧,据《2010 年中国环境状况公报》显示,全国水土流失面积达 356.92 万平方公里,占陆地总面积的 37.2%,每年的因水土流失而减少的耕地为 266 公顷。西部沙漠化的面积已经达到 262.2 万平方公里,并且以每年 2600 平方公里的速度在增长。⑤ 水土流失和沙漠化不断吞噬着人们的生存家园。据测算,每年受重金属污染的粮食高达 1200 万吨,相当于 4000 万人一年的口粮。当前,中国的土地沙化、盐碱化的面积达 20.25 亿亩,水土流失达 53.4 亿亩,生产建设和自然灾害损毁的耕地每年约 1.12 亿亩。中国城市平均容积率只有 0.3,40% 以上的土地属于低效用地,大量土地粗放利用,人口与土地的矛盾不断加剧。⑥

经济学有一条著名的库兹涅茨曲线,又称"倒 U 形曲线",这条曲线反映在生态问题上,就是一个国家和地区在现代化的进程中,都会遇到一个普遍的生态困境:经济越发展,环境污染越严重。在这个阶段,随着 GDP 的不断增长,环境

---

① 法制网:《深井排污　法律还没准备好》,2013 年 2 月 20 日。
http://www.legaldaily.com.cn/commentary/content/2013-02/20/content_4211134.htm? node＝34251。
② 参见刘毅:《中央气象台首发"霾"预警》,《人民日报》2013 年 1 月 29 日。
③ 中国环保网:《2010 年中国环境状况公报》,2011 年 8 月 25 日,http://www.chinaenvironment.com/view/ViewNews.aspx? k=20110825180637906
④ 国家国土资源部门户官网:《我国投入 10 亿元调查土壤污染　目前全国受污染耕地约 1.5 亿亩》,http://www.mlr.gov.cn/xwdt/jrxw/200607/t20060720_645304.htm。
⑤ 参见曾建平:《环境公正:中国视角》,社会科学文献出版社 2013 年版,第 174 页。
⑥ 毛志红:《节约集约:土地整治担重任——我国首部土地整治蓝皮书解读》,《国土资源报》2014 年 6 月 20 日。

污染程度也呈上升趋势,经济发展与生态环境出现了矛盾冲突。反思"高生产、高消费、高污染"的经济增长模式,尽快超越倒 U 形拐点,降低环境污染程度,保护生态环境,推动经济与环境的良性发展,已经成为国际社会的普遍共识,许多国家已经在行动上迈出了重要的步伐。就中国而言,我们的经济发展和环境保护目前还没有摆脱倒 U 形曲线定律,还没有超越倒 U 形拐点。40 多年的快速发展,使中国迅速崛起成为一个经济大国,但快速发展积累下来的生态环境问题也呈现出集中爆发、复合叠加的发展态势。大范围的雾霾天气、海水污染、饮水安全、水土流失、资源瓶颈等问题集中爆发,生态问题不再是一个单一的经济问题,更是一个复杂庞大的社会问题。[①] "后发展国家理应避免走别人已付出过代价的弯路。但是,中国却重复了,并仍在重复着发达国家已经走过的'先污染,再治理'的路,而且污染后肯不肯治理,能不能治理,也还是个问题。"[②]经过几十年的快速发展,能源资源需求增长迅速,资源环境压力不断加大,环境承载能力已经达到或接近上限。

(二)城市奇迹与生态容量锐减

随着中国工业的快速发展,中国的城市化进程也随之不断加速,一座座崭新城市拔地而起,城镇化步伐明显加快。1978 年,我国的城市化率为 17.9%;2016 年,我国的城市化率达到 57.4%,上升了 39.5 个百分点,年均上升 1.04 个百分点。[③] 城市化速度远远超过世界其他国家和地区。"从 20% 到 40% 的城市化率,英国用了 120 年,美国用了 80 年,中国仅用了 22 年。从城镇数量看,据近100 年的统计,美国城镇数目大约是每 20 年增长 1 倍。"[④]城市数量和规模的快速增长和扩大,给生态环境带来巨大的压力。正如马克思在《资本论》中所言:"这种变化的结果,不仅是城市人口大量增加,而且原先人口稠密的小城市现在也变成了中心,四周建筑起许多房屋,简直没有地方进得了新鲜空气。"[⑤]城市的扩张,侵占和挤压了城市周围的生态容量,城市化在一定程度上加剧了生态环境的破坏。

---

① 参见连玉明:《中国生态文明发展报告》,当代中国出版社 2014 年版,序 2 第 1 页。

② [美]蕾切尔·卡逊:《寂静的春天》,吕瑞兰、李长生译,上海译文出版社 2014 年版,中文版序第 1页。

③ 参见国务院公报:《国家新型城镇化规划(2014—2020 年)》,http://www.gov.cn/gongbao/content/2014/content_2644805.htm

④ 刘士林:《什么是中国式城市化》,《光明日报》2013 年 2 月 18 日。

⑤ 《资本论》第 1 卷,人民出版社 2004 年版,第 761 页。

中国城市化的进程是中国经济发展的历史和现实见证，是诸多"中国奇迹"的一个表现。美国学者约瑟夫·斯蒂格利茨认为，中国的城市化进程是"21世纪影响世界进程和改变世界面貌"两大事情之一[①]。城市化将人口大规模地集聚起来，为社会大生产的组织和城市经济发展提供了可靠人力保障，"人口红利"促进了城市经济社会发展。但与此同时，我们必须看到，大规模的人口集聚，意味着能源消耗、废弃物的排放也大规模地增加，城市化绝不是简单地将农民市民化，不是农业户口向非农业户口的简单变更。城市的扩建，厂房和住房的兴建，意味着对农田、林地的大量占用，城市空间的扩大与自然空间的缩小、生态容量的下降是同一个过程，钢筋混凝土结构的城市景观代替了农村原有的自然田园风光，山水一色的原生态自然逐渐被大路大楼所替代。各式各样的工业区、产业园、特色街的兴建，使空气中充斥着浓厚的工业和商业气息，自然空间在城市化的铁蹄踩踏下日趋萎缩。

经济的快速发展，带来了城市规模的迅速扩大，生产和生活的污染物也随之迅猛增加，城市生态空间被侵占得所剩无几，大量的城市垃圾开始向农村"流动"和集中，城乡之间的"异地污染"现象屡见不鲜，"此地经济得到发展了却把环境危机转移到异地；此地排污异地受害；此地环境保护的成效转化为异地的经济效益……农村却由于耕地林地遭到城市扩张的侵蚀，工业企业相继在农村落户，城市生活垃圾和污水向农村转移和排放等原因，导致其生态环境逐渐恶化等等。"[②]我国现在的环境污染问题也遵循着从经济发达区域向经济欠发达区域不断转移的逻辑，农村成了城市污染物的寄存处，西部地区成了东部地区污染物的转移地。改革开放以来，我国东部省份发展迅速，而东部地区资源能源相对有限，因此，西部丰富的自然资源源源不断地运送到东部，从某种意义上讲，东部地区经济"巨人"的"成长"是建立在西部资源"巨人"不断"输血"基础之上的。目前，东部的"经济巨人"已经"长大成人"，需要更多的活动空间，于是将一些高污染、高能耗的企业有时甚至是生产和生活的废弃物转移到西部地区，出现了"东污西迁""东脏西移"非生态化的大转移，西部地区的生态环境压力随之加大，环境污染问题日益突出。据统计，"长期的污染已经使农村受重金属污染的耕地多达2000万公顷以上，占耕地总面积的1/6；每年城市有2800万吨生产、生活废水流经农村，农村饮用水中符合卫生标准的比例仅约为66％，部分省份如江苏、

① 参见梅宏：《城镇化建设需要土地保护法》，《中国社会科学报》2015年8月10日。约瑟夫·斯蒂格利茨认为的"21世纪影响世界进程和改变世界面貌"两大事情，一是美国的高科技发展；二是中国的城市化进程。

② 李培超：《论生态正义》，《光明日报》2005年3月15日。

河南、广东、浙江甚至出现了癌症村。"①随着城市"污染下乡"步伐的不断加快，农村的"那山那水"渐渐地成为人们共同的历史记忆。

改革开放以来，各种开发区如雨后春笋般涌现，这可谓我国城市化扩张的生动体现，如此大规模的"扩城运动"势必造成土地资源的大规模被占用。有学者指出，中国的城市化在一些地方被曲解甚至误解了，一些地方政府将城市化简单地等同土地城市化，地方政府通过出售国有土地来推进城市化进程，出现土地的城市化速度要远远高于人口城市化，导致大量"鬼城""空城""睡城"的出现，土地利用效率低下，资源浪费严重，这对中国而言，无疑是一个危险的信号。中国是个拥有超过 14 亿人口的大国，土地相对于庞大的人口规模而言，显得十分有限和宝贵，如果再任由城市化的大规模吞噬，守不住 18 亿亩的耕地红线，这将对中国的生态安全和民生保障产生巨大的威胁。加上一些地方政府的"土地财政依赖症"思维，增加了城市发展的生态隐患。"一些地方政府出于经济增长和财政收入的双重考量和追求，也不同程度地出现了'卖地冲动'，其财政支出过度依赖于土地财政，甚至将土地出让收入作为地方债务偿还的主要渠道。"②城市化进程中，整齐划一的"钢筋混凝土"的结构物拔地而起，千城一面的建筑风格让人们无论到哪座城市，都有"似曾相识"的感觉，单向度"摊大饼"式扩张，成了城市发展的通用方式，城市原本应有自然之美、人文之情、历史之蕴等没有得到充分的体现，忽视人与自然、人与人之间的社会关联，单一化的城市扩张，导致了人与自然、人与人社会关系的断裂。城市大规模扩张，占据了大量的土地，挤占了大量生态空间，生态容量随着城市化进程的加速而不断地锐减。

（三）人口奇迹与生态系统的失序

一般而言，一定的环境，其人口承载量是有限的。过度的人口将会增加生态资源的消耗和生态环境的压力。人口越多，消耗的资源就越多，产生的污染也越多，给环境带来的压力也越大。人口规模与生态资源存在内在的匹配关系，人口规模较小，生态资源较为丰富，人与自然能够较好地和谐相处，人口规模庞大，生态资源显得十分有限，人与自然之间的矛盾突出，生态问题比较严重。"人口数量的增加和个人消费需求的增长，对自然系统的压力正在直线上升，贫穷的世界人口太多但消费不足，富裕的世界人口少但消费过度，这两者都对地球生物圈造

---

① 《走出城乡污染转移困境》，《中国社会科学报》2014 年 12 月 24 日。

② 刘德炳：《哪个省更依赖土地财政？》，《中国经济周刊》2014 年第 14 期。

成不断上升的压力。"①1972 年,德内拉·梅多斯在其著作《增长的极限》一书中,提出了"人口膨胀—自然资源耗竭—环境污染"的世界模型,指出,人口膨胀必然导致三种危机的同时发生:一是土地过度使用,粮食产量下降;二是自然资源枯竭,工业产品下降;三是环境污染严重,人口死亡数量增加,人们陷入"人口越多越穷、越穷越垦、越垦越穷"的恶性循环之中。虽然该模型当前的解释力有限,因为没有考虑到人的创造力以及人的自我控制能力,但是明确了人口膨胀与生态失衡的内在关系,这对我们正确认识改革开放以来我国人口增长与生态环境恶化之间关系具有一定的启发意义。改革开放 40 多年,中国人口从 1978 年的 9.63 亿人增加到 2021 年的 14.13 亿②,人口增长了 46.73%,释放出巨大的人口红利,对中国经济的快速增长起到了重要的作用。"人口的增加会使劳动生产力增长,因为这会使劳动的更广泛的分工和结合等等成为可能。人口的增加是劳动的一种不用支付报酬的自然力。"③但人口的无序和过度增长,打破了人与自然原先内在稳定关系,人口与环境的矛盾日益严重。相关数据显示,"我国每平方公里人口密度为世界的 3.3 倍,人均淡水资源为世界水平的 1/4,人均耕地仅相当于世界人均耕地面积的 40%⋯⋯而我国的生态足迹已经是 2.1 公顷,生态赤字为生态承载力的 1.5 倍,大大高出 0.4 倍的国际平均水平。"④人口快速膨胀,对生态资源的需求量随之迅速增加,而生态资源的相对有限以及再生产周期限制,出现了人口与生态资源之间出现了"僧多粥少"的情形,人们对资源的掠夺式开发和使用现象时有发生,人口与生态资源之间的矛盾进一步激化。

总之,改革开放以来,我国经济社会各方面发展迅速,创造了诸多"中国奇迹",但与此同时,全国大范围的雾霾、大面积的土壤与水污染等生态问题频现,生态环境已经向我们亮起了红灯。如何保护生态、实现生态环境的不断改善,已经成为当前我国经济社会发展不可忽视的重大问题。

面对全球性的生态危机,国内外学界纷纷到马克思的著作中寻求良方。我们不得不再次呼唤马克思,正如德里达在《马克思的幽灵》一书中所言,我们"不能没有马克思,没有马克思,没有对马克思的记忆,没有马克思的遗产,也就没有将来"⑤。"人类但凡遇到重大社会困境和问题时,都自然地叩问马克思。"⑥"资

---

① 廖福森:《生态文明建设的理论和实践》,中国林业出版社 2003 年版,第 241 页。
② 参见国家统计局网站:http://data.stats.gov.cn/search.htm? s=总人口。
③ 《马克思恩格斯文集》第 8 卷,人民出版社 2009 年版,第 85 页。
④ 陈惠雄:《论全球人口、资源、环境矛盾的根源》,《马克思主义研究》2008 年第 7 期。
⑤ [法]雅克·德里达:《马克思的幽灵》,中国人民大学出版社 1999 年版,第 21 页。
⑥ 任平:《当代视野中的马克思》,江苏人民出版社 2003 年版,第 283 页。

本主义国家日益严重的生态危机显然能够用马克思主义来分析,但只有用马克思主义,生态问题才可以重新表述为:资本主义正在走向一种自我毁灭的危机,不是那种预测过的危机,而是走向一种更深重的危机,一种普遍的生态危机。"①《资本论》虽然在一般意义上被认为经济学经典著作,但其蕴含的丰富的哲学思想,对于我们正确认识资本主义社会以及分析当前各种社会问题具有广泛的方法论意义。"马克思对政治经济学的批判开创了有史以来最深刻的生态批判,因为他把生态批判理论与对资本主义生产的批判分析、构建未来社会的设想结合了起来。"②正如列宁所言:"自从《资本论》问世以来,唯物主义历史观已经不是假设,而是科学地证明了的原理。"③面对日益严重的生态问题,"无论现在的生态环境与马克思当时所处的情况多么不同,马克思对这个问题的理解、他的方法、他解决社会和自然相互作用问题的观点,在今天仍然是非常现实而有效的"④。时代呼唤着马克思主义生态哲学,它让人们充满力量,充满期待,充满希望。

三、相关文献综述

国外学术界关于马克思生态哲学和生态文明的相关研究始于 20 世纪 60 年代,围绕"马克思主义与生态危机""马克思主义与自然""马克思主义与生态学"为主题展开了系列研究。研究成果主要集中在以下三个方面:一是生态危机根源研究;二是马克思主义生态学研究;三是克服生态危机的路径方法研究。

首先,关于生态危机根源的研究最早是法兰克福学派的马尔库塞。马尔库塞分别于 1964 年和 1972 年出版的《单向度的人:发达工业社会意识形态研究》和《反革命与造反》,认为贪婪的本性使资产阶级通过高生产高消费疯狂地剥削和掠夺无产阶级,迫使自然界成为商品化了的自然界,破坏了生态平衡,造成环境灾难和生态危机。这一思想对后来进行生态问题研究的学者具有启发性。詹姆斯·奥康纳在其著作《自然的理由:生态学马克思主义研究》(1998 年)中,提出了资本主义社会生态危机和经济危机双重存在的观点,资本主义生产的无限性与生产条件的有限性的矛盾产生并不断加剧全球生态危机,生态危机的根本

---

① Ted Benton. The Greening of Maxxism, The Guilford Press, 1996, p.131.
② ［希］哈里斯·格乐米斯:《后疫情时代的生态马克思主义理论与资本主义困境——约翰·贝拉米·福斯特教授访谈》,《马克思主义与现实》2022 年第 2 期。
③ 《列宁选集》第 1 卷,人民出版社 2012 年版,第 10 页。
④ N. T. 弗罗洛夫:《人的前景》,中国社会科学出版社 1989 年版,第 153 页。

原因在于资本主义制度。美国学者约翰·贝拉米·福斯特对生态危机的根源以及生态危机的出路进行了深入研究,在其代表性著作《马克思的生态学:唯物主义与自然》(2000 年)和《生态危机与资本主义》(2006 年)中指出,资本主义社会新陈代谢的断裂,是造成了长远的生态危机的根本原因,资本主义永远无法克服生态危机的顽疾,这对深化资本主义生态危机研究具有重要启发意义。福斯特在其新作《生态革命——与地球和平相处》(2015 年)中,指出当前人类与地球之间的关系正处在一个关键点,生态破坏达到空前程度,在不触及资本主义制度条件下的各种环境改革,永远无法从根源上克服资本与生态的内在矛盾,生态—社会革命成为化解全球生态危机的唯一出路,唯有如此,人类文明方可不断延续。福斯特对资本主义世界的生态危机进行了深入剖析,对生态帝国主义进行了深刻批判。这对我们正确认识和分析资本主义国家的生态改革及从全球视野的角度来思考中国生态文明建设问题,具有重要的启发意义。

其次,关于马克思主义生态学的研究,国外学者通过对马克思、恩格斯的著作文本的解读,对马克思主义生态学进行了多层次的概括和研究。1977 年,英国学者霍华德·帕森斯的著作《马克思恩格斯论生态学》,以马克思、恩格斯的文本著作为依据,认为马克思、恩格斯著作中含有丰富的生态学思想,他们生态思想是一种自然辩证法思想,人的生存与自然相互依赖,资本主义的污染必然导致自然的毁灭,开启了马克思生态学的研究。加拿大学者威廉·莱斯在其代表作《自然的控制》(1993 年)一书中,通过对马克思的自然的概念以及人与自然之间相互关系的论述,阐释了马克思的生态社会主义思想。日本学者岩佐茂也是研究马克思主义生态学的代表人物,在其著作《环境的思想:环境保护与马克思主义的结合处》(1997 年)中,认为马克思和恩格斯的思想中有环境保护的生态学观点,人类应该重视自然界的物质循环,对于解决目前的生态问题具有启发性意义。英国学者戴维·佩珀在其著作《生态社会主义:从深生态学到社会正义》(2005 年)中指出,马克思主义包含了足够的生态学观点。美国学者保罗·伯克特在《马克思和自然:红绿视角》(2014 年)一书中,对马克思关于人的发展问题的生态内涵以及具体的特点进行了讨论,阐明马克思的历史观和阶级社会与自然的关系,指明马克思对待自然、社会和环境危机的总体性方法和辩证方法,认为资本的发展和社会化生产创造了不可满足的需求,人类的发展潜力在资本主义关系中无法实现,无法解决的社会问题私人占有和竞争,共产主义是解决这一矛盾的最终出路。这对我们正确认识资本主义及全球生态危机产生的原因具有重要的理论启发意义。日本学者斋藤幸平在其《卡尔·马克思的生态社会主义:资本主义、自然与未完成的政治经济学批判》(2017 年)一书中指出,马克思不仅具有系统的生态思想,而且马克思的生态学和政治经济学密切相连,认为马克思的"新陈代谢"理论是其政治经济学逻辑体系的关键纽带,生态批判贯穿于《资本论》全书以及马克思政治经济学体系,强调马克思对资本主义的批判和对社会主义的向往有利于反思当下日益严重的全球性生态危机。作者从政治经济学的角度力图进一步完善马克思的生态学理论,提出了通过马克思的生态学来实现生态社会主义的初步设想。这对我们理解马克思生态学思想提供了一个新的视角和重要的理论启发。

第三,关于克服生态危机的路径方法研究,国外学术界从不同视角进行了广泛的研究。加拿大学者本·阿格尔在《西方马克思主义概论》(1979年)中指出,通过期望破灭法和稳态经济理论来消除生态危机,是解决资本主义条件下生态危机的有效方法。法国学者安德列·高兹在《生态学与政治》(1975年)、《经济理性批判》(1973年)等著作中,指出资本主义无休止地追求利润以及经济理性导致了生态危机,从哲学层面探讨了资本主义生态危机的根源与出路。约翰·贝拉米·福斯特、布雷特·克拉克和理查德·约克在其合著《生态裂缝:资本主义对地球的战争》(2010年)一书中,指出资本主义的生产方式和它的扩张倾向造成了"全球生态裂痕",人类与自然关系的全面断裂的根本原因在于资本无限扩张和持续积累,资本主义制度下,不仅无法填合全球生态裂缝,反而会不断发动对地球的战争,扩大这一裂缝。只有改变资本制度,才能使人类走出生态危机的泥潭,对后来的研究提供了理论视角。克里斯·威廉姆斯的著作《生态与社会主义:资本主义生态危机的出路》(2010年)以及迈克尔·洛威的著作《生态社会主义:资本主义灾难的激进替代》(2015年)都对资本主义生态危机进行深入剖析,阐明资本主义的反生态性,一致认为生态社会主义是解决资本主义的生态危机的出路和方法。美国学者菲利普·克莱顿和贾斯廷·海因泽克合著的《有机马克思主义:生态灾难与资本主义的替代选择》一书,认为全球生态灾难的根源是资本的生产方式和政治模式,资本主义本身无法克服,有机马克思主义可以为解决全球生态灾难提供指导,世界的未来是社会主义生态文明,作者为此提出了走向社会主义生态文明道路一系列原则纲领和政策思路,为应对全球生态危机提供了富有启发意义的建设性方案。

国内关于马克思的生态哲学和生态文明研究是从翻译国外作品开始的。随着中国社会主义实践的不断发展以及国内生态环境问题的不断突显,众多国内学者在翻译介绍国外生态哲学思想的同时,开始对马克思主义生态哲学和社会主义生态文明等问题进行广泛研究。已有研究主要集中在以下几个方面:

第一,马克思自然观、生态观研究。解保军的《马克思自然观的生态哲学意蕴："红"与"绿"结合的理论先声》（2002年）一书，从全球化进程中我国面临的生态问题出发，运用逻辑与历史相结合的方法，对人类历史上几种主要自然观的形成条件、主要特征及其局限性进行了深入剖析，澄清人们过去对马克思自然观的误解，揭示马克思自然观的生态哲学意蕴及其对我国当前生态文明建设的指导意义。孙道进在《马克思主义环境哲学研究》（2008年）一书中，从本体论、价值论、方法论、认识论、辩证法和历史观等维度对马克思主义的生态哲学进行了多方位阐释。周志山在《马克思生态哲学的社会视阈与科学发展观》（2011年）一文中，从人与自然的生态关系和人与人的社会关系两个层面确立马克思生态哲学的社会视阈，以人的全面发展引领社会发展和生态文明的建设。余莉的博士学位论文《马克思恩格斯生态观研究——基于实践批判理论的审视》（2013年），以马克思恩格斯的文本著作为依据，从历史和实践的角度对马克思恩格斯的生态思想进行挖掘、梳理和阐释，指出马克思恩格斯的生态思想主要特征在于其实践性，生态问题的根源在于"人—自然—社会"的总体异化，只有通过共产主义（社会主义）的理论构建，才能实现人与自然的真正和谐，这对于我们开阔马克思生态观的研究视野，具有重要的启发意义。方锡良在《现代性批判视域中的马克思自然观研究》（2014年）一书中，认为马克思的自然观是对近代自然观的批判和超越，深入分析了资本主义生产过程和体系中的生态问题，指出马克思的自然观具有历史唯物主义和政治经济学的双重维度，从哲学的高度对马克思自然观进行梳理和阐发。这对于我们准确理解马克思的生态哲学思想具有重要的启发意义。陶火生在《马克思生态思想研究》（2013年）一书中，指出马克思的生态思想以人与自然之间的实践性、社会性关联为主要对象，把自然作为人的劳动实践产物，而不是抽象地谈论自然，以一般历史性和资本逻辑为主导的现代性为分析路径，以人的生存和自由发展为价值旨向，开辟了关注人的现实生存的存在论路向。这对于正确认识和分析当前生态问题具有重要的理论和现实意义。张进蒙在《马克思恩格斯生态哲学思想论纲》（2014年）一书中，对马克思恩格斯生态哲学思想的理论渊源、实践基础、运思理路等内容进行了阐释，指出人与自然的辩证关系是马克思恩格斯生态哲学的理论主题，从自然的异化、物质变换断裂、资本逻辑、制度变革等方面对马克思恩格斯生态哲学思想进行了深入分析，在此基础上，对当代西方的生态哲学理论进行了哲学批判。这对挖掘《资本论》生态哲学思想具有重要的理论启发意义，但在推进生态文明的实践意义方面，还有进一步深化的空间。方世南在《马克思恩格斯的生态文明思想——基于〈马克思恩格斯文集〉的研究》（2018年）一书中，以《马克思恩格斯文集》为主要文献依据，分析和阐述了《马克思恩格斯文集》中的生态文明思想的整体性逻辑，将马克思恩格斯的生态文明思想与唯物史观联系起来研究,对马克思恩格斯的生态文明思想进行了系统研究。在此基础上,结合中国实际,对中国建设社会主义生态文明提出了政策思路,对于了解和掌握马克思恩格斯的生态思想、思考全球生态危机、推进生态文明建设具有启发意义。

第二,生态马克思主义研究。刘仁胜在《生态马克思主义概论》(2007年)一书中,重点介绍了生态马克思主义的五种经典理论成果,是国内研究生态马克思主义的代表性著作,论述了生态马克思主义的三大发展阶段以及五大理论成果的主要内容及现实意义,对于推动和深化国内生态马克思主义和我国生态文明建设具有重要的理论和现实意义。王雨辰在《生态学马克思主义与生态文明研究》(2015年)一书中,围绕生态危机根源这一核心论题,对生态学马克思主义基本理论问题、代表人物思想进行了全面深入的分析,阐发了生态学马克思主义与生态文明建设的内在关联,并就我国生态文明建设需注意的几个问题及总体思路提出了一些创新性观点,对于深化社会主义生态文明研究具有重要意义。王雨辰的另外一本著作《国外马克思主义生态观研究》(2020年)对生态学马克思主义的理论问题、核心论题、生态价值观等问题进行了整体研究,在此基础上,又对生态马克思主义理论家八个主要代表人物分别进行了专门研究,分析了生态学马克思主义对于我国生态文明的理论与实践研究的重要意义。陈学明在《马克思“新陈代谢”理论的生态意蕴——J. B. 福斯特对马克思生态世界观的阐述》(2010年)一文中,围绕福斯特的生态学马克思主义思想,阐述了马克思的生态世界观,指出生态危机的根源在于资本主义制度,制度变革是解决生态问题的根本出路,社会主义制度具有资本主义不可比拟的生态优势,只有社会主义制度条件下,生态危机才有可能真正解决,这对深化中国特色社会主义生态文明建设研究具有重要意义。陈永森、蔡华杰在《人的解放与自然的解放——生态社会主义研究》(2015年)一书中,按照生态学马克思主义代表人物分类方法,对莱斯、阿格尔、高兹、奥康纳、福斯特、萨卡、岩佐茂等人的生态思想进行了较为全面的梳理,对生态马克思主义进行了整体研究,提出了许多观点,对于我们深化中国特色社会主义生态文明建设具有一定的借鉴意义。但在中国生态文明建设的具体实践中,不少观点还值得商榷。

第三,马克思主义生态思想研究。就目前可以搜集和检索到的文献而言,这一主题的研究成果较多,从不同视角对马克思生态思想进行了探讨和研究。徐民华、刘希刚在《马克思主义生态思想研究》(2011年)一书中,以马克思主义实践观为基础,以历史唯物主义为分析框架,对马克思主义生态思想的逻辑结构、基本内容进行了概括和提炼,厘清马克思主义生态哲学思想与科学发展观的内在关系,并结合中国现实,进行了详细阐释,这对我们理解和领悟马克思主义生态哲学思想及其当代意义具有重要的理论启发意义。王丹在《马克思主义生态自然观研究》(2014年)一书中,对马克思主义生态自然观主要内容以及中国化发展轨迹进行了概括和阐释,指出马克思主义生态自然观具有双向性辩证思维、系统性整体性思维、循环思维以及社会历史性的人本取向特征,从辩证唯物论、认识论、价值论等视角对马克思主义生态自然观进行了多维审度,并联系中国现实,对中国的生态情境和生态文明建设现状进行了反思,提出了以马克思主义生态自然观为指导构建中国生态文明建设的一些具体路径,这对我们准确把握马克思主义生态哲学的内涵、推进其中国化具有重要的借鉴意义。董强在《马克思主义生态观研究》(2015年)一书中指出,实践是马克思主义生态观的逻辑起点,人的全面自由发展是马克思主义生态观的逻辑结论,认为马克思主义生态观具有基于哲学的生态批判精神、和谐发展的生态哲学视野、改造世界的生态实践情怀等特征,提出市场经济条件下生产关系的生态变革、发展绿色科技以及生态文化建设是解决生态问题的现实途径。该著作在马克思主义生态观梳理以及生态文明建设的规律与动力揭示方面,具有重要的理论建树,但在马克思生态观的现实关照方面仍有深化的可能。李明宇、李丽在《马克思主义生态哲学:理论建构与实践创新》(2015年)一书中,从宏观、中观、微观三个层面对马克思主义生态哲学进行了较全面的研究,对马克思主义生态哲学的理论基础、文化资源及其与科学发展观和中国梦之间的内在关系进行了阐释,并结合江苏的实践,提出了马克思主义生态哲学的"一体两翼三赢"实现模式,即绿色产业的主体维度,安全保障和社会保障的两翼,生产高效、生活高质、生态和谐的三赢,这对深化马克思主义生态哲学的实践研究具有重要启发意义,但就全国生态文明建设整体实践的适切性和推广性方面有待进一步深化。

第四,社会主义生态文明理论与实践研究。关于这一主题,国内学者已有成果诸多,代表性的成果主要如下:余谋昌在《生态文明论》(2010年)一书中,考察马克思的生态思想,并且从生态文明的社会形态、哲学形态、伦理形态、经济形态等多个方面作了深入的探讨,对社会主义生态文明建设具有启迪作用。俞可平在《科学发展观与生态文明》(2005年)一文中,阐述了生态文明建设与科学发展观内在关系,指出生态文明是人类社会的一种新文明形态,能够促进人与自然和谐发展,转变经济发展方式,对于推进中国特色社会主义生态文明研究具有重要启发意义。卜祥记在《"生态文明"的哲学基础探析》(2010年)一文中,对生态文明的哲学理论根基进行了阐释,认为"感性活动"是人与自然的"原初关联",彼此之间是一种"对象性关系",只有这样,才能实现从工业文明向生态文明的转变。

这对正确认识马克思的生态思想具有重要的启发意义。杨志华、严耕在《中国生态文明建设的六大类型及其策略》（2012年）一文中，通过生态文明指数将全国各省的生态文明建设划分为六大类型，并根据类型要求提出了相应的生态文明建设路径，对于我们准确认识和把握中国的生态文明建设问题具有重要启发意义。卢风在《生态文明新论》（2013年）一书中，指出生态文明是人类文明的必由之路，并从自然条件、经济、科技、法治、行政、文化、消费等方面进行阐释，对于深化生态文明三种理论主张（"修补论""超越论""结构论"）具有重要意义，但该著作还是主要集中于理论研究，现实关照与路径探索还有进一步深化的空间。李龙强在《生态文明建设的理论与实践创新研究》（2015年）一书中，对生态文明的理论来源、实践形式进行全面的研究，对于我们准确理解生态文明建设的理论与现实意义具有重要的启发意义。赵凌云在《中国特色生态文明建设道路》（2014年）一书中，对中国特色社会主义生态文明建设的基本内涵、经济基础、制度基础、技术基础、空间基础、外部环境等诸多内容进行了阐释，对于全面了解中国特色社会主义生态文明建设具有重要的参考意义，但研究内容涉及范围过于宽广，不少主题的研究都还有深化的空间。张云飞在《唯物史观视野中的生态文明》（2014年）一书中，按照唯物史观的实践视野、过程视野、结构视野、文明多样性视野和阶级分析视野等科学方法，提出作为人化自然和人工自然的积极进步成果的总和的生态文明，是一种与物质文明、政治文明、精神文明、社会文明并列的文明形式，已成为整个人类文明发展的基本方向。认为只有在社会主义条件下，才能真正实现人道主义和自然主义的统一，才能真正实现人与自然的和谐，才能最终使生态文明成为可能。王雨辰在《论以社会建设为核心的生态文明建设》（2013年）一文中指出，生态文明建设具有经济、政治、文化、社会四个维度，社会建设的维度是生态文明建设的核心和关键，这对开阔生态文明的研究视野以及具体建设路径的探索具有启发意义。任平在《中国特色生态文明理论的构建：问题、观念与模式》（2014年）一文中指出，生态文明是对以往文明的超越，是一个包含技术、经济、制度和价值四维的存在体系，生态文明不是建立在消极的环境保护与自然修复基础上，而是需要通过人自觉地发展生态来改善人类生存状况的强大的生态支持和生态服务。这对全面理解和把握生态文明的内涵与加强生态文明建设具有启发意义。方世南在《马克思唯物史观中的生态文明思想探微》（2015年）一文中，指出唯物史观是将自然解放、社会解放和人的解放融合在一起的社会整体解放的学说，具有丰富的生态文明思想，体现生态文明内涵的生产力是促进人与自然和谐、人与社会和谐以及人与人和谐的生产力。这对理解和把握马克思生态哲学思想的科学内涵具有启发和借鉴意义。刘湘溶在《生态文明建设:文化自觉与协同推进》(2015年)一文中,指出生态危机在实质上是人类存在方式的危机,生态文明建设有赖于人的文化自觉,通过文化启蒙或思想解放,整体谋划、系统工程协同推进。这些研究成果对深化马克思主义生态哲学与社会主义生态文明建设具有重要意义。卢风等人在《生态文明:文明的超越》(2019年)一书中,辨析"生态文明"的涵义,论证生态文明建设的必要性和可行性,阐述生态文明建设的科学依据和哲学理据,探索生态文明建设的实践路径在于实现文明诸维度的联动变革:改变能源结构、产业结构、经济增长方式、政治经济制度、消费模式和生活方式,逐步走上绿色发展之路。顾钰民在《新时代中国特色社会主义生态文明体系研究》(2019年)一书中,围绕新时代中国特色社会主义生态文明体系主题,论述了新时代生态文明建设思想、建设自然资源的全面节约与循环利用体系、建设绿色生态环境治理和保护体系、推动资源与环境监管制度的改革与完善、推进形成美丽世界的人类命运共同体,对新时代的生态文明建设体系进行了全面的研究。

《资本论》生态哲学的已有研究主要集中在以下两个方面:

第一,资本逻辑与生态危机的内在关系研究。陈学明在《资本逻辑与生态危机》(2012年)一文中,指出资本的效用原则和增殖原则导致了资本与生态的对立,生态危机源于资本主义制度,只要资本逻辑存在,任何不触动资本主义制度的"绿色行动",都不可能真正克服生态危机,都只是一种基于道德的生态幻想。社会主义生态文明建设,既需要限制资本的破坏作用,又要超越资本,将利用资本和超越资本结合起来,推动资本的生态化改造,促进生态文明建设。在其著作《谁是罪魁祸首:追寻生态危机的根源》(2012年)一书中,他进一步指出,生态危机的根源是资本主义生产方式,资本逻辑是资本主义社会的普遍法则,生态文明建设是中国特色社会主义的应有之义,深入剖析了我国生态文明建设中亟需破解的几个深层次难题,揭示了马克思生态哲学思想对我国当前生态文明建设的指导意义。鲁品越在《资本扩张与"人—自然共同体"的形成——人与自然矛盾的当代形态》(2011年)一文中,指出随着人类社会实践的发展,人与自然形成了不可分割的"人—自然共同体",资本扩张不断对自然进行"殖民化",造成了人类发展危机,实施"以人为本"的科学发展观,是走出危机的根本路径。这对正确认识人与自然之间的生态关系以及生态文明建设的路径选择具有重要的启示意义。鲁品越、王珊在《论资本逻辑的基本内涵》(2013年)一文中,资本逻辑的基本内涵、资本逻辑的本质形态进行了阐释,对于理解资本与生态的内在关系具有启发和借鉴意义。毛勒堂在《资本逻辑批判与生态文明建设》(2014年)一文中,对资本逻辑与生态之间的悖论进行了深入分析,指出中国特色社会主义生态文明建设必须对资本逻辑进行深入批判,这对分析社会主义市场条件下,如何克服资本逻辑的生态难题,推进中国特色社会主义生态文明建设具有启发意义。顾钰民在《生态危机根源与治理的马克思主义观》(2015 年)一文中,认为资本逻辑不是生态危机的根源,而是现代生产力发展造成的直接后果,无论是资本主义国家还是社会主义国家,都存在生态问题,生态问题不具有制度属性,为此,必须在理念和技术上进行革新,才能走出生态危机的困境。谢保军在《生态资本主义批判》(2015 年)一书中,运用马克思恩格斯的生态批判理论,对资本主义国家自然资源市场化、技术生态化和污染差异化进行了批判,揭露了发达国家生态帝国主义的本质。王巍在《马克思视域下的资本逻辑批判》(2016 年)一书中,梳理了马克思资本逻辑的思想史历程和方法,从历史唯物主义的视角对资本逻辑的生成与发展、资本逻辑的内涵与作用、资本逻辑的表现形式与形态嬗变、资本逻辑对社会发展的影响等内容进行了论析和批判,指出历史唯物主义的当代拓展和深化,必须对资本逻辑的本性和双重作用进行分析。王传玲、杨建民在《资本逻辑与生态文明》(2019 年)一书中,从资本逻辑的视角阐明生态危机的产生和根源、资本逻辑与生态危机的辩证关系,对生态危机的现状和发展趋势进行了深入论证,对现代化演进及工业化进程对生态环境造成的影响进行了梳理,阐述了资本在生态文明建设中的重要作用,就如何建设生态文明、走出资本的生态悖论、实现建设美丽中国的奋斗目标提出具体建议和措施,为中国特色社会主义建设、生态文明建设道路和模式的实现提供理论参考,为最终实现生态文明与资本文明和谐发展提供新思路。相关研究还有许多,限于篇幅,这里就不一一列举了。这些关于资本逻辑与生态危机的不同观点的交锋,对于我们厘清资本与生态的逻辑关系提供了文献的支撑和视角的借鉴。

第二,《资本论》生态哲学思想研究。鲁品越在《鲜活的资本论:从深层本质到表层现象》(2015 年)和《鲜活的资本论:从〈资本论〉到中国道路》(2016 年)书中,指出西方生态哲学的缺陷在于脱离社会关系来谈人与自然的关系,指出物化劳动是马克思主义生态哲学的出发点,生态环境系统与社会关系系统是一种对立统一关系。这对我们准确认识和把握马克思主义生态哲学本质内涵以及探寻中国特色社会主义生态文明建设道路具有重要意义。鲁品越在《〈资本论〉的生态哲学思想研究》(2015 年)一文中对《资本论》中蕴含的生态哲学思想进行了深入挖掘,指出《资本论》是关于资本主义生产关系所产生的生态系统哲学,《资本论》的生态哲学以劳动的自然性与社会性的统一为基础,以吮吸生态"自然力"的资本逻辑的正反馈循环圈为中心,以资本逻辑的时空展现对生态逻辑循环圈的撕裂为基本机制,同时也包含如何通过市场建立循环经济的理论,以及对于惠及后代的可持续发展思想的萌芽。这是目前关于《资本论》生态哲学思想最系统的研究成果。刘思华在《生态马克思主义经济学原理》(2006年)一书中,结合《资本论》文本,对马克思生态经济思想的理论基础及其当代发展进行了深入研究,提出了自然生态关系与社会经济关系的统一的观点,这对挖掘和理解《资本论》生态哲学思想具有启发意义。常红利的博士学位论文《资本和生态——马克思〈资本论〉中生态思想研究》(2010年),结合《资本论》文本,从资本生产、流通等环节,对资本再生产导致生态后果进行分析,对于我们了解《资本论》的生态哲学思想具有一定的借鉴意义。张雄在《财富幻象:金融危机的精神现象学解读》(2010年)一文中,从危机与财富的社会形式的勾连、财富扩张的哲学教条与政治谱系的历史解构以及财富幻象中的金融危机的精神现象学等三个方面,对国际金融危机进行财富哲学反思,对于正确认识资本与生态之间的关系具有启发意义。卜祥记在《〈资本论〉的理论空间与哲学性质》(2013年)一文中,对《资本论》的总问题的历史发展进行梳理,指出资本逻辑对当代社会的重要作用。这对认识和把握《资本论》的哲学思想具有启发意义。陈凡、杜秀娟在《论马克思〈资本论〉中的生态观》(2008年)一文中,从生态学批判论和自然生产力论的视角对《资本论》中的生态观进行了概括,指出合理控制人与自然的物质变换是发展循环经济有效之举,对当下生态文明建设具有启示意义。朱炳元在《关于〈资本论〉中的生态思想》(2009年)一文中,从人与自然的关系、人与人的关系、资本主义制度对生态的影响、共产主义的生态问题等四个方面阐述了《资本论》中的生态思想。对于充分认识资本逻辑对生态环境的破坏、深化对社会主义本质特征的认识和理解,具有十分重要的意义。王传玲的博士论文《马克思关于资本与生态相互关系的理论研究》(2014年),对马克思生态思想的理论语境和逻辑理路进行了梳理,并对马克思关于资本逻辑的生态批判进行了阐释。万冬冬在《人与自然的矛盾及其和解:〈资本论〉及其手稿的生态意蕴》(2014年)一文中,指出资本主义生产方式导致了人与自然关系的异化和生态危机,只有变革和超越资本主义制度,瓦解资本逻辑,才能实现人与自然的和谐。这对理解《资本论》生态哲学思想及其当代意义启发意义。胡家勇、李繁荣在《〈资本论〉中的生态思想及其当代价值》(2015年)一文中,指出《资本论》中含有丰富的生态思想,遵循人与自然之间正常的物质变换规律,通过生产过程和消费过程调整和控制人与自然之间的物质变换过程,人类生态系统的失衡是可以避免的。这对厘清和把握《资本论》中的生态思想具有启发意义。莫放春在《国外学者对〈资本论〉生态思想的研究》(2011年)以及《〈资本论〉与生态文明》(2015年)两篇文章中,对施密特、奥康纳、福斯特等国外学者关于《资本论》生态思想进行了梳理概括,对《资本论》的生态文明启示进行了概括。栾永玉、林超琴在《马克思〈资本论〉生态思想再论析》（2021年）对《资本论》中生态思想进行了梳理，指出这一思想对于我们理解人与自然和谐共生、统筹资本与生态的辩证关系、推进生态文明建设具有启示意义。这些已有研究对于了解和把握国外学术界《资本论》生态思想研究动态以及厘清《资本论》生态哲学与中国特色社会主义生态文明的内在关系具有重要意义。

综上所论，关于生态哲学、生态文明的相关研究已取得丰硕成果，为本书的研究提供了理论支持和资料支撑。但在已有研究中，直接论及《资本论》生态哲学思想与中国特色社会主义生态文明建设的文献相对有限，研究尚有进一步深化的空间。因此，本选题将在已有研究的基础上，从《资本论》文本出发，深入挖掘《资本论》的生态哲学思想的核心要义，探寻《资本论》生态哲学思想与中国特色社会主义生态文明建设的互动关系，力图从《资本论》生态哲学的视角对中国特色社会主义生态文明建设进行尝试性的探索研究。

四、基本思路与方法

（一）基本思路

本书从《资本论》文本出发，围绕资本对生态作用机制以及二者的相互关系，探寻《资本论》生态哲学核心要义，以资本与生态的内在互动关系为主线，运用理论与实践结合的方法，进入《资本论》生态哲学思想与资本主义社会问题研究；在此基础上，结合我国的经济社会发展实际，将研究的发现与生态文明建设勾连起来，进而具体研究中国特色社会主义生态文明建设问题，在对中国特色社会主义生态文明理论和实践分析的基础上，将《资本论》生态哲学思想最后落脚到中国特色社会主义生态文明建设实践，探寻《资本论》生态哲学思想对当下中国特色社会主义生态文明建设实践的重要意义及路径启示。

（二）基本方法

（1）以马克思主义立场、观点、方法为指导，综合运用辩证唯物主义与历史唯物主义方法。《资本论》是马克思运用辩证唯物主义和历史唯物主义方法研究社会经济现象和经济制度的典范。辩证唯物主义和历史唯物主义方法论是马克思哲学、经济学、政治学等诸学科的基本方法论。因此，在研究《资本论》的生态哲学思想时，只有坚持辩证唯物主义和历史唯物主义这一基本方法，才有可能全面、准确理解马克思的思想理论。

（2）文本分析法。忠于文本是保证论断客观性的基本前提，梳理马克思在

《资本论》中不同地方关于生态问题的论述,分析概括《资本论》生态哲学思想要点,使得论断有本可依、有源可寻、有理有据,富有说服力。

(3)局部研究和整体研究相统一的方法。整个《资本论》是一个既有局部研究又有整体研究的体系。第一卷、第二卷主要研究了资本主义的生产过程和流通过程,第三卷则主要研究的是资本主义生产的总过程。在对《资本论》的不同组成部分所涉及的生态哲学问题分别进行深入研究的基础上,把不同组成部分所涉及的生态哲学问题作为一个有机的整体进行综合考察和研究。只有采取整体和局部研究相统一的方法,才能全面了解和把握马克思的生态哲学思想。

(4)理论与实践相统一的方法。虽然《资本论》的文本研究,从某种意义上属于历史研究的范围,但本选题并不是以历史研究历史,而是以《资本论》文本为据,丰富当前中国特色社会主义生态文明建设的理论来源,在理论分析的基础上,回到中国特色社会生态文明建设实践,有的放矢体现本选题研究的实效性。

第一章　生态危机"源于何处":各种生态观透析

究竟是什么原因导致了生态危机的发生和加剧？人类如何才能走出生态危机的困境？学界对此展开了广泛而深入的研究,但并未形成一致看法,并且随着生态危机日趋严重,关于生态危机的根源的争论也日益激烈。

第一节　非人类中心主义生态观及其批判

自 20 世纪 70 年代以来,西方理论界围绕生态危机产生的根源进行了广泛的研究,形成了动物权利主义、生物中心主义、生态中心主义等诸多理论学派,其核心观点认为,人类中心主义是生态危机的罪魁祸首,人类要走出生态危机的困境,必须抛弃人类中心主义,回归自然,坚持非人类中心主义的生态观,只有这样,才能避免人和自然的冲突,才能克服人类的生态危机。果真如此吗？

一、人类中心主义:生态危机的根源?

在非人类中心主义看来,人类生态问题的出现和生态危机的加剧,与人类中心主义的发展是同一个历史过程,如果没有人类中心主义,就不会出现人与自然的矛盾冲突,更不会出现生态危机。因此,人类中心主义对生态危机"负有不可推卸的责任",本质上具有反生态的本性,因而人类中心主义是生态危机的根源,其理由主要有以下三点:

第一,人类中心主义将人凌驾于自然之上,造成人对自然的"主体优先"。非人类中心主义认为,人类中心主义将人视为万物的中心,使自己成为自然的主人和统治者,这是对自然应有地位的践踏,从而激发了人们征服自然的欲望,造成生态环境的破坏。非人类中心主义始终认为,人不并高于自然,而是自然界中一员。"人是地球生物圈自然秩序的一个要素,因此人类在自然系统中的地位与其他物种的地位是一样的。"①物种之间没有什么优劣之分,"所有的机体都是生命的目的中心"②,在生态系统中,人、山川、河流、动物、植物等构成要素一样都居于各自的生态位上,都有"继续存在下去的权利"③,都需相互尊重并对系统整体予以尊重。"许多有洞察力的思想已经认识到所谓的'无生命的自然'实际上是活的东西······'死'的土地其实是个有机体,拥有某种程度的生命,从直觉上看我们应当尊重它。"④为此,人类须转换惯常的征服者和主宰者的角色定位,"把人类在共同体中以征服者的面目出现的角色,变成这个共同体中平等的一员和公民。它暗含着对每个成员的尊敬,也包括对这个共同体本身的尊敬"⑤。人类须认识到自然与人同等重要,人之外的其他生物包括自然界不是人类利用、征服、改造的对象,它们与人类一样,应该受到应有的尊重。人类尊重生命、尊重自然,既是生物平等原则的基本要求,也是人类道德追求的情感表达和行为表现。道德的生物普遍性原则要求人类善待生物,善待自然,在处理人与自然关系的问题上,泰勒提出了人类行为的四大规则即不伤害原则、不干涉原则、忠贞原则和补偿正义原则。指出,人类只有在尊重自然的前提下,才能真正履行道德规范,才能实现人与自然之间的"普遍美德"。人类中心主义坚持人是万物的中心,将人视为自然的主宰者和征服者,违背了自然平等原则,激发了人们征服自然、残害自然的主体意识。

第二,人类中心主义将自然视为自我满足的"资料库",造成人对自然资源的掠夺和破坏。非人类中心主义认为,人类中心主义坚持人是一切事物的目的原则,使得人成了一切事物存在的目的和根源,人既是万物存在的根据,也是万物不存在的根据。因此,在人与自然的关系图式中,人是绝对的主体,在自然面前,人始终是主人,自然只是人类实现利益的对象和满足人类需要及欲望的存在物,始终处于被奴役的状态。人类按照自身的尺度去认识自然、利用自然和改造自

① Paul Taylor. Respect for Nature：A Theory of Environment Ethics. Princeton University Press，1986：101.

② Paul Taylor. Respect for Nature：A Theory of Environment Ethics. Princeton University Press，1986：100.

③ ［美］奥尔多·利奥波德：《沙乡年鉴》,侯文蕙译,吉林人民出版社1997年版,第194页。

④ Leopold A. "Some Fundamentals of Conservation in Southwest"，Environmental Ethic 1(1999)：131-141.

⑤ ［美］奥尔多·利奥波德：《沙乡年鉴》,侯文蕙译,吉林人民出版社1997年版,第194页。

然，并以自己为中心去建构整个世界。"如果我们考虑终极因素的话，人可以被视为世界的中心；如果这个世界没有人类，剩下的一切将茫然无措，既没有目的，也没有目标。"①人的需求甚至欲望的满足是自然存在的意义，拥有不朽的心灵的人理应高于只有躯体的动物和植物。罗尔斯顿从批判传统环境哲学和伦理学出发，认为过往的自然价值观，只关注自然的工具价值，仅从人类的需要和欲望的满足的立场来理解自然价值，没有看到自然的内在价值以及自然价值与人的内在联系，对自然价值的认定完全陷入了人类中心主义的泥潭。罗尔斯顿认为，自然的价值不应以人类为标准，因为自然本身具有客观的内在价值，在他看来，这种价值是"固有的价值，不需要以人类为参照"②。但是人类中心主义坚持人可以征服一切，可以得到任何自己想要的东西，即使人类现在没有得到的将来也必然能够得到。于是，人自身的存在和利益成为人们生活的中心目的和社会活动的出发点与归宿，人以外的一切存在物的存在被人们漠视甚至直接忽视，自然也不例外，人把自然当作客体和质料，对自然肆意进行掠夺式的开采。"把自然界视为必然性和物质性的领域，把人类社会及其政治、经济、社会性的利益当做自由的领域，这放纵了对自然的掠夺"③。

　　第三，人类中心主义将科学技术视为掠夺自然的工具，导致了生态环境的恶化。非人类中心主义认为，在人类中心主义的影响下，从近代以来，人们在科学技术的帮助下，人的主体性不断被放大，人的认识能力和改造能力被视为无所不能，"人定胜天"思想已经深入人心，"人是自然的主宰"得到了普遍认同。弗兰西斯·培根的"知识就是力量"的名言，坚定了人们"人定胜天"的信心，使人们相信，在知识和技术的帮助下，人类将无所不能。从某种意义上讲，"知识就是力量"是人类高扬"工具理性"的典型表现，也是人类向自然宣战的精神宣言，科学技术不再仅仅是人们理解自然的工具，而成了人们征服自然、掠夺自然的"新工具"，人类"对待自然就要像审讯女巫一样，在实验中用技术发明装置折磨她，严刑拷打她，审讯她，以便发现她的阴谋和秘密，逼她说出真话，为改进人类的生活条件服务"④。人成了"自然界的臣相和解释者"⑤。黑格尔对人对自然的改造能力充满信心，认为："自然对人无论施展和动用怎样的力量——寒冷、凶猛的野

---

① 何怀宏：《生态伦理——精神资源与哲学基础》，河北大学出版社 2002 年版，第 274 页。

② ［美］霍尔姆斯·罗尔斯顿：《哲学走向荒野》，刘耳、叶平译，吉林人民出版社 2000 年版，第 189 页。

③ 叶秀山、王树人：《西方哲学史》（第六卷），凤凰出版社 2005 年版，第 546 页。

④ 何怀宏：《生态伦理——精神资源与哲学基础》，河北大学出版社 2002 年版，第 231-232 页。

⑤ ［英］弗兰西斯·培根：《新工具》，许宝骙译，商务印书馆 2005 年版，第 7 页。

兽、火、水,人总会找到对付这些力量的手段,并且是从自然界本身获得这些手段,利用自然界来对付自然界本身。"①人们在自然面前不再马首是瞻,在强大的工具理性支配下,"上帝死了""自然死了"成了物欲世界里人们的普遍信条,被赋予神性的自然也不复存在,自然被人们从神坛上拉了下来,人类挥舞着"科学知识"的武器,开始向大自然宣战,人类对自然界进行无度开发和破坏,人类在"征服自然"的道路上走得越来越快,也越来越远,自然也一天天"走向死亡",人与自然的关系由此日益紧张,生态问题也因此日益严重起来,生态危机的频发成了近代社会的常景常态。人类中心主义者对科学技术的"非常态"利用,将科学技术视为人们控制自然的工具和手段,用工具主义和操作主义来处理人与自然的关系,人们不再对自然充满"敬畏之情",自然在人面前逐渐沦丧,成为人类谋利的"质料"。从历史上来看,近代以来,人类在市场利润的刺激和科学技术的"帮助"下,人们"改造自然"的能力空前增强,自然被开发、利用、掠夺的广度和深度不断加大,科学技术将人与自然之间的关系简化成一种控制与被控制的单向度工具关系,从而导致了自然的异化和人的异化同时发生,人与自然之间的关系不断恶化,"自然界自身对人类实践活动'负结果'的'复原'能力相对于人类不断增长的实践能力在逐步减弱,甚至是完全不可逆转"②,人类在欲望的驱动和技术的合力座架下,原先整体的自然不断被肢解成资源碎片,生态系统的内在逻辑不断被撕裂,人与自然之间的矛盾愈演愈烈,生态危机日趋严重。

二、非人类中心主义:人类解决生态危机的出路?

非人类中心主义通过对人类中心主义"生态罪行"的控诉,认为正是由于人类始终以自己为中心的错误理念和行为,才导致了生态危机产生,要避免和克服生态危机,必须批判和抛弃人类中心主义,尊重自然、回归自然,确立动物权利主义、生物中心主义、生态中心主义等思想,走非人类中心主义之路。

首先,在非人类中心主义看来,要解决当前的生态危机,须确立"生态平等"理念,实现自然和人的平等发展。非人类中心主义认为,动物、植物以及自然万物具有内在价值,和人类是平等的价值主体,都具有"天赋价值",不存在优劣之分。人不具有猎杀动物、滥用植物、残害自然的权利,具有创造生命的价值。"一

①　黑格尔:《黑格尔全集》第11卷,1983年版第8页。转引什科连科:《哲学·生态学·宇航学》,范习新译,辽宁人民出版社1987年版,第22页。

②　蒯正明、陈华娟:《资本的反生态性与当下中国生态风险的规避》,《江西农业大学学报》(社会科学版)2012年第1期。

个有着多种简单和复杂的事物联系在一起的世界是一个很有价值的世界……在这样的世界里,每一事物都有其特定的位置,而其位置就说明了它应该存在。自然价值还在于事物的生机里,在于它们为生存而进行的斗争和对生命的热忱中。"①人类要克服生态危机,走出生态困境,就要尊重自然,敬畏自然中的生命。"我们越是观察自然,我们就越是清楚地意识到,自然中充满了生命……每个生命都是一个秘密,我们与自然中的生命密切相关。人不再能仅仅为自己活着。我们意识到,任何生命都有价值。"②为此,人类须转换惯常的征服者和主宰者的角色定位,只有打破了人类的"主体优势",以"万物平等"的理念来看待自然、来处理人与自然之间的关系,才能避免生态危机的发生。

其次,在非人类中心主义看来,要解决当前的生态危机,人类须主动承担对自然的道德义务,限制人对自然的改造和人类自身的发展。人类须认识到自然与人同等重要,人类对自然负有道德责任,在道德伦理层面上,人也并不存在"道德优先","实际上,伦理与人对所有存在于他的范围之内的生命的行为有关。只有当人认为所有生命,包括人的生命和一切生物的生命都是神圣的时候,他才是伦理的"③。所有的生物都有其道德身份,并且彼此不存在所谓的价值序列之别,"伦理就是扩展为无限的对所有生命的责任"④,但"迄今还没有一种处理人与土地,以及人与土地上生长的动物和植物之间的伦理观"⑤,故而人类"对土地的掠夺不仅是不明智的,而且是错误的"⑥。人类不能从经济学意义上来设定伦理标准并以此对待大地存在物,而应该从生态学的意义来衡量和评价设立伦理规约,"当一个事物有助于保护生物共同体的和谐、稳定和美丽的时候,它就是正确的,当它走向反面时,就是错误的"⑦。人类在进行社会实践时,要将道德义务扩展至大地共同体,规约自己的行为,遵从自然,服从自然,限制和停止对自然的征服与改造活动。只有当人类担负起对自然的道德责任,并自觉限制人类的无限发展,才能有效地减轻人对自然的掠夺和破坏,从而保护现有的生态环境。

再次,在非人类中心主义看来,要解决当前的生态危机,人类须坚持生态整体主义,处理人与自然之间的关系。非人类中心主义认为,人类中心主义之所以

---

① [美]霍尔姆斯·罗尔斯顿.《哲学走向荒野》,刘耳、叶平译,吉林人民出版社 2000 年版,第 66-67 页。

② [法]阿尔贝特·史怀泽:《敬畏生命》,陈泽环译,上海社会科学院出版社 1995 年版,第 131 页。

③ [法]阿尔贝特·史怀泽:《敬畏生命》,陈泽环译,上海社会科学院出版社 1995 年版,第 9 页。

④ [法]阿尔伯特·施韦兹:《文化哲学》,陈泽环译,上海人民出版社 2017 年版,第 308 页。

⑤ [美]奥尔多·利奥波德:《沙乡年鉴》,侯文蕙译,吉林人民出版社 1997 年版,第 192 页。

⑥ [美]奥尔多·利奥波德:《沙乡年鉴》,侯文蕙译,吉林人民出版社 1997 年版,第 193 页。

⑦ [美]奥尔多·利奥波德:《沙乡年鉴》,侯文蕙译,吉林人民出版社 1997 年版,第 213 页。

无法克服生态危机,并不断加剧生态危机,主要原因在于人类中心主义将"人"和自然分离开来,从而导致人可以任意处置自然,缺乏生态整体主义视角。"个人主义的伦理学目光短浅,需要用集体主义的观点来加以矫正"①。在非人类中心主义看来,自然的价值包括内在价值、工具价值、系统价值三个方面,三者共存于生态系统之中,生态系统优于个体,个体的善汇集成整体的善,生物个体的善要放到生态系统整体的善中才能正确理解和把握,才能最大限度地促进个体的发展。内在价值和工具价值在自然系统不断实现转换,自然系统是多种价值的转换器,"内在价值和工具价值彼此转换,它们是整体中的部分和部分中的整体……内在价值恰似波动中的粒子,而工具价值亦如由粒子组成的波动。"②这里包含两层含义:一是在自然系统中,系统价值统摄内在价值和工具价值;二是在公共环境事务中,公共利益高于个人利益,个体善从属于整体的善。人类在对大自然进行审美评价时,环境集体主义范式是其唯一正确的选择。从生态整体主义出发,意味着人在处理自身与自然的关系时,必须"遵循自然的过程","即体验自然、了解自然、感悟其神奇造化和对生命的承载,从而热爱自然、积极主动地承担对大自然的义务"③。从生态系统的整体性来认识生态环境、思考人与自然的地位,通过确认人是自然界的一部分来确证人对自然的依存性,从没有自然的存在就没人的存在的逻辑中推演出人对自然的道德义务,人对自然没有特殊权利,不应该也不能对自然进行掠夺和残害。如果人类能够充分认识并切实做到这一点,人与自然之间的矛盾就将不复存在,生态危机问题也会迎刃而解。

三、抽象的"人类":无法找到生态危机的出路

非人类中心主义生态观的一些理念和观点,对于我们正确认识和分析当前的生态危机具有一定的启发意义,但这绝不意味着人类中心主义就是生态危机的根源,更不意味着非人类中心主义就是解决生态危机的"金钥匙"。

首先,自人类社会诞生以来,无论是哪个社会发展阶段,都没有"以人类为中心",即使有,也不过是以少数特定社会关系的"人类"为中心。因为"人的本质不

---

① [美]霍尔姆斯·罗尔斯顿.《哲学走向荒野》,刘耳、叶平译,吉林人民出版社 2000 年版,第 96 页。

② [美]霍尔姆斯·罗尔斯顿:《环境伦理学》,杨通进译,中国社会科学出版社 2000 年版,第 297 页。

③ 包庆德、夏承伯:《走向荒野的哲学家——霍尔姆斯·罗尔斯顿及其主要学术思想评介》,《自然辩证法研究》2011 年第 1 期。

是单个人所固有的抽象物，在其现实性上，它是一切社会关系的总和"①。人的本质具有社会历史性。将生态危机归咎于人类中心主义的生态观，把人降到物的层次，人与物等量齐观，否定了人的历史性和现实差异性，孤立地对人进行"祛魅"将"人类"抽象成"整体的人类"，这一方法路径"实质上正是形而上学路径，因为它把真正现实的物质世界的生动多彩的存在形态祛除掉了，把事物本身性质的运动变化的丰富性祛除掉了，把人与世界的不可分割的内在联系祛除掉了，只剩下用归纳与演绎的概念体系所网罗的机械物质世界"②。将人与自然割裂开来，单向度地将人与自然视为非此即彼的对立，这种机械的二元论的思维方式是形而上学方法论的典型表现。"现实的世界，不是人的世界和自然界简单的相加，而是它们相互作用构成的系统。"③现实中抽象"整体人类"是不存在的，正如马克思在《关于费尔巴哈的提纲》中指出的那样："世俗基础使自己从自身中分离出去，并在云霄中固定为一个独立王国，这只能用这个世俗基础的自我分裂和自我矛盾来说明。"④把生态危机的罪名一股脑地归结于"全人类"的头上，"企图让所有的人对生态破坏负相同的责任"⑤。显然非人类中心主义没有考虑到不同国家、不同发展阶段的"人"对生态环境的开发和破坏的巨大差异性，统一按照"人类是生态危机的罪魁祸首"的理论逻辑，每个人都分担相同的生态责任，遮蔽了现实生活中不同利益主体生态责任的差别，导致不同群体对自然掠夺而获得的利益和承担责任的不匹配。非人类中心主义对人类中心主义的抽象批判和将"人类"范畴的普遍化，导致一些发达资本主义国家借此来开脱生态破坏的罪责，逃避本应该承担的生态责任，造成生态危机至关重要的社会和政治维度的遮蔽，加剧了不同国家和地区之间生态的不公平。

其次，非人类中心主义主张的平等观念，视自然与人同一，忽略了自然与人的差异性，主张人与自然的绝对平等，消解了人的主动性和意识性，使人深陷自然之中，只看到"自然界作用于人，只是自然条件到处决定人的历史发展，它忘记了人也反作用于自然界，改变自然界，为自己创造新的生存条件"⑥。实际上抛开了一切现实的社会历史前提，只看到自然的先在性，漠视了自然的社会性，割裂了人与自然的社会联系，没有透视到人与自然背后的人与人的社会关系，此种

① 《马克思恩格斯文集》第1卷，人民出版社2009年版，第505页。
② 鲁品越：《深层生成论：自然科学的新哲学境界》，人民出版社2011年版，第33页。
③ 余谋昌：《生态哲学》，陕西人民教育出版社2000年版，第36页。
④ 《马克思恩格斯文集》第1卷，人民出版社2009年版，第500页。
⑤ ［美］戴维·贾丁斯：《环境伦理学》，林官民、杨爱民译，北京大学出版社2002年版，第279页。
⑥ 《马克思恩格斯文集》第9卷，人民出版社2009年版，第483页。

语境下的自然也就丧失了现实性和生命力,成了一种形而上学的虚构和幻象,自然成了"敌视人"或"仇视人"的存在。按照我们一般的理解,自然观是人们关于自然的总的看法和根本观点,人的"介入"是自然观的题中之义。非人类中心主义将人排除在自然之外,将自然理解成"纯粹的荒野"和"直观的感性",这种"自然"已不再是自然观视野下的自然,而是一种"作为存在者的存在",这种观点如果说是唯物主义的话,那么与马克思所批判的"从前的唯物主义"无异,是一种典型的"人学空场"的"见物不见人"的唯物主义,否定了人的社会存在,也是对人类历史的贬折与否定,是对人类社会进化和社会发展的规律公然漠视与无情践踏的行为表现。

再次,非人类中心主义主张自然的内在价值,人须回归自然,将人视为自然的一部分,把人的本质简单归结于人的自然性。实际上,当我们谈论生态危机,谈论人与自然关系时,总是在一定的历史环境进行的,否定了人,否定了人类历史,这样的讨论显得苍白无力、毫无意义。因此,撇开人的生态观,离开处于"自然关系与社会关系"这"双重关系"中现实的人的现实生活,囿于"生态律令"的柔性"英雄主义",对于大量残害和践踏自然的行为却束手无策,只停留在彼岸世界的"伦理主义批判":一方面使解决生态危机失去了根本意义;另一方面也不可能真正解决生态危机问题,并且还会导致人的生存、社会的发展等一系列新的问题的出现,将人倒退到自然动物的水平之上,使人无所作为,与人类进化和发展规律背道而驰,单纯的"节制"与"保护",无法从根本上解决自然资源的有限性与人类需求的无限性之间的矛盾。

综上所述,非人类中心主义在讨论生态危机的根源及其出路时,片面地坚守"自然平等"原则,撇开人与人的现实整体社会关系,孤立而空洞地讨论"自然价值至上"的生态问题,"单纯从抽象的生态价值观视角揭示生态危机的根源,并把生态危机简单化为人类生态价值观的危机,不去考察人类与自然之间的实际物质与能量交换关系"①,"把'人类'抽象为一个铁板一块的单纯概念,纯粹理论地讨论'抽象的人'与'自然'两个单纯概念之间的'应然关系',从而陷入远离实践的抽象概念陷阱之中,陷入在实践中无所适从的盲区。"②马克思和恩格斯反对将人与自然进行人为地分离,把人看成纯粹自然的人,把自然理解成"非历史的匀质的基质","人对自然的关系这一重要问题(或者如布鲁诺在第110页上所说的'自然和历史的对立',好像这是两种互不相干的'事物',好像人们面前始终不

---

① 王雨辰:《生态文明与文明的转型》,崇文书局出版社 2020 年版,第 201 页。
② 鲁品越:《〈资本论〉的生态哲学思想研究》,《学习与探索》2015 年第 1 期。

会有历史的自然和自然的历史），就是一个例子"①。这注定了非人类中心主义永远无法找到解决生态危机的真正出路。

第二节　生态危机的生产力论及其批判

非人类中心主义生态观忽视"人类"的历史性和现实性，追求以动物、生物或生态为中心的虚假普遍价值，显然不是生态危机的化解之道。为此，学者对生态危机的根源又进行了深入研究，其中代表性的观点认为，生态危机的根源是生产力的发展，并且生产力发展水平越高，生态破坏越严重，生态危机爆发的可能性也就越大。② 在后现代思想家小约翰·柯布看来："日益增长的全球经济正是我们的许多社会问题和环境问题的罪魁祸首。"③

一、生产力发展：生态危机的直接原因？

在生态危机的生产力论者看来，生态危机是个全球性的普遍问题，无论资本主义国家还是社会主义国家都同样存在。生态危机之所以普遍存在，是现代生产力发展的结果。人类社会进入现代以来，人们从自然界获取资源的能力和改造自然的能力得到了极大的提高，社会生产力也有了突飞猛进的发展。但与此同时，现代生产力对自然的破坏程度也达到空前程度。"生态环境问题，从根本上说是与社会生产和生活现代化发展相联系的，生产力发展水平越高，生活的现代化程度越高，对自然界、生态环境造成破坏的可能性就越大，产生生态危机的可能性也就越大。"④生产力的迅猛发展进一步提高了人们征服自然的能力，进而加大了人们对自然资源的需求量，使人们不断开足机器马力，疯狂地进行扩大再生产，"疯狂的生产主义逻辑迅速破坏了再生产的自然前提，造就人的存在自然基础和无机身体的退场。"⑤生产力的发展尤其是工业生产力的快速发展，导致人们对煤炭、石油、水源等能源资源需求的迅猛增长，不可避免地产生大量的排放和污染。人类"把整个自然界以各种生产资料的面目卷入工业化大生产中，

---

① 《马克思恩格斯文集》第 1 卷，人民出版社 2009 年版，第 528 页。
② 参见顾钰民：《生态危机根源与治理的马克思主义观》，《毛泽东邓小平理论研究》2015 年第 1 期。
③ 王治河、樊美筠：《第二次启蒙》，北京大学出版社 2011 年版，第 4 页。
④ 顾钰民：《生态危机根源与治理的马克思主义观》，《毛泽东邓小平理论研究》2015 年第 1 期。
⑤ 任平：《生态的资本逻辑与资本的生态逻辑》，《马克思主义与现实》2015 年第 5 期。

不断地消耗着。这样,在现行体制下保持世界工业产出的成倍增长而不发生整体的生态灾难是不可能的。"①从某种意义上讲,生产力越发展,人们对自然资源的需求就越大,对自然的破坏也就越大。因此,生产力的发展是生态危机的直接原因。

不可否认,从人类社会发展的历史进程来看,生态危机确实是在生产力迅猛发展时期集中爆发的,二者是存在一定的联系,但并不是必然联系。因为生产力反映的是一定社会发展的物质、文化条件,是一种客观的"技术"或"工具"层面的系统力量,它本身不会自动地产生对自然资源的需求,也不会自动地对自然产生破坏。"社会生产力系统是在人类劳动的主导下与自然界合力进行的自然物质变换过程,其任务是把自然物质转变为对人类具有使用价值的物质产品与服务。"②只有在人类劳动和社会关系的推动下,才会产生对自然资源的需求和破坏,生产力只是提供了人们污染环境、破坏生态的可能性,绝不是必然性。除此之外,将生态危机归因于生产力发展,意味着要避免生态危机,就必须拒绝生产力发展,这显然不符合人类社会发展的历史逻辑,也不符合发展中国家经济社会发展的现实逻辑。因此,生产力发展不会是也不可能是生态危机的直接原因。

二、资本逻辑与生态危机无关?

生态危机的生产力论者认为,生态危机的产生和蔓延与资本逻辑没什么关系,资本逻辑不是生态危机的元凶。"生态危机与资本逻辑没有关系,不管是否按照资本逻辑来发展,生产的自然规律都不会改变;与社会制度的不同也没有关系,不管是资本主义制度还是社会主义制度,在社会生产力、经济社会发展和生活现代化进程中出现的生态问题具有共性。"③在他们看来,当今资本主义国家,资本逻辑虽然主导着资本主义世界,但是,随着新技术的不断应用,生态危机可以克服,尤其是发达资本主义国家,在解决生态危机方面取得了巨大成绩,"人与自然的和谐景象"较为普遍,因而资本逻辑不必然导致生态危机的发生。

确实,当代发达资本主义国家在生态治理方面作出了努力和贡献,就其本国范围内而言,一定程度上缓解了生态危机。但这并不意味着资本逻辑与生态危机毫无关系。首先,从历史上来看,生态危机的集中爆发是发生在资本逻辑成为资本主义社会统治原则之时,世界"八大公害"事件无一不发生在资本逻辑统治

---

① 贾学军:《现代工业文明与全球生态危机的根源》,《生态经济》2013年第1期。
② 鲁品越:《鲜活的资本论:从深层本质到表层现象》,上海世纪出版集团2015年版,第237页。
③ 顾钰民:《生态危机根源与治理的马克思主义观》,《毛泽东邓小平理论研究》2015年第1期。

时代；其次，就现实而言，虽然当代发达资本主义国家通过科学技术大大降低了生态破坏，出现了"人与自然的和谐景象"，但并不是说资本主义国家就不存在资本与生态的矛盾，更不是说资本主义国家妥善解决生态危机。实际上，资本主义国家的"人与自然和谐"范围有限，同时，区域性的"人与自然和谐"景象与资本主义国家将大量生态破坏型企业转移到广大发展中国家、实行污染转移密不可分；最后，从学理来分析，追求利润和实现增殖是资本的存在方式和目的，资本的效用原则和增殖原则必然要求资本进行无限的扩张，当无限扩张的资本与有限的自然相遇时，资本对自然的肆意盘剥和践踏在所难免，"如果说以资本为基础的生产，一方面创造出普遍的产业，即剩余劳动，创造价值的劳动，那么，另一方面也创造出一个普遍利用自然属性和人的属性的体系，创造出一个普遍有用性的体系"①。虽然当前资本主义国家通过技术改进，一定程度上实现了生态改观，但若最终不消除资本逻辑的宰制，任何新技术、新方法都只能"治疗"生态危机，不可能"治愈"生态危机②，都是权宜之计，不是根本之策。以资本逻辑为主导的生产体系，把自然视为资本增殖的抽象物料，从而对自然进行肆意掠夺和破坏，撕裂了自然界的生态逻辑，致使生态危机的产生。因此，在马克思看来，资本逻辑是导致生态危机的深层根由。③ 从历史上来看，全球生态危机是随着资本主义的产生和发展而出现的，资本对自然的掠夺和破坏，是生态危机产生的历史根源。换言之，资本逻辑主导下的资本主义生产方式与全球生态危机的出现和加剧存在着必然的联系。由此可见，资本逻辑与生态危机并不是毫无关系，而是一种因果关系，如果没有资本逻辑的出现，全球性的生态危机可能就不会发生，资本逻辑是导致生态危机的重要原因。

三、忽视生产关系力量：无法真正解决生态危机

生态危机的生产力论者从生产力发展的历史进程视角分析生态危机产生的原因，指出生态危机的产生与现代生产力的发展是同一个历史过程，直观表达出了生态危机与生产力发展之间的联系。但就此认为生态危机的直接原因就是生产力发展，认为生态危机与社会制度无关，资本逻辑不是生态危机的元凶，显得有点武断。因为生产力发展与生态危机出现只是表面联系，虽然生产力无论是

---

① 《马克思恩格斯文集》第 8 卷，人民出版社 2009 年版，第 90 页。
② 参见刘顺：《资本逻辑与生态危机的根源——与顾钰民先生商榷》，《上海交通大学学报》（哲学社会科学版）2016 年第 1 期。
③ 参见毛勒堂：《马克思的生态危机思想及其当代价值》，《理论学刊》2015 年第 5 期。

农业生产力、工业生产力还是科技生产力，其发展都要消耗一定的资源或能源，都会产生一定的排放和污染，都对生态具有一定的破坏作用，但生产力系统正常运行所产生的破坏作用不足以导致生态危机的出现。其实，人类社会尤其是进入社会分工以后，生产力发展都是一定的生产关系中进行的，人与人在劳动中形成的生产关系可以影响生产力的发展方向和作用效果。"随着社会分工体系的出现与发展，驱动社会生产系统运转（进而驱动整个经济体系运转）的力量就越来越从'直接需要'的力量转变成社会关系力量。我们由此得出结论：驱动社会生产机器运转的力量，不是任何其他力量——不是自然资源，不是生产资料，也不仅仅是人对生活资料的直接需要（这种需要只是原始动力），而是人与人的社会关系力量。"①从某种意义上，人与人在劳动中结成的生产关系对生产力发展和作用效果具有决定作用。生态危机的出现，不是生产力发展的必然结果，而是特定社会变异的生产关系作用于生产力，使生产力出现畸形发展所致，表面上是生产力与生态危机的关系，实质上其背后隐藏着生产关系与生态危机的矛盾与冲突，生态危机的实质是生产关系危机的折射与延伸。正如福斯特所言："与地球和平相处的目标主要不是一个技术问题，而是一个改变社会关系的问题。"②因此，忽视生产关系，单方面地从生产力的角度来寻找生态危机的解决之道，将永远无法真正解决生态危机。

第三节　生态危机的根源：人与自然关系的社会异化

以上各种生态观共同的缺陷是没有看到，生态危机实质上是人与人的社会关系危机，脱离社会关系空谈自然的价值性和永恒性以及生态危机的出路，缺乏历史性和现实性，最终无法找到生态危机的解决之道。从人与人的社会关系的视角来认识、分析和处理人与自然的关系，这也是马克思生态哲学思想的独特之处。马克思是从现实的人与人的社会关系来考察人与自然的关系，从社会事实出发，突破形而上学的思维抽象，通过人与人的社会关系将人与自然的关系有机联系起来，使自然不再是概念的抽象，不再是居于人之外的"绝对"，自然的现实存在乃是人的对象性活动的客观存在。

---

① 鲁品越：《鲜活的资本论：从深层本质到表层现象》，上海世纪出版集团 2015 年版，第 237 页。
② ［美］约翰·贝拉米·福斯特：《生态革命——与地球和平相处》，刘仁胜等译，人民出版社 2015 年版，第 21 页。

一、人与自然关系的社会生成

人与自然的现实是社会属性的人与被打上人类活动烙印的第二自然的存在，这一实情意味着人与自然的关系与社会紧密相连，人与自然关系的建立与发展离不开社会，在社会中生成。正如马克思所言："在人类历史中即在人类社会的形成过程中生成的自然界，是人的现实的自然界。"①人们在社会生产和交往中，人与人之间联系日趋紧密，慢慢形成了人与人的之间的社会关系，这种社会关系在人类社会发展的不同阶段，表现出巨大差异性，并且对人与自然之间的关系产生重大影响。正如马克思、恩格斯指出的那样："只有在这些社会联系和社会关系的范围内，才会有他们对自然界的影响"②，"第一个需要确认的事实就是这些个人的肉体组织以及由此产生的个人对其他自然的关系。"③人与自然的关系只有在人与人的社会生产和生活中才有其现实性。在马克思看来，根本不存在一种完全与人无关而独立于人类社会之外的自然界，现实的自然就是"人化的自然"，就是社会的自然。"只有在社会中，自然界才是人自己的合乎人性的存在的基础，才是人的现实的生活要素。只有在社会中，人的自然的存在对他来说才是人的合乎人性的存在，并且自然界对他来说才成为人。"④只有人"介入"了自然，才是现实的自然，人与自然之间的关系才是真实的关系，离开了人类社会，人与自然都成了孤立的存在，按照马克思的观点，这种孤立的存在就是"非存在物"，就是"无"，"被抽象地理解的、自为的、被确定为与人分隔开来的自然界，对人来说也是无"⑤。人与自然关系在"非存在物"和"无"的状态中就失去了产生和形成的现实可能。

人的生存方式与其他动物的生存方式存在根本性差异，人是有意识的自觉的动物，会通过改变自然的活动，改善自己同自然的关系，进而获取或创造更好的生存条件，而其他动物只能被动地适应自然而获取生存。除此之外，人"不仅是一种合群的动物，而且是只有在社会中才能独立的动物"⑥。离开了社会，人与其他动物无异。在人类社会产生之前，人与自然的关系同其他动物与自然的关系没什么区别，都是单向度对自然的依存关系，人的社会性尚未形成，真正的

---

① 《马克思恩格斯文集》第 1 卷，人民出版社 2009 年版，第 193 页。
② 《马克思恩格斯文集》第 1 卷，人民出版社 2009 年版，第 724 页。
③ 《马克思恩格斯文集》第 1 卷，人民出版社 2009 年版，第 519 页。
④ 《马克思恩格斯文集》第 1 卷，人民出版社 2009 年版，第 187 页。
⑤ 《马克思恩格斯文集》第 1 卷，人民出版社 2009 年版，第 220 页。
⑥ 《马克思恩格斯文集》第 8 卷，人民出版社 2009 年版，第 6 页。

人与自然的关系也因此尚未形成。因为"人的本质不是单个人所固有的抽象物，在其现实性上，它是一切社会关系的总和。"①在这里，马克思谈及的"人"不"是什么"，而是说人"如何是"，说的是人之所以为人的本质和根据，指出人是关系所塑造、关系所决定②，现实的人来源于社会，没有了社会，人脱离了彼此间的社会关系，已经不能称作为人了，只有当人被称作其人的时候即具有社会性的时候，我们才能谈及人与自然关系问题。与一般动物相比，人有意识并能进行有意识的活动，使人与自然产生了复杂的互动关系，这将人与自然的关系同动物与自然的关系区别开来，自然界在人的社会活动中逐渐"涌现"出来，最终成为真正的自然界。在人类社会的实践活动中，人类慢慢认识了自然。离开了人类社会，人的自身已经不再是完整意义上的存在，自然也无法成为人的活动对象，依然是一种"异人"的存在，人与自然的孤立状态，无法建立起人与自然的现实联系，人与自然的关系自然是一种妄谈。

二、人与自然关系的背后：人与人的关系

自人类社会诞生以来，人与自然之间一直存在着双向互动关系。人与自然是相互创造、相互生成的现实过程。

（一）人的社会本质属性与自然的现实性

人既是自然存在物，又是社会存在物。完整意义上的人具有自然性和社会性的双重性，就人的本质属性而言，社会性是其本质属性。

关于人的本质，马克思曾作出经典的表述："人的本质不是单个人所固有的抽象物，在其现实性上，它是一切社会关系的总和。"③人的社会性是一个历史生成过程。人的自然性随着人类的相互交往的社会影响而发生不断的变化，其当中渗透和积淀着深刻的社会内容。同一种族的人在不同社会历史时期、不同社会发展阶段人的肉体组织、器官构造、食物需求等自然属性表现出巨大的差异性。人的社会性则是指人在社会生产和生活过程中，不断与他人进行社会交往，并在社会交往中通过他人来确认自身社会存在的属性，人的社会性表明人不是独立存在的自然个体，而是与一种社会关系存在物，人的本质属性也在于其社会性。马克思在青年时期，受原子的偏斜运动彼此碰撞造就世界的启发，认为人要

---

① 《马克思恩格斯文集》第 1 卷，人民出版社 2009 年版，第 505 页。
② 参见李怀涛：《历史唯物主义关注现实的方式》，《哲学研究》2015 年第 6 期。
③ 《马克思恩格斯文集》第 1 卷，人民出版社 2009 年版，第 505 页。

超越自身的自然性，必须同另外一些人发生"碰撞"产生一定的社会关系。他指出，"所以一个人，只有当同他发生关系的另一个人不是一个不同于他的存在，而他本身，即使还不是精神，也是一个个别的人时，这个人才不再是自然的产物。"①这意味着人的社会性质的获取是其超越自身并最终成为人的存在的根本规定。人的社会属性是区别于其他动物的重要内容，同时具备自然性和社会性的人才是完整意义上的人，忽视任何一方面的内容，都将是对人的全面本质的遮蔽。人的双重性即自然性和社会性在人类的社会实践中实现内在统一。

　　一般而言，自然有广义和狭义之分，广义的自然是指宇宙间的一切存在物，包括人类社会和自然界。狭义自然指的是与人类社会相区别的物质世界，包括生命系统和非生命系统即自然界。我们这里使用的"自然"是狭义上的自然，按照人类的活动影响程度，可以将自然分为第一自然和第二自然两大类。第一自然又称原始自然，它包括：①先于人存在的自在自然；②人类活动范围尚未触及的自然。自在自然在人类社会形成之前已经存在，是"光、电、磁性、空气、水、火、图、动物、植物、人（这里所说的人是不由自主地无意识地活着的存在物）"。②

　　随着人类认识和实践能力的不断提高，第一自然的原始性以及对人的异己性渐渐地被人类消除，失去了自然的自在性和外在性，成为与人类社会生活密切相关的"现实自然"，这一"现实自然"就是我们常说的第二自然。第二自然指的是在人的认识和实践活动范围内，受人类活动影响并成为人类赖以生存与发展的那一部分自然。自从人类社会产生以后，自然作为人类生产、生活的物质基础和活动对象，被纳入到了人的社会实践范围，从此自然就被深深地打上了人类社会实践活动的烙印，自然的历史和人类社会的历史便融为一体。人的出现以及人类社会实践活动的进行，改变自然的原始性，第二自然就此产生并随着人类社会的发展而不断发生变化。自然由于人的活动成了与人紧密相连的自然，成了社会历史性的自然，体现出明显的社会性，在人类社会的不同发展阶段，自然具有不同的表现形式，人类的实践不断地改变着第二自然，"我们在周围知觉到的对象——城市、村庄、田野、森林，都带有人的产用的印迹。"③正如马克思指出的那样："大家知道，樱桃树和几乎所有的果树一样，只是在几个世纪以前由于商业才移植到我们这个地区。"④人的社会实践，使"樱桃树"不再是"固定不动的天然

---

　　①　《马克思恩格斯全集》第40卷，人民出版社1982年版，第216页。

　　②　解保军：《马克思自然观的生态哲学意蕴——"红"与"绿"结合的理论先声》，黑龙江人民出版社2002年版，第39页。

　　③　［德］霍克海默：《批判理论》，李小兵等译，重庆出版社1989年版，第192页。

　　④　《马克思恩格斯文集》第1卷，人民出版社2009年版，第528页。

果树"，它具有能被人类利用的丰厚商业价值，并且可以进行跨区域移植，至此"樱桃树"被深深印上了"人的痕迹"。随着人类社会实践活动的深入，第一自然的"自然而然"状态将不断被打破，第二自然也必将不断从第一自然中分化出来并不断扩大，第一自然与第二自然的范围的变化是人与自然关系的直接体现。

人类社会形成以后尤其是工业文明社会以来，随着科学技术的快速发展，人类对第二自然的认识和利用、征服与改造能力不断提高，人与自然的内在平衡逐渐被打破，人与自然的冲突日益加剧，环境问题和生态危机逐渐成为人类社会的突出问题。

（二）人与自然的"过程内在关系"

马克思、恩格斯认为，世界不是"既成事物的集合体"，而是"过程的集合体"。世界上事物不是一个个孤立的个体，每个事物都作用于另外一个事物，事物总体上处于不断地生成和灭亡的过程中，"我们所接触到的整个自然界构成一个体系，即各种物体相联系的总体……这些物体处于某种联系之中"①。人类社会实践活动打破了世界万物各自的孤立封闭状态，彼此通过对方来实现与表达自身的存在。对此，黑格尔也曾表述过："凡一切实存的事物都存在于关系中，而这种关系乃是每一实存的真实性质。因此实际存在着的东西不是抽象的孤立的，而只是在一个他物之内的。唯因其在一个他物之内与他物相联系，它才是自身联系；而关系就是自身联系与他物联系的统一。"②在人与自然问题上，人类通过实践活动，把人的意志和本质力量通过自然事物表达和实现出来，使人类制造出的劳动产物成为人的作品与人的现实。同理，自然界通过人类实践活动将自身渗透到人的生命中，表现为人的生命的物质和精神材料，展示自身的存在。因此，人与自然不是孤立的"自我存在"，彼此存在内在联系并渗透到对方最终通过对方来表现自身的存在。进入人类社会以后，实践不仅是人与自然内在联系过程，同时也是人与人的内在联系过程。人类在实践活动中通过物与物的关系来实现人的生命的内在联系："在我个人的生命表现中，我直接创造了你的生命表现，因而在我个人的活动中，我直接证实和实现了我的真正的本质，即我的人的本质，我的社会的本质。"③物与物的关系背后实际上是人与人之间的内在联系，现实中的人与自然是一个生命共同体，彼此"不再存在中心与边缘、主人与奴隶的划

---

① 《马克思恩格斯文集》第9卷，人民出版社2009年版，第514页。
② 黑格尔：《小逻辑》，商务印书馆1980年版，第281页。
③ 《马克思恩格斯全集》第42卷，人民出版社1979年版，第37页。

分，也彻底消解了支配与被支配、统治与被统治的关系"①，而是一种现实性的相互依存关系。

因此，人与自然之间关系在社会实践过程中形成，是社会属性的人与第二自然之间的关系。自"人类所进行的全部活动就是使自然界人化的活动，其面对着的作为活动结果的自然界，就是人化了的即被人类活动所作用的自然界。"②从某种意义上讲，自然的人化史就是人类文明史。人与自然的作用具有相互性，一方面人类实践活动作用于自然，改变了自然的性质和功能，自然的"人工化"程度不断提高，第二自然日益普遍；另一方面"人化"后的第二自然又进一步影响对人的实践能力和实践活动范围，人通过"所处的自然环境的变化，促使他们自己的需要、能力、劳动资料和劳动方式趋于多样化"③。在论及人与自然关系问题时，马克思曾批判费尔巴哈人与自然观念的非现实性，这种"先于人类历史而存在的那个自然界，不是费尔巴哈生活于其中的自然界；这是除去在澳洲新出现的一些珊瑚岛以外今天在任何地方都不再存在的、因而对于费尔巴哈来说也是不存在的自然界"④。马克思向来反对抽象地、非实践地、非历史地看待自然，那种孤立地理解的、被固定与人分离的自然，对人来说就是无。离开社会的人奢谈原始自然，不过是一种"无反思"的朴素实在论。

毫无疑问，生态问题是随着人类社会不断发展的社会化产物，讨论生态问题中的人与自然的关系必然要放置到人类社会历史和现实背景下，无论是人类中心主义和非人类中心主义争论的生态伦理问题，还是人们一般意义上谈及的生态问题，其涉及的人与自然本质上都是社会属性的人与打上人类社会关系烙印的第二自然。

当然，作为自然属性的人也不断与自然发生各种联系，但这种生物学或生理学意义上的人与自然的关系不足以引致生态危机的出现。社会现实中人与自然的关系受到社会中人与人之间关系的制约。第二自然是"在人类社会的形成过程中生成的自然界"，是"真正的、人本学的自然界"⑤。在马克思看来，自然—人—社会构成了一个彼此关联的关系系统，系统的客观辩证法决定了我们考察自然时候不能脱离人和人类社会，在考察人和人类社会时也不能脱离自然。马克思所讨论的人与自然的关系，决不是抽象的个人与原始的在"自在自然"关系，

---

①　曹孟勤：《论共生与共享的统一》，《马克思主义与现实》2019 年第 5 期。
②　王丹：《马克思主义生态自然观研究》，大连海事大学出版社 2014 年版，第 41 页。
③　《资本论》第 1 卷，人民出版社 2004 年版，第 587 页。
④　《马克思恩格斯文集》第 1 卷，人民出版社 2009 年版，第 530 页。
⑤　《马克思恩格斯文集》第 1 卷，人民出版社 2009 年版，第 193 页。

也不是单个人与人化自然的关系，而是社会现实中的整体的人与现实自然的关系，即社会属性的人与第二自然的关系。

"人创造环境，同样，环境也创造人。"①自然界并非外在于人的存在，人与自然之间是一种对象性关系，而不是简单的"改造与被改造、征服与被征服"的二元对立关系，也不是单一的"人是自然的一部分"或"自然是人的一部分"的外在包含关系，二者是一种互为对象、互生互融、同步生成的有机统一关系。"人与自然的关系，不是静态消极的'主客二分'，不是外在二分的孤立定在，不是主体构造、征服、利用客体，而是自我主体与对象主体之间积极的双向选择与生成过程，是主体间的交往、对话、共在关系。"②人与自然的背后总隐藏着人与人的社会关系，人与自然的关系反映并折射人与人的关系，人与人的关系作用于并改变着人与自然的关系，人与自然的关系受到人与人的关系的规约，我们可以通过人与人的关系反观人与自然的关系。

马克思认为，现实的自然界是以自然资源和自然条件存在于人的社会生活之中，它以"有用物"的实体形态表征现实的人与人之间的利益关系。马克思从社会关系视角深入分析了资本主义社会的人与自然的关系，指出，"只有资本才创造出资产阶级社会，并创造出社会成员对自然界和社会联系本身的普遍占有……只有在资本主义制度下自然界才真正是人的对象，真正是有用物；它不再被认为是自为的力量；而对自然界的独立规律的理论认识本身不过表现为狡猾，其目的是使自然界（不管是作为消费品，还是作为生产资料）服从于人的需要。"③自然不是与人无关的"自生自灭"的"应然存在"，而是与人彼此相依的历史生成过程，或者说，人的自然生成与自然的人的生成是同一个历史过程，人化自然与自然人化相互生成在人类劳动实践中。因此，在分析人与自然的关系时，不能只停留在人与自然的"人与物"的层面上，须透过"人与物"关系，透视到其背后的"人与人"的关系。"使用价值本身首先表现个人对自然的关系；与使用价值并存的交换价值表现个人支配他人的使用价值的权力，表现个人的社会关系。"④对此，马克思、恩格斯在《德意志意识形态中》中，对费尔巴哈关于人与自然"物的直观"进行了批判，指出"费尔巴哈在曼彻斯特只看见一些工厂和机器"⑤，费尔巴哈看到了物本身的存在性，但没有看到隐藏在物背后的人的存在性，没有看到人

---

①　《马克思恩格斯文集》第 1 卷，人民出版社 2009 年版，第 545 页。
②　崔永和：《走向后现代的环境伦理》，人民出版社 2011 年版，第 27 页。
③　《马克思恩格斯文集》第 8 卷，人民出版社 2009 年版，第 90-91 页。
④　《马克思恩格斯全集》第 31 卷，人民出版社 1998 年版，第 344 页。
⑤　《马克思恩格斯文集》第 1 卷，人民出版社 2009 年版，第 529 页。

类活动对物（自然）的影响。人类在劳动实践中不断将自身的本质力量作用于自然，影响和改变自然的外在形态和内在性质，表面上看，人类的这种实践活动产生的是人与自然的关系，深层实质却是社会化中人与人关系在人与自然上的折射，"人的本质与人对待外部世界的方式有着内在的一致性，人怎样认识自己，就怎样认识自然、对待自然。人对自然的保护与破坏，是人对自己本质把握的必然结果。"①现代社会的人与自然关系实质是人与人的关系。

当我们谈及生态危机中的人与自然关系时，此时的人与自然都不是一种先在的或现成的存在，而是一种具体的、现实的社会特殊存在，即社会属性的人与被打上人类活动烙印的自然之间的关系。人们对人与自然关系的认识的变化是人类社会发展的产物，是人与人社会关系的反映。没有人与人之间的社会关系，也就不可能有人与自然之间的现实关系。"一切生产都是个人在一定社会形式中并借这种社会形式而进行的对自然的占有。"②在马克思看来，现实的自然界只有在社会历史进程中才能生成，人与自然关系是社会进程中人与人社会关系的现实写照，人与自然的紧张关系背后是人与人的社会关系的紧张。因此，只有从人与人之间的社会关系出发，才能找到妥善处理人与自然之间矛盾冲突的正确出路。

三、异化劳动与自然的异化

异化劳动是马克思哲学思想中的一个重要概念，它既不是费尔巴哈所理解的宗教意义上的自我异化，也不是黑格尔所言及的绝对精神的异化，而是在批判资本主义私有制的客观事实基础上而提出的概念。马克思批判了国民经济学派把私有制当作了既定的事实，把异化劳动当作真实的劳动，掩盖了劳动是人与自然、人与人之间关系实现的真相。马克思从资本主义私有制的事实出发，揭露了异化劳动的实质："工人生产的财富越多，他的生产的影响和规模越大，他就越贫穷。工人创造的商品越多，他就越变成廉价的商品。"③异化劳动表明这样的事实："劳动所生产的对象，即劳动的产品，作为一种异己的存在物，作为不依赖于生产者的力量，同劳动相对立。"④马克思还进一步对异化劳动产生的后果进行了概括，指出异化劳动将会产生以下四种后果：一是工人同劳动产品相异化；二

---

① 曹孟勤：《超越人类中心主义和非人类中心主义》，《学术月刊》2003 年第 6 期。
② 《马克思恩格斯文集》第 8 卷，人民出版社 2009 年版，第 11 页。
③ 《马克思恩格斯文集》第 1 卷，人民出版社 2009 年版，第 156 页。
④ 《马克思恩格斯文集》第 1 卷，人民出版社 2009 年版，第 156 页。

是工人同自己的劳动相异化;三是工人同自己的类本质相异化;四是人同人的相异化。

从马克思关于异化劳动的概括,我们可以看出,异化劳动包含着自然的异化,正如马克思所言:"异化劳动,由于(1)使自然界同人相异化,(2)使人本身,使他自己的活动机能,使他的生命活动同人相异化。"①这表明,异化劳动扭曲了人与自然之间的关系,导致了人与自然之间的异化。在马克思看来,人与自然的本真关系是一种对象性存在关系,人与自然通过对象性活动实现统一。但是在异化劳动中,自然界被异化出去了,不再是人"无机的身体"。异化劳动使自然界失去了它所具有的确认人的本质的价值,仅仅成了满足人的需要的物,人与自然之间出现了分离、疏远和对立,异化劳动的出现导致了自然的异化。"异化劳动使人自己的身体,以及在他之外的自然界,他的精神本质,他的人的本质同人相异化。"②异化劳动使得自然不再是人无机的身体,反而越来越成为影响人、制约人的发展的桎梏。异化劳动造成了人的自然本质成了人的异己的本质,自然不再是人的对象性存在,人与自然的分离与对抗,造成了人的自然存在的覆灭。伴随人的异化,人类对自然的以及人类自身的价值评价也发生了异化,人们沉迷于各种物欲的满足,无视自然的内在生态逻辑和人类未来发展的生态需求。现代资本主义社会,工具理性盛行其下,奉行效率至上原则,致使现代工业是异化劳动的集散地,现代分工以及效率优先的生产原则,不断强化劳动的异化性质,异化作用下的自然也随之不断发生异化,人与自然、人与人的关系不断被异化,人与自然、人与人原有的平衡协调关系不断被打破,人的生活世界日趋"殖民化"。异化劳动致使社会关系的异化。在异化社会关系作用下,一方面资本奉行"不增长就灭亡"原则,疯狂地吮吸和破坏自然力,使自然不断贬值;另一方面人非自由自愿地、被迫地将自己的本质力量灌注到自然界、凝结到自己的劳动产品中去,人与自然之间的关系以异化的形式表现出来,即人对自然的作用力度越大,创造的产品越多,人与自然之间的对立和对抗就越强,随着人类异化劳动的加剧,自然的异化出现了愈演愈烈的趋势,不可避免地导致生态危机的出现和加剧。

当今世界面临的生态问题,一定意义上是人的生存危机,人们在资本逻辑支配下,人与人之间的社会关系产生了异化,这种异化了的社会关系作用于人与自然关系并最终通过其加以表现,导致人与自然关系的异化。"当人充当起为自然立法的角色时,实际上就是人实现了对自然的否定:人要追求无限度的物质幸

---

① 《马克思恩格斯文集》第 1 卷,人民出版社 2009 年版,第 161 页。
② 《马克思恩格斯全集》第 42 卷,人民出版社 1979 年版,第 97 页。

福，就必须全面否定自然；人要实现无限度的物质幸福，就必须绝对地控制自然。全面否定自然是为了绝对控制自然"①，否定自然和控制自然必然不断掠夺自然。于是，人们肆无忌惮地对自然进行开发和掠夺，导致了人与自然关系的社会异化，从而引发了生态危机的频发。可以说，人类目前所面临的日益严重的生态问题，正是由于人类"把劳动作为对自然的控制"活动而带来的人与自然关系的社会异化所引起的。

四、生态问题的出路：异化社会关系的改变

通过上文分析，我们得知，人与自然关系的紧张与冲突源于人与人的社会关系的异化，人与自然关系背后实质上是人与人的社会关系。"只有在这些社会联系和社会关系的范围内，才会有他们对自然界的影响。"②人类生态问题产生的根源在于人与自然关系的社会异化，这种异化的社会关系力量支配人的行为的异化。人与人的之间异化关系导致了人与自然之间关系的异化，生态问题也日趋严重。现代技术的发展，迅速加快了人类对自然的破坏，技术的进步并没带来的人与自然和谐，反而加剧人与自然关系的恶化，英国历史学家汤因比曾言："人类将会杀害大地母亲，抑或将使它得到拯救？如果滥用日益增长的技术力量，人类将置大地母亲于死地……而人类的贪欲正在使伟大母亲的生命之果——包括人类在内的一切生命造物付出代价。何去何从，这就是今天人类所面临的斯芬克斯之谜。"③

随着现代社会人与人之间的社会交往不断频繁以及彼此社会关系的日益复杂，人与人的关系以及人与自然关系相互交织。"人对自然的关系直接就是人对人的关系，正像人对人的关系直接就是人对自然的关系，就是他自己的自然的规定。"④在这种情形下，生态问题不单单是人与自然的问题，其根源是人与自然背后的被异化的人与人的社会关系。特别是在资本力量在人们社会生活领域全面迸发后，人与人以及人与自然之间的关系日益异化。"当资本力量向自然界全面殖民化之时，也同时就是向人类的深层本质的殖民化；当资本驱动工业机器用废水、废气来污染自然之时，也同时在污染着已经与自然界建立了深入的内在联系

---

① 唐代兴：《生态理性哲学导论》，北京大学出版社 2005 年版，第 78 页。
② 《马克思恩格斯文集》第 1 卷，人民出版社 2009 年版，第 724 页。
③ ［英］阿诺尔德·约瑟·汤因比：《人类与大地母亲》，徐波莱译，上海人民出版社 2012 年版，第 641 页。
④ 《马克思恩格斯文集》第 1 卷，人民出版社 2009 年版，第 184 页。

的现代人的生命机体;当资本力量驱动人们将自然规律变成资本增值的手段之时,也在对人类理智进行深度的殖民化……当资本驱动工业机器摧毁自然生态环境而建立起钢筋水泥的森林之时,也同时对人类心灵进行深度的殖民。"①人们在资本生产过程中,不断对自然进行着掠夺,对自然的掠夺是资本对劳动掠夺的表现方式,是人对人的掠夺样式。自然的异化是人类异化的生产方式导致的人自身生存方式异化的表现。"现代社会人与自然的分立与对立的悖论是现代性所内含的主体性、主客二分思维的必然悖论,而其背后的根本动因还在于资本的逻辑。"②因此,解决生态问题,"仅仅有认识还是不够的。为此需要对我们的直到目前为止的生产方式,以及同这种生产方式一起对我们的现今的整个社会制度实行完全的变革。"③自人类社会产生以来,自然界从来不是孤立运行发展的,它与人类社会发展状况密切相关。人类社会总是通过各种方式作用于自然界,其作用程度受到当时社会发展条件限制。正如马克思、恩格斯所言:"如果懂得在工业中向来就有那个很著名的'人和自然的统一',而且这种统一在每一个时代都随着工业或慢或快的发展而不断改变,就像人与自然的'斗争'促进其生产力在相应基础上的发展一样,那么上述问题就自行消失了。"④因此,生态问题绝不仅仅是"人与自然"的关系问题,它始终同人与人的社会关系紧密相连,人与自然关系的背后掩藏着人与人的关系。我们在处理人与自然关系时,须从人与人的社会关系维度加以综合考量。既然人与自然关系在社会中生成,人与自然的矛盾冲突实质上是人与人的矛盾冲突,源于人与自然关系的社会异化。因此,解决生态问题的出路也就无他,必须从改变异化的生态关系入手,改变异化的人与人、人与自然之间的关系,从根源上铲除导致生态问题的社会因素和人为因素,唯此,生态问题的彻底解决才有可能。

从人与人的社会关系视角来分析人与自然的关系,充分展现马克思主义生态哲学运思路径独特之处,突破了以往生态问题中人与自然简单二分的形而上学方法论局限,将人与自然、人与人、人与社会有机统一起来,这对我们进一步洞悉全球生态危机的频发的真正本质以及探寻符合我国实情的生态文明建设道路具有重要的现实意义。

---

① 鲁品越:《资本扩张与"人—自然共同体"的形成——人与自然矛盾的当代形成》,《上海财经大学学报》2011年第2期。

② 许良:《恩格斯现代性批判思想研究》,上海财经大学出版社2016年版,第107页。

③ 《马克思恩格斯文集》第9卷,人民出版社2009年版,第561页。

④ 《马克思恩格斯文集》第1卷,人民出版社2009年版,第529页。

第二章 《资本论》生态哲学的核心:资本逻辑的生态悖论

　　《资本论》是研究资本主义社会发展规律的鸿篇巨著,蕴含着丰富的生态哲学思想。物化劳动是马克思生态哲学思想的理论出发点,也是实践的基本形式。人们通过物化劳动将自己的本质力量物质化,一方面创造丰富的"物质世界",另一方面不断物化人与人之间的社会关系,形成一种不以人的意志为转移的客观逻辑,并由此生成了人类的历史发展规律。在人类进入资本主义社会后,物化的社会关系进一步被强化,产生了资本逻辑并成为主导资本主义世界的运行逻辑。资本逻辑在推动社会经济发展的同时,也不断地吮吸和破坏着自然力,造成人与自然之间物质变换的断裂,"造成自然资源与环境的'贫困化',以及自然环境的'贫困积累'"①。

第一节 物化劳动的客观逻辑

　　劳动是唯物史观的重要概念,也是我们准确把握马克思主义生态思想以及正确认识和分析纷繁社会问题的一把钥匙。关于劳动概念的界说,古往今来,众多学者从哲学、经济学、社会学等学科进行了多层次的界定,我们这里结合马克思的《资本论》及其三大手稿文本,对劳动以及物化劳动的客观逻辑进行尝试性解读。

---

　　① 鲁品越:《鲜活的资本论:从深层本质到表层现象》,上海世纪出版集团2015年版,第333页。

一、劳动：人与自然之间的物质变换过程

关于劳动的界定，马克思在《资本论》第一卷中曾有经典的论述："劳动首先是人和自然之间的过程，是人以自身的活动来中介、调整和控制人和自然之间的物质变换的过程。"①劳动将人与自然有机的勾连起来，使人们对人与自然关系的理解有了全新理解。在这里，劳动是人与自然之间物质变换的过程，它包含两层含义：（1）劳动使人与自然发生联系，体现人与自然的关系。人通过劳动将自己与自然联系起来，一方面人类通过劳动从自然界获取自身所需要的物质材料；另一方面通过劳动改变自然物的存在形态并将人的本质力量反馈给自然以供养自然。劳动成了人与自然之间物质变换的中介，劳动架起了人与自然之间联系的桥梁，通过劳动，实现了"自然到人"和"人到自然"的双向流动，劳动是发生在人与自然之间的活动。（2）劳动是一种物质变换过程，是人与自然同时发生变化的过程。在劳动过程中，人与自然不断相互作用，彼此不断进行着物质变换并在物质变换过程中实现人与自然的改变。一方面，"在生产中只能像自然本身那样发挥作用，就是说，只能改变物质的形式。不仅如此，他在这种改变形态的劳动本身中还要经常依靠自然力的帮助。"②另一方面，人通过与自然的物质变换，不断作用于自然并不断将人的本质力量对象化到自然从而不断使之发生变化。因此，"劳动过程，从自然界整体运动的角度来观察，不过是一种特殊的自然力即人的劳动力与自然界相互作用的过程。"③从社会宏观的视角来看，人与自然的物质变换过程也是自然生态系统与社会经济系统之间的物质变换过程。劳动是人与自然不断实现物质变换的动态过程。"人类生产、劳动实践是人与自然之间的物质变换，是人类与自然界最基本的关系，这种关系在本质上是一种生态关系。它是人类（结成社会的人类）与他们所处的环境系统之间的相互关系。"④

劳动是人与自然的物质变换过程，在这个过程中，人通过具体劳动直接作用于自然界，将人的本质力量投射到自然界，使自然界成为人的劳动对象或劳动原料。"土地（在经济学上也包括水）最初以食物，现成的生活资料供给人类，它未经人的协助，就作为人类劳动的一般对象而存在。所有那些通过劳动只是同土

---

① 《资本论》第 1 卷，人民出版社 2004 年版，第 207-208 页。
② 《资本论》第 1 卷，人民出版社 2004 年版，第 58 页。
③ 温莲香：《马克思恩格斯劳动概念的生态维度解读》，《当代经济研究》2012 年第 5 期。
④ 刘思华：《关于马克思生态经济思想的两个基本理论问题》，《学术论坛》2006 年第 5 期。

地脱离直接联系的东西,都是天然存在的劳动对象。"①劳动是人与自然界的内在联系过程,"在这个过程中,'人'与'自然'不是封闭的'不可入'的物质客体,它们存在的基本前提是'可入性'——通过对方来实现与表达自身的存在。"②劳动打破了人与自然的独立存在状态,人通过劳动,将人的生命——人的思想意志和本质力量通过自然事物加以表达和实现,"使他制造出的劳动产物成为他的作品与他的现实"。"在人与自然的关系上,劳动体现了人的受动性与能动性的统一,是能动的受动与受动的能动的辩证统一。"③自然条件对于劳动的实施以及人与自然关系的形成与发展具有重要影响,马克思在《资本论》中指出:"这些自然条件都可以归结为人本身的自然(如人种等等)和人的周围的自然。"④但这并不意味着,自然资源的富足和自然条件的优越就能形成人与自然的关系,必须借助劳动的中介,人与自然才能建立联系、产生互动。"当人通过劳动作用于他身外的自然并改变自然时,也同时改变他自身的自然,也就是说,人在改造自然的实践活动中,会发生一种相互作用过程:自然的人化和人的自然化,即人的本质进入到自然之中,自然的本质进入到人之中。"⑤自然界通过劳动的媒介,"渗透到人的生命中,表现为人的生命的物质的和精神的材料,才可能向人展示它的存在。"⑥离开了劳动,人与自然就失去了产生联系的媒介,人与自然的关系也就无从谈起。

劳动作为人类的一种活动,是人的劳动力(包括体力和脑力)的支出,是人与自然的结合过程,在这个过程中,人与自然不断相互作用并发生相应的改变。马克思指出劳动作为人与自然物质变换的中介,普遍存在一切社会形态中,劳动反映了人与自然之间的生态联系。"劳动作为使用价值的创造者,作为有用劳动,是不以一切社会形式为转移的人类生存条件,是人和自然之间的物质变换即人类生活得以实现的永恒的自然必然性。"⑦在人类历史的时间和空间维度上,劳动是人类社会的起点,是人与自然关系形成的前提,现实的自然(第二自然)以及人与自然的关系是劳动的结果。从劳动的原始目的来看,人们最初是希望通过劳动解决人对自然界以及他人的依赖关系,从而满足自己生存和发展的需要。

① 《资本论》第 1 卷,人民出版社 2004 年版,第 208-209 页。

② 鲁品越:《深层生成论:自然科学的新哲学境界》,人民出版社 2011 年版,第 43 页。

③ 许良:《恩格斯现代性批判思想研究》,上海财经大学出版社,2016 年版,第 45 页。

④ 《资本论》第 1 卷,人民出版社 2004 年版,第 586 页。

⑤ 曹孟勤:《人是与自然界的本质统一——质疑"人是自然的一部分"和"自然是人的一部分"》,《自然辩证法研究》2006 年第 9 期。

⑥ 鲁品越:《深层生成论:自然科学的新哲学境界》,人民出版社 2011 年版,第 43 页。

⑦ 《资本论》第 1 卷,人民出版社 2004 年版,第 56 页。

劳动使人与自然建立了联系并相互作用，人类在劳动中不断改变自身、改变自然、改变人与自然的关系。"物质生产实践在根本上是一种个人与他人'共在'并不断向他人开放'结缘'形成社会关系的过程，物质生产活动在其直接性上首先是与自然界的关系，这是任何人类历史上第一个需要确立的具体事实。"①

正如前文所述，劳动是人与自然之间的物质变换过程，也是人与自然发生内在联系的过程，同时也是人与人产生内在联系的过程。但是这种内在联系不是凭空产生的，必须通过一定的物质媒介加以实现。物化劳动正是人与人建立联系并持续发生关系互动的媒介。人们通过社会分工条件下物化劳动将自身的本质力量凝结在劳动产物生产出大量的物质产品，同时通过物化劳动的物与物之间的联系实现人与人社会关系的联系。物化劳动一方面创造出"物质世界"，另一方面不断创造和强化物化的社会关系。"物质生产劳动是人的本质性的具有存在论意义的活动，是全部社会生活的起点和基础，是人与自然的统一和人与社会的统一的基础。"②物化劳动建立起人与人之间的社会联系后，人们对物产生了一种强烈的依赖感，总是想方设法地通过物去与他人建立新的联系、深化已有的内在关系，物化劳动逐渐成为一种不以人的意志为转移的客观物质力量，支配人的行为，人与人的交往物化倾向日趋明显，形成物化劳动的客观逻辑。劳动"是人类制造使用价值的有目的的活动，是因为人类的需要而对自然物的占有，是人类与自然之间发生的物质变换的一般条件，是人类生活的永恒的客观自然条件，因此，它不以人类的意志和人类生活的任何形式为转移"③。正如马克思所言："我们本身的产物聚合为一种统治我们、不受我们控制、使我们的愿望不能实现并使我们的打算落空的物质力量，这是迄今为止历史发展中的主要因素之一。"④人们物化劳动所生产的物质产品，本来是人们生产和生活的物质条件，却成为了控制和支配人们社会行为的一种客观力量。"决定人类社会历史发展的力量，不是人的主观意志与主体力量，也不是自然界的物质力量，而是社会物质力量——由社会劳动的物化所形成的具有自身客观逻辑的物质力量。"⑤物化劳动所形成的客观物质力量决定和支配着人类的社会生产以及人与人之间的社会关系。

---

① 贺来、张欢欢：《"人的本质是一切社会关系的总和"意味着什么》，《学习与探索》2014 年第 9 期。
② 许良：《恩格斯现代性批判思想研究》，上海财经大学出版社 2016 年版，第 33 页。
③ 方世南：《马克思恩格斯的生态文明思想——基于〈马克思恩格斯文集〉的研究》，人民出版社 2018 年版，第 46 页。
④ 《马克思恩格斯文集》第 1 卷，人民出版社 2009 年版，第 537 页。
⑤ 鲁品越：《鲜活的资本论：从深层本质到表层现象》，上海世纪出版集团 2015 年版，第 110 页。

二、社会生产的物化

社会生产是人们通过物化劳动将自己的本质力量作用于物质世界的过程。"当人们把自己的生命物化于自然界中，便形成了一个人化的自然界。"①人类社会的每一次发展与进步，都离不开人。人与自然之间的物质变换只有在人类的劳动过程中才能得以实现，社会生产力只有通过人类的劳动才能得到相应的发展。如果没有了劳动，人类就无法从自然界获得物质，也就无法形成直接的生产力。"自然界没有造出任何机器，没有造出机车、铁路、电报、自动走锭精纺机等等。它们是人的产业劳动的产物，是转化为人的意志驾驭自然界的器官或者说在自然界实现人的意志的器官的自然物质。它们是人的手创造出来的人脑的器官；是对象化的知识力量。"②人具有一种强大的内在本质力量，这种力量发挥，带来了生产的发展和社会的进步。但是人的本质力量的发挥不是空的、毫无条件的，必须通过物质载体加以体现，物化劳动实现了人的本质力量的物质化，"人类生命在劳动中物化为社会生产力"③。人们通过物化劳动将自身的本质力量凝结在物质产品中，进而通过物来确证人自身。我们知道，人是有意识、有目的、有情感的动物，不像动物那样只能本能的适应环境，人可以通过劳动将自己的本质力量物化，进而改变环境，实现"人的尺度"和"物的尺度"统一。物化劳动把人的本质力量积淀、凝聚到具体的物上，使得人可以物化劳动的结果——物来观照自身，领悟自身的存在。物化劳动是人实现自我目的、情感和理想的过程，是自我确证和实现的过程。

物化劳动在确证人的本质力量的同时，也给人的本质力量的发挥提供了出口途径。在一定的社会条件下，人通过物化劳动，将自己的本质力量传递出去，作用于劳动对象，使得生产资料和劳动工具发生变化，并不断产生新的物品，带来了生产力系统的物化扩张。在人类社会早期，人们通过物化劳动，作用于各种自然物，将石头、树枝改造成生产工具，将动物皮毛改造成衣服，将洞穴改造成居住的地方，这些都是人类的本质力量物质化的过程，促进了早期人类社会生产力的发展。当人类进入奴隶社会和封建社会后，人们通过青铜器和铁器的制造以及大型水利工程兴建等物化劳动，大大提高了人类改造自然的能力，创造了比较丰富的物品体系，金字塔、泰姬陵、万里长城、京杭大运河无不彰显了这一时期人

---

① 鲁品越：《鲜活的资本论：从深层本质到表层现象》，上海世纪出版集团 2015 年版，第 109 页。

② 《马克思恩格斯文集》第 8 卷，人民出版社 2009 年版，第 197-198 页。

③ 鲁品越：《深层生成论：自然科学的新哲学境界》，人民出版社 2011 年版，第 117 页。

类物化劳动的"丰功伟绩",生产力系统的物化扩张速度明显加快。当人类进入资本主义社会后,物化劳动的物质成果得到了极大丰富。在马克思看来,资本主义工业大发展的实质是"人的本质力量的公开的展示","工业的历史和工业的已经生成的对象性的存在,是一本打开了的关于人的本质力量的书"①。工业的生产方式最大化地释放了人的本质力量,是推动人与自然关系发生变化的根本物质力量,"如果把工业看成人的本质力量的公开的展示,那么自然界的人的本质,或者人的自然的本质,也就可以理解了"②。在资本主导下的资本主义生产方式,生产是不容片刻停滞,这不仅是因为人们不能停止消费,更主要的是因为资本不能停止对增殖的追求,在增殖扩张的驱使下,资本主义的生产必然是不断扩大再生产,日夜不停生产商品,大量"商品的堆积"又刺激了消费的增加,消费的增加又将进一步促使资本家扩大生产规模,整个资本主义世界已经成了一个产品的世界、商品的世界。"在商品中,特别是在作为资本产品的商品中,已经包含着作为整个资本主义生产方式的特征的社会生产规定的物化和生产的物质基础的主体化。"③物在人类社会发展中发挥了不可替代的作用。人类社会正是由于物的存在和联系,才使得人与人之间广泛联系成了可能和现实,才有被组织起来的社会规模生产和流通,才有社会的发展与进步。

从某种意义来说,人类社会发展过程就是物化劳动的过程,就是人的本质力量物质化的过程。在这个过程中,物化劳动与生产力系统不断相互作用,一方面物化劳动的累加促进了生产力系统物化成果,为生产力的进一步发展提供了基础;另一方面生产力系统的发展进一步提高人的物化劳动能力,两者持续互动,形成正反馈机制,不断推动人的本质力量物质化。

三、社会关系的物化

物化劳动促进了商品世界的快速扩展,一个物的世界渐渐形成,人的世界不可避免地越来越多地增加了物的因素,物慢慢渗入并充盈了人的世界。物化劳动不仅生产出了形式各异的物,而且也生产出了人与人之间的社会关系。物化劳动创造了丰富的商品世界,表面上看,商品之间在进行不断的交换,体现出物与物的交换关系。实际上,物在不同市场主体手中的流转,体现的是一种人与人的关系,物与物交换关系背后则是人与人的市场交换关系。马克思在《资本论》

---

① 《马克思恩格斯文集》第1卷,人民出版社2009年版,第192页。
② 《马克思恩格斯全集》第1卷,人民出版社2009年版,第193页。
③ 《资本论》第3卷,人民出版社2004年版,第996—997页。

第三卷中指出,"社会生产过程既是人类生活的物质生存条件的生产过程,又是一个在特殊的、历史的和经济的生产关系中进行的过程"①。商品资本主义时期,实体商品交换在经济关系中占据了支配地位并在其他社会关系中不断拓展这种支配地位,人与人之间的温情、伦理逐渐被这种看得见、摸得着的商品所取代,特别是劳动力和土地成为商品以后,商品的物与物的交换关系全面普及,人与人之间的温情全线溃退,社会关系演化成了商品占主导的物化的社会关系。

人与人之间的社会关系的物化,是随着人类社会的发展逐渐形成的,这种物化的社会关系最终在资本主义商品经济大繁荣时期达到了顶峰。在资本主义之前的社会,"人们在劳动中的社会关系始终表现为他们本身之间的个人的关系,而没有披上物之间即劳动产品之间的社会关系的外衣。"②在这里,马克思的言外之意是说,人类进入资本主义社会后,在物化劳动作用下,物化关系逐渐支配了人与人的社会关系。进入资本主义社会后特别是交换成了人们交往的普遍手段时,人与人之间的关系逐渐成为物与物的交换关系。"在交换价值上,人的社会关系转化为物的社会关系;人的能力转化为物的能力。"③人与人之间的社会关系颠倒成了物与物之间的关系,人对物的依赖性形成了人与人之间普遍的物化关系。"人和人之间的社会关系可以说是颠倒地表现出来的,就是说,表现为物和物之间的社会关系。"④对此,马克思在《资本论》中对物化的社会关系进行了如下的描述:"商品形式的奥秘不过在于:商品形式在人们面前把人们本身劳动的社会性质反映成劳动产品本身的物的性质,反映成这些物的天然的社会属性,从而把生产者同总劳动的社会关系反映成存在于生产者之外的物与物之间的社会关系。"⑤物在人们头脑中被奉为"神",人与人之间"超感觉"的社会关系变成了物与物之间"可感觉"的实体关系。到了资本主义大工业时期,货币成了物与物交换的媒介,货币成了衡量一切的尺度和根据,物与物的交换关系借助货币得到了全面拓展和深化,这个社会的生产关系发生了巨大变革,人与人之间的关系彻底被物化,成为单一的物与物的关系,物的关系全面取代了人的关系。"社会关系最终成为一种物即货币同它自身的关系"⑥,人与人之间社会关系彻底被物与物的关系所取代。

---

① 《资本论》第3卷,人民出版社2004年版,第927页。
② 《资本论》第1卷,人民出版社2004年版,第95页。
③ 《马克思恩格斯文集》第8卷,人民出版社2009年版,第51页。
④ 《马克思恩格斯全集》第31卷,人民出版社1998年版,第426页。
⑤ 《资本论》第1卷,人民出版社2004年版,第89页。
⑥ 《资本论》第3卷,人民出版社2004年版,第441页。

物化劳动将人的本质力量对象化和物质化,在物化劳动的作用下,人的生命力量和社会关系力量转化成了客观的物质力量,这种客观的物质力量不以人的意志为转移,并且支配着社会历史发展,从而使社会历史发展过程成为客观的物质过程。① 随着商品经济的发展,以物为中介的社会关系日益普遍化,物化关系成为社会中占有主导地位和支配力量的社会关系,对人与自然、人与人、人与社会之间关系的发展具有决定性的作用,不断影响和改变人类社会的各种社会关系。正如学者指出的那样,物化劳动产生的物化关系"不仅仅是对现代社会人与人之间物的依赖关系的形象描述,而且从一定意义上讲,也是催生现代社会各种社会现象的土壤……因此,物化关系是打开现代社会大门的第一把钥匙。"②。现代社会,人们围绕着这些形式各异的物展开了普遍的交往活动,物成了人们普遍认同的"社会抵押品",物成了人与人之间社会关系普遍联系的纽带。人们开始对物进行疯狂的追捧,想方设法通过各种途径获得或者占有各种形式的物,物化劳动产生的物化社会关系逐渐成了不以人的意志为转移的客观强大力量,物的关系成了主体性的社会关系,成了人们不可掌控的社会关系,人逐渐沦为了物的奴隶,甚至人也成为一种商品。"工人的劳动力同他的个性相分离,它变成一种物,一种他在市场上出卖的对象,这种情况也在这里反复发生。"③复杂的人与人之间的社会关系在物化劳动的作用下,变成了简单的整齐划一的物与物的关系。物与物的关系最终扭曲了人与人的关系。人对物的信赖取代了人对人的信赖,人与人的社会关系也因为物化劳动的强大力量发生了异化。"人自己的劳动,作为某种客观的东西,某种不依赖于人的东西,某种通过异于人的自律性来控制人的东西,同人相对立。"④物化关系把物提高至"神"的地位,物化到了人们对物的神化,"最初一看,商品好像是一种简单而平凡的东西。对商品的分析表明,它却是一种很古怪的东西,充满形而上学的微妙和神学的怪诞。"⑤在这里,物化劳动产生的物化关系导致了人们对商品的"超感觉性",从而致使"物"在人们头脑中歪曲虚幻的反映,物化关系的神化导致了人被物的奴役和控制,人与物以及人与人彼此对立,人与人的社会关系也因此不断产生异化,在物化劳动的支配下,劳动者越是通过劳动占有自然,他就越是失去自然,劳动者的生产和生活

---

① 参见鲁品越:《鲜活的资本论——从〈资本论〉到中国道路》(第二版),上海人民出版社 2016 年版,第 299 页。

② 陈晓林:《现代性视域下的物化关系——马克思物化理论再研究》,《福建论坛》2009 年第 2 期。

③ 卢卡奇:《历史与阶级意识》,商务印书馆 1999 年版,第 168 页。

④ 卢卡奇:《历史与阶级意识》,商务印书馆 1999 年版,第 152-153 页。

⑤ 《资本论》第 1 卷,人民出版社 2004 年版,第 88 页。

也就越是远离本质的自然。自然的异化意味着人类对自然资源的占有变成了对生态环境的失去。

总之,劳动是人的生命本质力量以及人与人社会关系的物质化的过程,它既是人与自然的作用过程,也是人与人社会结构的生产过程。物化劳动所形成的客观逻辑,不以人的意志为转移,成为人类社会发展的支配力量。物化劳动使人与自然的关系、人与人的社会关系统一于人类实践,由此生成了人类生态环境和社会关系结构的统一体。这也是马克思主义生态哲学的基本特征。①

第二节 物化劳动的新形态:资本及其扩张途径

马克思通过《资本论》,对资本主义生产及其社会制度的不合理性进行了深刻的批判,直接揭露了资本霸权宰制导致资本主义经济危机的内在症因,同时也间接揭示了资本主义生态危机产生的逻辑起因——资本的无限制扩张。"生产剩余价值或赚钱,是这个生产方式的绝对规律。"②不加导控的资本再生产始终坚持这一"绝对规律",这也注定了资本再生产的循环与生态再生产的循环之间的矛盾相生相行。由于市场竞争以及科学技术进步,资本主义生产出现"平均利润率下降"的趋势,资本为了保证利润的总额,必然加大对自然生态空间的侵占范围和规模,用经济理性遮蔽了生态理性,资本的再生产循环建立在生态再循环破坏的基础之上。

一、资本二重性

讨论资本的二重性,首先得从劳动的二重性说起。我们知道,劳动具有自然性和社会性的二重性,是二者的统一体。人类劳动既是作为自然人的具体劳动,也是作为社会人的抽象劳动,抽象劳动必须通过具体劳动加以实现。劳动在物质化的实践中,转化成了商品的二重性,也就是我们通常所说的,具体劳动物化成商品使用价值,抽象劳动物化成商品的价值。但当剩余价值转化为资本后,商品的二重性就相应地转化成了资本的二重性,因此,资本的二重性根源于劳动的二重性。"资本作为投入生产过程中追求自身增殖的劳动价值,自然也有二重

---

① 参见鲁品越:《鲜活的资本论——从〈资本论〉到中国道路》(第二版),上海人民出版社2016年版,第300页。

② 《资本论》第1卷,人民出版社2004年版,第714页。

性:这是劳动的二重性的直接延伸"①。一方面,资本作为生产要素,是积累起来的"死劳动",表现为感性直观可以把握的具体,例如生产资料、劳动力等,体现出其作为生产过程中使用价值层面的自然性;另一方面,资本作为剩余劳动价值,是支配劳动力进行劳动的一种力量,"是一种人与人的社会关系,在市场上表现为商品交换关系,而在生产中表现为资本所有者对劳动者的雇佣关系"②,"如果说劳动是实现人的生命的对象化表达,那么资本就是支配劳动力劳动的力量"③,体现出其作为社会关系的价值层面的社会性。

关于资本是一种生产要素的理解,西方经济学的一些著作中已有大量论述。例如美国经济学家萨缪尔森在其代表作《经济学》一书中提出:"资本一词通常被用来表示一般的资本品,它是另一种不同的生产要素。"④英国经济学家 J. 哈维在其著作《现代经济学》一书中认为:"当经济学家提到'资本'时,通常是指被人们用来生产更多财富的财富。"⑤奥地利经济学家庞巴维克则认为"一般说来,我们把那些用来作为获得物品的手段的产品叫做资本"⑥。可见,西方资产阶级经济学家一般都把资本作为生产要素来看待。其实,在商品经济条件下,一定的生产资料是个人或企业进行社会化生产的基本前提,资本作为不变资本是价值创造必不可少的物质条件,离开生产资料的物质条件,劳动力的劳动所创造的价值就失去了物质载体,价值创造也就无法实现。作为生产要素的资本,更多地表现为具体的物化形态,例如生产原料、厂房设备、生产工具、商品、货币等一系列现代社会生产的基本物品,这些物品的存在和使用,是社会生产得以进行以及剩余价值产生的基本要件。因此,资本首先在社会化生产中须具有"有用性",进入到社会生产的流程中,才可能带来价值的增殖,自然性是资本的一个重要特性。

资本除了生产要素"物"的特性以外,更重要的是其社会关系属性,马克思在《资本论》中对资本的社会关系属性进行了大量论述,他指出资本不是物,"它体现在一个物上,并赋予这个物以特有的社会性质。资本不是物质的和生产出来的生产资料的总和。资本是已经转化为资本的生产资料,这种生产资料本身不

---

① 鲁品越:《鲜活的资本论——从〈资本论〉到中国道路》(第二版),上海人民出版社 2016 年版,第 219 页。

② 鲁品越、王珊:《论资本逻辑的基本内涵》,《上海财经大学学报》2013 年第 5 期。

③ 鲁品越:《鲜活的资本论——从〈资本论〉到中国道路》(第二版),上海人民出版社 2016 年版,第 262 页。

④ [美]萨缪尔森:《经济学》(第 12 版),中国发展出版社 1992 年版,第 88 页。

⑤ [英]J.哈维:《现代经济学》,上海译文出版社 1985 年版,第 231 页。

⑥ 季陶达:《资产阶级庸俗政治经济学选集》,商务印书馆 1972 年版,第 386 页。

是资本,就像金和银本身不是货币一样。"①资本是一种在生产、流通、交换、消费等领域起着支配作用的社会关系力量。马克思曾对一些经济学家仅将资本视为生产要素的观点进行了批判,他说:"经济学家们把人们的社会生产关系和受这些关系支配的物所获得的规定性看作物的自然属性,这种粗俗的唯物主义,是一种同样粗俗的唯心主义,甚至是一种拜物教,它把社会关系作为物的内在规定归之于物,从而使物神秘化。根据某物的自然属性来确定它是固定资本还是流动资本所遇到的困难,在这里使经济学家们破例地想到:物本身既不是固定资本,也不是流动资本,因而根本不是资本,正像成为货币决不是金的自然属性一样。"②因此,对资本的认识不能停留在物的层面,不然就有可能犯认识论上的经验主义形而上学的错误。因为如果只将资本视为物,只将看作具体的生产资料、商品、货币的话,就会忽视资本增殖过程中资本家和工人之间的阶级关系,没有看到资本作为一种社会关系和经济权力,对他人的支配和控制力量。

当然,资本的二重性并非彼此独立,而是相互统一的,不可作形而上学的简单分割。资本"既不是脱离社会关系的物质生产资料,也不是脱离物质生产资料的社会关系,而是物化了的生产关系——是用物质形态表现出来的生产关系。"③资本的二重性相互依存、相互统一。

二、资本的社会关系本质

上文中我们提到资本的具有自然和社会的二重性,就资本的本质而言,体现在它的社会性方面。马克思在《资本论》中指出:"资本不是一种物,而是一种以物为中介的人和人之间的社会关系"④,它是投入社会再生产过程中追求自身增殖的价值,它以生产要素的使用价值为载体,通过物化劳动和市场交换而体现出来的一种社会关系,本质上是一种人与人的社会关系。"资本不是物,而是一定的、社会的、属于一定历史社会形态的生产关系"⑤。因此,生产资料并不是天生就是资本,只有在一定的社会关系下,才能成为资本。"个人的产品或活动必须先转化为交换价值的形式,转化为货币,并且个人通过这种物的形式才取得和证

---

① 《资本论》第 3 卷,人民出版社 2004 年版,第 922 页。

② 《马克思恩格斯全集》第 31 卷,人民出版社 1998 年版,第 85 页。

③ 鲁品越:《鲜活的资本论——从〈资本论〉到中国道路》(第二版),上海人民出版社 2016 年版,第 220 页。

④ 《资本论》第 1 卷,人民出版社 2004 年版,第 877-878 页。

⑤ 《资本论》第 3 卷,人民出版社 2004 年版,第 922 页。

明自己的社会权力"①。社会权力通过货币加以体现,表现为支配社会财富的权力,"因为由这个卖出过程所获得的货币,一旦进入市场购买财富,就是用社会关系上权力来支配物质财富的运行和消费的过程,归根到底是支配他人劳动以生产财富的过程。"②通过货币"这种物的形式才取得和证明自己的社会权力"③。对此,马克思曾用一个形象的比喻来说明资本的社会关系本质。"黑人就是黑人。只有在一定的关系下,他才成为奴隶。纺纱机是纺棉花的机器。只有在一定的关系下,它才成为资本。"④在这里,马克思通过生产资料、货币等"物的关系",洞悉到了物的关系背后的人与人之间的关系,看到了资本家衣袋里装着支配别人的社会权力,并进一步指出,在资本主义社会中,资本作为一种生产关系就是"资产阶级的生产关系,是资产阶级社会的生产关系"⑤。为此,对资本的理解,绝不能停留在"物"的层次,不能还像古典经济学派那样来认识资本,"只看到了资本的物质,而忽视了使资本成为资本的形式规定。"⑥也正如列宁所言:"凡是资产阶级经济学家看到物与物之间的关系(商品交换商品)的地方,马克思都揭示了人与人之间的关系。"⑦从资本主义发展史来看,资本使得不同区域、不同国家、不同人群之间发生了社会联系,"商品交换怎样打破了直接的产品交换的个人的和地方的限制,发展了人类劳动的物质变换。另一方面,整整一系列不受当事人控制的天然的社会联系发展起来了。"⑧资本的国际化通过不同国家的人群相互联系、相互作用得以实现,资本的扩张本质上是社会关系的扩张。

　　对资本本质的理解须掌握两个原则,一是关系原则即资本是一种物化的社会关系,是一种以物为中介的人与人之间的关系,一种以货币为中介的资本与雇佣劳动之间的关系。马克思在《共产党宣言》中指出:"资本是集体的产物……资本不是一种个人力量,而是一种社会力量。"⑨二是历史性原则即资本并不是天生就存在的,其产生是社会生产方式发展的结果,资本的生成是一个历史过程。

---

　　① 《马克思恩格斯文集》第8卷,人民出版社2009年版,第52页。

　　② 鲁品越:《鲜活的资本论——从〈资本论〉到中国道路》(第二版),上海人民出版社2016年版,自序第6页。

　　③ 《马克思恩格斯文集》第8卷,人民出版社2009年版,第52页。

　　④ 《资本论》第1卷,人民出版社2004年版,第878页。

　　⑤ 《马克思恩格斯文集》第1卷,人民出版社2009年版,第724页。

　　⑥ 《马克思恩格斯全集》第30卷,人民出版社1995年版,第213页。

　　⑦ 《列宁选集》第2卷,人民出版社2012年版,第312页。

　　⑧ 《资本论》第1卷,人民出版社2004年版,第134页。

　　⑨ 《马克思恩格斯文集》第2卷,人民出版社2009年版,第46页。

"资本是一种社会生产关系,它是一种历史的生产关系。"①马克思认为,资本及其逻辑是随着生产方式的发展历史地孕育于封建社会后期的经济结构中,随着大工业的发展而不断发展的。"资本的发展不是始于创世之初,不是开天辟地就有。这种发展作为凌驾于世界之上和影响整个社会经济形态的某种力量,实际上最先出现于十六世纪和十七世纪。"②马克思在《资本论》中进一步论述了资本的产生的社会历史条件,指出,"只有当生产资料和生活资料的占有者在市场上找到出卖自己劳动力的自由工人的时候,资本才产生;而单是这一历史条件就包含着一部世界史。"③

因此,资本本质上是一种物化的社会关系,是一种支配人的社会权力,资本"按其本质来说,它是对无酬劳动的支配权"④,即对剩余价值的控制权和掠夺权,这是资本与生俱来的权力,也是资本存在的根本目的和理由。因而,资本"是一种通过物化劳动来运行的追求自我扩张的'市场权力放大器'"⑤,对资本的把握和理解必须深入到人与人的社会关系的层面,唯此,我们才能真正把握资本的本质。

三、资本逻辑:普遍的法则

资本的本质是一种社会关系,虽然它不是物,但它也离不开物,资本的社会关系力量必须借助于物的载体加以实现和发展。因此,资本是人类社会发展过程中一定的"物"与一定的"社会关系"的综合体,它在社会生产和社会关系再生产过程表现出了双重作用:一方面通过"物"产生了创造文明的作用,另一方面通过"社会关系"产生一种客观的社会力量。

(一)资本:文明的趋势

资本的出现及其发展,带来了社会生产力的快速发展,增进了人类社会文明向度。"资本突破各种限制的过程,也就是文明进步的过程。就此而言,资本确实内含着创造文明的逻辑。"⑥在马克思看来,资本的文明作用突出表现在"去发展社会生产力,去创造生产的物质条件"方面,能够"为一个更高级的、以每一个

---

① 《资本论》第 1 卷,人民出版社 2004 年版,第 878 页。
② 《马克思恩格斯全集》第 48 卷,人民出版社 1985 年版,第 120 页。
③ 《资本论》第 1 卷,人民出版社 2004 年版,第 198 页。
④ 《资本论》第 1 卷,人民出版社 2004 年版,第 611 页。
⑤ 鲁品越、王珊:《论资本逻辑的基本内涵》,《上海财经大学学报》2013 年第 5 期。
⑥ 丰子义:《全球化与资本的双重逻辑》,《北京大学学报》2009 年第 5 期。

个人的全面而自由的发展为基本原则的社会形式建立现实基础"①。资本的发展使人类从"地方性发展和对自然的崇拜"中解放出来,"由此产生了资本的伟大的文明作用;它创造了这样一个社会阶段,与这个社会阶段相比,一切以前的社会阶段都只表现为人类的地方性发展和对自然的崇拜。"②不可否认,资本来到世间以后,带来了社会生产力快速发展,正如马克思所言:"资产阶级在它的不到一百年的阶级统治中所创造的生产力,比过去一切世代创造的全部生产力还要多,还要大。自然力的征服,机器的采用,化学在工业和农业中的应用,轮船的行驶,铁路的通行,电报的使用,整个大陆的开垦,河川的通航,仿佛用法术从地下呼唤出来的大量人口——过去哪一个世纪料想到在社会劳动里蕴藏有这样的生产力呢?"③因此,站在整个人类历史的宏观视野上,从纯粹朴素的生产力维度来说,资本展现出了巨大的历史进步性和文明性。在资本主义社会之前,人类尚处于受自然宰制的蒙昧时代,人类匍匐在自然脚下,对自然充满敬意,畏惧自然,人的主体性和能动性一直处于被压抑的状态。集中起来的资本将会形成配置社会资源的强大力量,促使生产力的社会化水平迅速提高,带来生产力快速发展。正如马克思在《资本论》中所言:"积累,即由圆形运动变为螺旋形运动的再生产所引起的资本的逐渐增大,同仅仅要求改变社会资本各组成部分的量的组合的集中比较起来,是一个极缓慢的过程。假如必须等待积累使某些单个资本增长到能够修建铁路的程度,那么恐怕直到今天世界上还没有铁路。但是,集中通过股份公司转瞬之间就把这件事完成了。集中在这样加强和加速积累作用的同时,又扩大和加速资本技术构成的变革,即减少资本的可变部分来增加它的不变部分,从而减少对劳动的相对需求。通过集中而在一夜之间集合起来的资本量,同其他资本量一样,不断再生产和增大,只是速度更快,从而成为社会积累的新的强有力的杠杆。"④随着资本主义社会的确立以及资本的发展,人的主体性和能动性得到空前释放,资本主导下的生产方式实现了"人对自然的占有与统治"并使之成为"自为的合理的东西",改变了之前人们一直对自然图腾与崇敬的观念与行为,带来了人类文明形态的更替。历史证明,资本"更有利于生产力的发展,有利于社会关系的发展,有利于更高级的新形态的各种要素的创造"⑤。

在既往的社会主义条件下,当谈到资本的时候,人们不由自主地想到资本的

① 《资本论》第 1 卷,人民出版社 2004 年版,第 683 页。
② 《马克思恩格斯文集》第 8 卷,人民出版社 2009 年版,第 90 页。
③ 《马克思恩格斯文集》第 2 卷,人民出版社 2009 年版,第 36 页。
④ 《资本论》第 1 卷,人民出版社 2004 年版,第 724 页。
⑤ 《资本论》第 3 卷,人民出版社 2004 年版,第 927 页。

负面性,想到了马克思对资本批判的经典话语:"资本来到世间,从头到脚,每个毛孔都滴着血和肮脏的东西。"①资本被视为了洪水猛兽,不可亲近。但从整个人类社会历史发展来看,资本具有文明的趋势,这一点马克思在《资本论》也进行了论述:"资本一出现,就标志着社会生产过程的一个新时代。"②资本除了恶的本性之外,也有其文明的一面。马克思对此用了"三个有利于"进行评价:"资本的文明面之一是,它榨取这种剩余劳动的方式和条件,同以前的奴隶制、农奴制等形式相比,都更有利于生产力的发展,有利于社会关系的发展,有利于更高级的新形态的各种要素的创造。"③资本的出现,大大推动了生产力的发展,正如我们所熟悉的马克思的经典论述那样:"资产阶级在它的不到一百年的阶级统治中所创造的生产力,比过去一切世代创造的全部生产力还要多,还要大。"④资本突破了奴隶制、农奴制等地方性、狭隘的小生产方式,推动了生产的革新和生产的世界化。资本"对传统的蔑视与对自然的蔑视结合起来,把传统与自然推向了垃圾堆⑤。"生产的不断变革,一切社会状况不停的动荡,永远的不安定和变动,这就是资产阶级时代不同于过去一切时代的地方。"⑥"尽管按照资本的本性来说,它本身是狭隘的,但它力求全面地发展生产力,这样就成为新的生产方式的前提,这种生产方式的基础,不是为了再生产一定的状态或者最多是扩大这种状态而发展生产力,相反,在这里生产力的自由的、无阻碍的、不断进步的和全面的发展本身就是社会的前提,因而是社会再生产的前提"⑦。"资本在无限地追求发财致富时,力求无限地增加生产力。另一方面,劳动生产力的每一次增长,——不用说劳动生产力的增长为资本增加了使用价值,——都是资本的生产力的增长,而劳动生产力之所以是劳动生产力,只是由于它是资本的生产力。"⑧

从人类文明发展历程来看,资本出现以后,虽然没有消灭剥削,但与资本前社会相比,资本创造了一种更加文明的剥削方式。在古代,"在埃及、伊特鲁里亚、印度等地,人们用暴力手段把人民集合起来去从事强制的建筑和强制的公共工程。资本则用另一种方式,通过它同自由劳动相交换的方法,来达到这种联

① 《资本论》第1卷,人民出版社2004年版,第871页。

② 《资本论》第1卷,人民出版社2004年版,第198页。

③ 《资本论》第3卷,人民出版社2004年版,第927-928页。

④ 《马克思恩格斯文集》第2卷,人民出版社2009年版,第36页。

⑤ [美]乔尔·科维尔:《马克思与生态学》,武烜等译,《马克思主义与现实》2011年第5期。

⑥ 《马克思恩格斯文集》第2卷,人民出版社2009年版,第34页。

⑦ 《马克思恩格斯文集》第8卷,人民出版社2009年版,第169页。

⑧ 《马克思恩格斯全集》第47卷,人民出版社1979年版,第545页。

合。"①资本的本性在于追求无休止的增殖,为了实现增殖就必须占有工人的剩余劳动,这打破了人们过去为"雇主""劳动终身"的人身隶属和依附关系,从这个意义上讲,资本的表现,为人的自由解放创造了条件,促进了人的全面发展。马克思指出:"资本的伟大的历史方面就是创造这种剩余劳动,即从单纯使用价值的观点,从单纯生存的观点来看的多余劳动,而一旦到了那样的时候,即一方面,需要发展到这种程度,以致超过必要劳动的剩余劳动本身成为普遍需要,成为从个人需要本身产生的东西,另一方面,普遍的勤劳,由于世世代代所经历的资本的严格纪律,发展成为新的一代的普遍财产,最后,这种普遍的勤劳,由于资本的无止境的致富欲望及其唯一能实现这种欲望的条件不断地驱使劳动生产力向前发展,而达到这样的程度,以致一方面整个社会只需用较少的劳动时间就能占有并保持普遍财富,另一方面劳动的社会将科学地对待自己的不断发展的再生产过程,对待自己的越来越丰富的再生产过程,从而,人不再从事那种可以让物来替人从事的劳动"②。在资本产生以前,人的从事的是维持生存的"必要劳动",资本产生以后,产生了除了必要劳动之外的剩余劳动,劳动产品逐渐积累起来,为个人的进一步发展提供了可能,工人开始作为一个独立的交换主体登上了历史舞台,虽然这只不过是最简单的事实,但在马克思看来,这是一件具有世界意义的大事,"因为它从根本上打开了人类历史的财富源泉。也就是说,工人不仅作为物质财富的创造者,而且作为物质财富的追求者,作为追求财富的最庞大人口群体出现在历史上,正是这种新颖的交往关系,导致了现代社会的产生和发展。现代社会的成就包含着工人的自觉努力"③。资本的出现,改变了人类社会,促进人类社会的发展,正如马克思所言:"提高劳动生产力和最大限度否定必要劳动,正如我们已经看到的,是资本的必然趋势。"④

需要明确的是,"资本本身并不追求社会生产力的发展。但是,这种资本扩张或'赚钱'必须使资本这种社会关系物质化,从而形成物质化的权力才能驱使工人劳动以生产剩余价值。这种物质化过程必然推动社会生产力的扩张与发展"⑤。资本在其发展中,也产生了它本身的内在否定性,"以资本为基础的生产

---

① 《马克思恩格斯全集》第 30 卷,人民出版社 1995 年版,第 526 页。

② 《马克思恩格斯文集》第 8 卷,人民出版社 2009 年版,第 69 页。

③ 孙承叔:《资本与历史唯物主义:〈资本论〉及其手稿当代解读》,复旦大学出版社 2013 年版,第 56 页。

④ 《马克思恩格斯文集》第 8 卷,人民出版社 2009 年版,第 186 页。

⑤ 鲁品越:《鲜活的资本论——从〈资本论〉到中国道路》(第二版),上海人民出版社 2016 年版,自序第 8 页。

在建构一个人的对象世界的同时,又在疯狂地破坏或瓦解这个世界"①。资本创造文明的作用与阻碍文明发展的作用并存。"生产过程和价值增殖过程的结果,首先表现为资本和劳动的关系本身的,资本家和工人的关系本身的再生产和新生产。这种社会关系,生产关系,实际上是这个过程的比其物质结果更为重要的结果。这就是说,在这个过程中工人把他本身作为劳动能力生产出来,也生产出同他相对立的资本,同样另一方面,资本家把他本身作为资本生产出来,也生产出同他相对立的活劳动能力。每一方都由于再生产对方,再生产自己的否定而再生产自己本身。"②资本在现代社会依然表现出强大的力量,这种力量在推动现代社会发展的同时,也不断冲击和破坏着现代社会。现代社会"犹如置身于朝向四方急驰狂奔的不可驾驭的力量之中"③,这种力量又人为制造出来的大量新型风险,其中生态破坏和灾难最为典型。

(二)资本逻辑:客观的物质力量

增殖,是资本的天性,"资本只有一种生活本能,这就是增殖自身,创造剩余价值,用自己的不变部分即生产资料吮吸尽可能多的剩余劳动"④。为了不断实现价值增殖,资本通过生产资料来支配他人的劳动,从而不断把客观世界"资本化",由此形成的推动社会经济运行的巨大的客观物质力量及其矛盾发展规律,我们称之为"资本逻辑",概言之,资本逻辑就是作为物化的生产关系的资本自身运动的矛盾规律。⑤ 这种资本逻辑实质上是物化社会关系的逻辑:"人与人之间的关系获得物的性质,并从而获得一种'幽灵般的对象性',这种对象性以其严格的、仿佛十全十美和合理的自律性掩盖着它的基本本质,即人与人之间关系的所有痕迹。"⑥作为物化的社会关系的资本,一方面展现出人的本质力量,另一方面又成为支配人客观关系力量,"将资本主义生产关系的运行过程物质化为不以人的意志为转移的客观物质过程,其展示的规律正是物化形态的资本逻辑。这是资本逻辑的'本质论'。它是作为生产关系的资本的深层逻辑、最根本的逻辑,决定了资本逻辑在其他各个层面的表现"⑦。在资本主义社会,资本逻辑已经全面

① 田辉玉、张三元:《资本逻辑视域下的生态文明建设》,《现代哲学》2016 年第 2 期。

② 《马克思恩格斯文集》第 8 卷,人民出版社 2009 年版,第 107 页。

③ [英]吉登斯:《现代性的后果》,田禾译,凤凰出版传媒集团 2011 年版,第 47 页。

④ 《资本论》第 1 卷,人民出版社 2004 年版,第 269 页。

⑤ 参见鲁品越、王珊:《论资本逻辑的基本内涵》,《上海财经大学学报》2013 年第 5 期。

⑥ 卢卡奇:《历史与阶级意识》,商务印书馆 1999 年版,第 149 页。

⑦ 鲁品越:《鲜活的资本论——从〈资本论〉到中国道路》(第二版),上海人民出版社 2016 年版,第 246 页。

贯穿和宰制社会生活，表现为统治人们全部生产和生活的"绝对律令"，是资本主义社会的最高原则和标准。"资本主义的帝国主义同其他帝国构想相区别的却恰恰是资本逻辑居于支配地位"①，资本逻辑主导了人与世界、人与他人以及人与自身的关系，"资本已经变成了一种非常神秘的东西，因为劳动的一切社会生产力，都好像不为劳动本身所有，而为资本所有，都好像是从资本自身生长出来的力量。"②人们开始为占有和支配作为财富象征的资本而日夜不停地奔波，资本成了人们现代生活的基本逻辑，一切都以资本来衡量。"资本和劳动的关系，是我们全部现代社会体系所围绕旋转的轴心。"③对此，马克思在《共产党宣言》进行了明确的指认，资本逻辑"迫使一切民族——如果它们不想灭亡的话——采用资产阶级的生产方式；它迫使它们在自己那里推行所谓的文明……它按照自己的面貌为自己创造出一个世界"④。

　　资本逻辑成了一种吞噬一切的控制力量。资本关系统治了人的生活中所有关系，人与人的关系被扭曲成资本关系，人类生活在资本化的生存世界中，人的生活内容甚至包括人的生命都用资本来度量，都被还原成抽象的"交换价值"，整个世界被资本通约了。"资本成为一切社会秩序的立法者和评判物质实践活动的圭臬。"⑤正如马克思所言："它把人的尊严变成了交换价值，用一种没有良心的贸易自由代替了无数特许的和自力挣得的自由。"⑥在资本逻辑的统治下，"一切等级的和固定的东西都烟消云散了，一切神圣的东西都被亵渎了"⑦。资本是一种普照的光，是一种特殊的以太，资本的生产"决定其他一切关系的地位和影响"，资本成了"资产阶级社会的支配一切的经济权力"⑧。在社会生产、生活等各个领域，资本"摧毁一切阻碍发展生产力、扩大需要、使生产多样化、利用和交换自然力量和精神力量的限制"⑨，表现为无所不能的社会权力，它既是万物存在的尺度，也是万物不存在的尺度，资本成了世俗社会的上帝。从某种意义上讲，资本及其逻辑统治了当今世界。资本成了现代世界的基础和根据，资本逻辑

---

① ［英］大卫·哈维：《新帝国主义》，初立忠等译，社会科学文献出版社2009年版，第29页。

② 《资本论》第3卷，人民出版社2004年版，第937页。

③ 《马克思恩格斯文集》第3卷，人民出版社2009年版，第79页。

④ 《马克思恩格斯文集》第2卷，人民出版社2009年版，第35页。

⑤ 刘顺：《资本逻辑与生态危机的根源——与顾钰民先生商榷》，《上海交通大学学报》（哲学社会科学版）2016年第1期。

⑥ 《马克思恩格斯文集》第2卷，人民出版社2009年版，第34页。

⑦ 《马克思恩格斯文集》第2卷，人民出版社2009年版，第34页。

⑧ 《马克思恩格斯文集》第8卷，人民出版社2009年版，第31页。

⑨ 《马克思恩格斯文集》第8卷，人民出版社2009年版，第91页。

已经成为现代社会的普遍逻辑。

但是，需要指出的是，我们在谈论资本逻辑的时候，不能只看到资本逻辑"钱"的逻辑或者是"物"的逻辑。其实，资本逻辑具有二重性，即"物"的逻辑与"社会关系"的逻辑，也就是资本生产外在的普遍物质内容与内在的特定社会关系再生产的二重性。资本的再生产是"劳动过程"和"价值增殖"的双重统一。一方面，资本生产是人与自然交互作用的劳动过程，是一种生产商品的普遍物质属性或有用性的具体劳动过程，创造使用价值；另一方面，资本生产过程是一个特定社会条件下价值增殖的过程，是抽象劳动创造价值、生产商品的社会属性或一般性的过程。"从综合的、具体的意义上讲，资本逻辑又是统一的整体，价值增殖统摄劳动过程，劳动过程服从于价值增殖，二者融为一体、难解难分……二者凝聚成现代生产的统一体。"①

四、资本扩张的根本途径："两个最大化"

任何再生产都须通过一定的媒介途径实现，资本的再生产也不例外。由于增殖是资本扩张的目的，为了实现这一目的，资本必然千方百计地寻找扩张的途径，"两个最大化"即剩余价值最大化和资本最大化。

"资本直接和独特的目的是追求利润，而这体现在社会上是无止境的资本积累，以及资本家阶级权力的再生产。这是资本最强烈追求的目标。"②资本最初来源于剩余价值，它是一种能带来增殖的剩余价值，其本身也是一种剩余价值。"资本的合乎目的的活动只能是发财致富，也就是使自身变大或增大。"③资本为了实现不断扩张和再生产的目的，必然要求剩余价值最大化。犹如马克思所言："生产剩余价值或赚钱，是这个生产方式的绝对规律。"④资本一旦投入生产领域中，增殖最大化成了其唯一的目的，从而尽可能多地从劳动者那获得剩余价值。"不管生产方式本身由于劳动从属于资本而产生怎样的变化，生产剩余价值或榨取剩余劳动，是资本主义生产的特定的内容和目的。"⑤我们知道，剩余价值可分为绝对剩余价值和相对剩余价值，二者统一于资本的再生产过程，剩余价值的最大化通过绝对剩余价值和相对剩余价值的最大化来实现。资本占有者总是设法

---

① 郗戈：《超越资本主义现代性——马克思现代性思想与当代社会发展》，中国人民大学出版社2014年版，第163页。

② ［美］大卫·哈维：《资本社会的17个矛盾》，许瑞宋译，中信出版社2016年版，第96页。

③ 《马克思恩格斯全集》第30卷，人民出版社1995年版，第228页。

④ 《资本论》第1卷，人民出版社2004年版，第714页。

⑤ 《资本论》第1卷，人民出版社2004年版，第344页。

通过延长劳动时间、提高劳动强度等方式来获取更多的剩余价值。正如马克思在《资本论》所言的那样,资本家通过延长劳动时间、采用轮班制和放宽就业门槛,让每一个工人在有限的"工作日"内付出最多的活劳动,"资本是一台汲取剩余劳动的永久的抽水机"①,让每一种生产资料都物尽其用,让每一台机器都昼夜不停地运转,最大化的创造剩余价值,"夜间停止不用、不吮吸活劳动的熔炉和厂房,对资本家说来是一种'纯粹的损失'。"②与此同时,资本所有者在资本扩张过程中,通过分工、协作以及技术更新等手段,不断提高劳动者的劳动强度,最大化地占有相对剩余价值。通过分工、协作的方式将工人集中在一起劳动,一方面提高了工人的专业化水平,使工人成为"局部工人"从而提高劳动生产率;"资本主义积累的本性,决不允许劳动剥削程度的任何降低或劳动价格的任何提高有可能严重地危及资本关系的不断再生产和它的规模不断扩大的再生产。"③另一方面节约了厂房、工具、器具以及生产资料,提高了剩余价值率。"因此,不变资本的价值组成部分降低了,而随着这部分价值的量的减少,商品的总价值也降低了。其结果和商品的生产资料的生产变得便宜时所产生的结果一样。"④在这种情形下,资本再生过程中,资本所有者所获得的相对剩余价值就越大。只有不断实现剩余价值的最大化,才能不断实现资本的扩大再生产。

资本扩张的另一个途径是资本的最大化,即资本占有者在组织资本扩张过程中,尽可能地将获取的剩余价值转化成资本,将剩余价值最大化地投入资本再生产中去。一般而言,资本家按照用途将剩余价值分为两个部分:一部分由于资本的扩大再生产,另一部分用于资本所有者的消费。用马克思在《资本论》中话来说,剩余价值一部分用于积累,一部分用于了消费。面对积累与消费的抉择是,资本所有者陷入了"选择的困境","在剩余价值量已定时,这两部分中的一部分越大,另一部分就越小。在其他一切条件不变的情况下,这种分割的比例决定着积累量。而谁进行这种分割呢?是剩余价值的所有者资本家。"⑤这种情形下,资本所有者貌似面临"积累欲"和"消费欲"的艰难选择,"在资本家个人的崇高的心胸中同时展开了积累欲和享受欲之间的浮士德式的冲突。"⑥但实际上资本扩张的理性早就替资本所有者做好了选择,资本扩张追求最大化增殖,积累的

① 《资本论》第3卷,人民出版社2004年版,第931页。
② 《资本论》第1卷,人民出版社2004年版,第360页。
③ 《资本论》第1卷,人民出版社2004年版,第716页。
④ 《资本论》第1卷,人民出版社2004年版,第377页。
⑤ 《资本论》第1卷,人民出版社2004年版,第683页。
⑥ 《资本论》第1卷,人民出版社2004年版,第685页。

欲望最终战胜享受的欲望，甚至有些时候"享受"是为了"积累"，资本家的"奢侈被列入资本的交际费用"，"将其占有的剩余价值尽可能地转化为资本"①，资本的最大化成了资本扩张的根本途径。

需要指出的是，在资本的再生产过程中，剩余价值的最大化和资本的最大化并不是彼此分离的，二者统一于价值增殖的劳动过程，资本的最大化直接引致价值的最大化，价值的最大化又将进一步促进资本的最大化，二者共同实现了资本的不断扩大再生产。

第三节　资本扩张的生态悖论

按照马克思的观点，资本主义社会，由于自然资源的使用"不费分文"，资本家在"看不见的手"驱使下，为了实现利润的最大化，必然力图使用最少的资本来最大限度地开发和利用自然资源，无休止地"吮吸"自然力，对资本的节约，意味着对自然资源的最大化占有使用和生态环境的破坏，资本的循环和生态的循环就此出现了矛盾冲突。资本家对自然资源肆意开发和利用，马克思一百多年前就提出了警告："资本主义农业的任何进步，都不仅是掠夺劳动者的技巧的进步，而且是掠夺土地的技巧的进步，在一定时期内提高土地肥力的任何进步，同时也是破坏土地肥力持久源泉的进步。一个国家，例如北美合众国，越是以大工业作为自己发展的基础，这个破坏过程就越迅速。"②这里，马克思虽然只论述了资本对土地肥力的破坏，但这一理论适用于所有的自然资源，指出了资本扩张与生态再生产的内在矛盾。

一、自然力的破坏

在资本的再生产过程中，资本始终追求的是作为社会关系权力的扩张，这种社会关系的产生和扩张必须通过物质化的途径方能实现。吮吸和破坏客观物质世界中存在的自然力成了资本实现扩张并不断放大社会关系权力的最直接的方

---

① 鲁品越：《资本逻辑与当代现实——经济发展观的哲学思考》，上海财经大学出版社 2006 年版，第 107 页。

② 《资本论》第 1 卷，人民出版社 2004 年版，第 579-580 页。

式。① 资本为了实现增殖,在征服自然、破坏自然的道路上从未停歇,涸泽而渔的行为屡禁不止,自然资源被消耗殆尽。资本的再生产循环不仅需要消耗大量的自然资源,而且还要消耗足够量的劳动量,"生产资料的数量,必须足以吸收劳动量,足以通过这个劳动量转化为产品。如果没有充分的生产资料,买者所支配的超额劳动就不能得到利用;他对于这种超额劳动的支配权就没有用处"②。资本扩张循环消耗的大量自然资源和劳动量,意味着对自然力和人的自然力的极大破坏。马克思在《资本论》对此进行了揭露:"大工业和按工业方式经营的大农业共同发生作用。如果说它们原来的区别在于,前者更多地滥用和破坏劳动力,即人类的自然力,而后者更直接地滥用和破坏土地的自然力,那么,在以后的发展进程中,二者会携手并进,因为产业制度在农村也使劳动者精力衰竭,而工业和商业则为农业提供使土地贫瘠的各种手段。"③资本主导下的工业和农业不断吞噬着自然的自然力、人的自然力以及社会劳动的自然力。

"自然力"是客观物质世界存在的客观物质力量,按照马克思的分析,资本所支配和使用的自然力有三种,一是蕴藏在自然物质中的"自然界的自然力",如瀑布、矿藏、土地肥力等;二是蕴藏在人类机体中的"人的自然力",即劳动力;三是蕴含于劳动组织中的"社会劳动的自然力",即人们的社会劳动关系中的"自然力",如协作分工等。④这三种自然力"一旦被人类物质生产活动所开发和利用,便转化为物质生产活动的生产力"⑤。资本在生产过程中,灵敏地"嗅到"自然力的可激活和利用的价值气息,绝不会错过让自己扩张和增殖的"绝好机会",因而资本在再生产循环过程中,必将无休止地吮吸三种自然力来实现资本的增殖,导致了资本扩张循环对自然力的破坏。具体而言,对自然界自然力的过度消耗,导致自然资源趋于枯竭;对劳动者自然力的过度使用,损害了人的身体健康,导致人的发展危机;对社会劳动自然力的超额使用,导致人与人之间关系的异化,致使社会断层。

(一)资本对自然界自然力的破坏

自然界的自然力具有不同的存在状态,一般分为两种:"生活资料的自然富

---

① 参见鲁品越:《鲜活的资本论:从深层本质到表层现象》,上海世纪出版集团 2015 年版,第 299 页。

② 《资本论》第 2 卷,人民出版社 2004 年版,第 34 页。

③ 《资本论》第 3 卷,人民出版社 2004 年版,第 919 页。

④ 参见鲁品越:《资本逻辑与当代中国社会结构趋向——从阶级阶层结构到和谐社会建构》,《哲学研究》2006 年第 12 期。

⑤ 鲁品越:《鲜活的资本论:从深层本质到表层现象》,上海世纪出版集团 2015 年版,第 300 页。

源,例如土壤的肥力,渔产丰富的水域等等;劳动资料的自然富源,如奔腾的瀑布、可以航行的河流、森林、金属、煤炭等等。"①当自然界的自然力尚未被人类发掘和利用,处在一种自在状态,构成了可以容纳资本扩张的潜在的"经济空间"。而对于正在被人类所利用的自然力,则转化成了直接的生产力。对于那些尚未被人类发掘和利用的自然力,蕴含着生产力进一步发展的空间,我们可以称之为"资源生态空间",例如尚未利用的土地、矿藏资源、生态环境容量等。一般而言,每个时代的资源生态空间都是有限的,过度的开发和利用,必然导致生态资源的枯竭和生产力发展处于困境,从而使得资本扩张失去扩张的空间,资本扩张面临困境。②马克思在《资本论》中指出:"作为劳动的无偿的自然生产力加入生产的。但在资本主义生产方式的基础上,这种无偿的自然力,像一切生产力一样,表现为资本的生产力。"③在《资本论》中,马克思还指出:"资本主义生产方式以人对自然的支配为前提。"④马克思在资本的原始积累进行论述时指出:"资本家为了通过鹿的交易牟取利润,大肆发展养鹿业,致使苏格兰自然环境的破坏,在苏格兰的'鹿林'中没有一棵树木。人们把羊群从秃山赶走,把鹿群赶上秃山,并称之为'鹿林'"⑤。劳动工具也是一种自然力,无论是人类社会早期的石头、木棍等天然工具,还是后来经过加工的石器、木器、铁器以及现代化的各种机器设备,都是进行社会生产依赖的自然力,"这些劳动资料虽然是社会劳动创造的社会生产力,但起的作用却类似为生产目的服务的自然力"⑥。但是在资本的再生产体系中,资本为了实现最大化增殖,必然要求这些工具始终处于被使用的状态,绝不会让工具闲置或者让机器停止运转,这样无间隔的使用和利用,势必加快工具和机器的磨损和老化,压缩工具的使用寿命,破坏了工具的自然力。

自然生产力在没有人类劳动介入的境况下所表现出来的作用力,例如自然资源、自然物质、能量和信息等,马克思称作为"单纯的生产力",马克思指出:"用于生产过程的自然力,如蒸汽、水等等,也不费分文。"⑦随着工业和科学技术的发展,资本对自然力的掠夺进一步加强,资本通过机器等物质载体,不断加大对自然力的吮吸。占有了资本,"尤其是机器体系形式上的资本——,资本家才能

---

① 《资本论》第 1 卷,人民出版社 2004 年版,第 586 页。

② 参见鲁品越:《鲜活的资本论:从深层本质到表层现象》,上海世纪出版集团 2015 年版,第 300-301 页。

③ 《资本论》第 3 卷,人民出版社 2004 年版,第 843 页。

④ 《资本论》第 1 卷,人民出版社 2004 年版,第 587 页。

⑤ 《资本论》第 1 卷,人民出版社 2004 年版,第 840 页。

⑥ 《马克思恩格斯文集》第 8 卷,人民出版社 2009 年版,第 550 页。

⑦ 《资本论》第 1 卷,人民出版社 2004 年版,第 443 页。

攫取这些无偿的生产力:未开发的自然资源和自然力"①。恩格斯指出:"当西班牙的种植场主在古巴焚烧山坡上的森林,认为木灰作为能获得最高利润的咖啡树的肥料足够用一个世代时,他们怎么会关心到,以后热带的大雨会冲掉毫无掩护的沃土而只留下赤裸裸的岩石呢?"②对于自然界瀑布、风力等自然力,资本家可以"不费分文"地使用,并能从中获得超额利润,因此,资本家便疯狂地占有和掠夺这些自然力,破坏生态系统。"过去,这种积累一直靠全球环境不断被系统地剥夺其自然财富得以维持。环境被蜕变成了索取资源的水龙头和倾倒废料(经常是有毒废料)的下水道。"③自然力在资本冲击和掠夺下,日益枯竭,走向"死亡"。

(二)资本生产对人的自然力的破坏

人的机体中蕴藏着自然力,马克思在其诸多著作中都提及和论述"人的自然力"问题。例如在《1844年经济学哲学手稿》中明确提出:"人直接地是自然存在物。人作为自然存在物,而且作为有生命的自然存在物,一方面具有自然力、生命力,是能动的自然存在物。"④又如在《哥达纲领批判》中,马克思指出:"劳动本身不过是一种自然力即人的劳动力的表现。"⑤还有在《资本论》中的"人自身作为一种自然力与自然物质相对立"⑥。在《资本论》中,马克思对资本主义生产中机器的大规模使用对人的自然力的伤害进行了批评:"人为的高温,充满原料碎屑的空气,震耳欲聋的喧嚣等等,都同样地损害人的一切感官。"⑦在《资本论》中,马克思通过分析棉纺业、制陶业、面包等行业工人工作和生活环境,对资本盘剥人的自然力进行了揭露,指出,资本主义的工厂是"温和的监狱",工人的住所是"住宅地狱"。"劳动生产力的提高和劳动量的增大是以劳动力本身的破坏和衰退为代价的。"⑧马克思引用当时的《工厂视察员报告》,揭示资本主义生产对人的巨大伤害,"在混棉间、清棉间和梳棉间里,棉屑和尘埃飞扬,刺激人的七窍,引起咳嗽和呼吸困难……由于纤维短,浆纱时棉纱上附加大量的材料,而且是用

---

① 《马克思恩格斯全集》第47卷,人民出版社1979年版,第553页。
② 《马克思恩格斯全集》第20卷,人民出版社1971年版,第522页。
③ [美]约翰·贝拉米·福斯特:《生态危机与资本主义》,耿建新、宋兴无译,上海译文出版社2006年版,第74页。
④ 《马克思恩格斯文集》第1卷,人民出版社2009年版,第209页。
⑤ 《马克思恩格斯文集》第3卷,人民出版社2009年版,第428页。
⑥ 《资本论》第1卷,人民出版社2004年版,第208页。
⑦ 《资本论》第1卷,人民出版社2004年版,第490页。
⑧ 《资本论》第1卷,人民出版社2004年版,第579页。

各种代用品来代替原来使用的面粉。这就引起织布工人恶心呕吐和消化不良。"①通过以上这段话，我们可以看出，虽然工人从事的工作行业不同，但资本家在利润的驱使下，对工人的生命健康都是熟视无睹，可谓"天下乌鸦一般黑"，正如马克所言："资本是根本不关心工人的健康和寿命的。"②资本不断掠夺工人的生产和生活环境。"在干燥室里有 15 个少女，烘烤麻布的温度是 80°—90°，烘烤细麻布的温度是 100° 和 100° 以上。一间有 10 平方英尺的小屋，中间放着密闭火炉，12 个少女在那里（把细麻布等）熨平和叠齐。"③工人在这样的环境工作和生活，感觉不到一丁点的乐趣，"只要肉体的强制或其他强制一停止，人们就会像逃避瘟疫那样逃避劳动"④。

资本家在进行资本生产时，为了实现资本的最大化增殖，并想方设法地对工人的生产条件进行节约，这种节约客观上也导致对工人自然力的伤害。正如马克思指出的那样："这种节约的范围包括：使工人挤在一个狭窄的有害健康的场所，用资本家的话来说，这叫做节约建筑物；把危险的机器塞进同一些场所而不安装安全设备；对于那些按其性质来说有害健康的生产过程，或对于像采矿业中那样有危险的生产过程，不采取任何预防措施，等等。更不用说缺乏一切对工人来说能使生产过程合乎人性、舒适或至少可以忍受的设备了。从资本主义的观点来看，这会是一种完全没有目的和没有意义的浪费。"⑤资本的再生产目的不是为了人的可持续发展，在利润的驱动下，它不断地破坏着人的自然力。资本的肆意暴行，已经突破了劳动者的生理和道德极限，劳动者身心俱疲，资本主宰了劳动者的感性生命，劳动者的自然力在资本的"高效开发"下，被肢解得支离破碎。

在资本主义社会条件下，资本一方面通过"驱使劳动超过自己自然需要的界限，来为发展丰富的个性创造出物质要素"⑥，推动社会生产力的发展；另一方面资本趋利的本性又要不断的占有剩余劳动，从而导致"劳动本身作为特殊的孤立的劳动者的劳动被否定了"⑦。在《资本论》中，马克思对资本扩张循环给工人造成的伤害进行了批判，工人在资本主义条件下进行生产，"所能消费的、所能现实

---

① 《资本论》第 1 卷，人民出版社 2004 年版，第 526-527 页。
② 《资本论》第 1 卷，人民出版社 2004 年版，第 311 页。
③ 《资本论》第 1 卷，人民出版社 2004 年版，第 343 页。
④ 《马克思恩格斯文集》第 1 卷，人民出版社 2009 年版，第 159 页。
⑤ 《资本论》第 3 卷，人民出版社 2004 年版，第 101 页。
⑥ 《马克思恩格斯文集》第 8 卷，人民出版社 2009 年版，第 69 页。
⑦ 《马克思恩格斯文集》第 8 卷，人民出版社 2009 年版，第 121 页。

需要的只能是最粗陋的生产、消费资料,例如,罗马奴隶的脚踏车、感染了斑点病的质量最差的马铃薯等,工人甚至失去了清洁空气的需要"①,工人"不仅没有了人的需要,他甚至连动物的需要也不再有了"②。资本获得的超强扩张能力控制了整个资本主义社会关系。

(三)资本对社会劳动自然力的破坏

资本在增殖理性的强制下,必然要求社会劳动组织化、理性化。"在劳动组织的理性化基础上,进而深入地发展到每个劳动者'被理性化':被理性力量所支配从而成为理性工具人。这在客观上将每个劳动者的特有的潜力发展到极致,从而使总体工人产生出最大的生产力。"③马克思指出:"协作可以与生产规模相比相对地在空间上缩小生产领域……会节约非生产费用(faux frais)。"④这种时空压缩和费用节约,使得资本最大化地吮吸社会劳动自然力。正如马克思所言:"即使劳动方式不变,同时使用人数较多的工人,也会在劳动过程的物质条件上引起革命。"⑤以资本增殖为核心目的的社会生产,将社会劳动不断分解和工序化,资本在增殖的压力下,强制支配劳动者的工作节奏,使得每个劳动者只是工序化流水线上的一个操作器。"各种劳动因而各个工人之间的这种直接的互相依赖,迫使每个工人在自己的职能上只使用必要的时间,因此在这里形成了和独立手工业中,甚至和简单协作中完全不同的连续性、划一性、规则性、秩序性,特别是劳动强度。"⑥此时劳动者的劳动已经不再是完整的劳动,而是部分劳动,劳动者也成了"总体工人"的组成部分,成了"理性机器人"⑦。资本的工序化和理性化要求,促使劳动分工更加细化,劳动者之间协作也更加紧密,劳动者不再是活生生的生命个体,而成了只能从事特定工作的"蚂蚁",原本"人的社会"变成了被高度组织化的"蚂蚁社会","总体工人"在资本的逼迫下,始终处于极限的紧绷状态。在这种非正常状态下,虽然能够产生生产的高效率,但是同时也吞噬了改革新制度的空间,使社会劳动成了一种"僵化的活动",资本在整个生产系统中把人类所具有的各种潜能都挖掘和发挥到极致,最大限度地开发和榨取社会劳动

① 董强:《马克思主义生态观研究》,人民出版社 2015 年版,第 83 页。
② 《马克思恩格斯文集》第 1 卷,人民出版社 2009 年版,第 225 页。
③ 鲁品越:《资本逻辑与人的发展悖论》,《学习与探索》2013 年第 2 期。
④ 《资本论》第 1 卷,人民出版社 2004 年版,第 381 页。
⑤ 《资本论》第 1 卷,人民出版社 2004 年版,第 376-377 页。
⑥ 《资本论》第 1 卷,人民出版社 2004 年版,第 400 页。
⑦ 参见鲁品越:《资本逻辑与人的发展悖论》,《学习与探索》2013 年第 2 期。

的自然力①。

在资本逻辑的宰制下，资本与科学技术"合谋"，不断破坏着社会劳动自然力。马克思指出，一定条件下，科学技术可以资本实现增殖的工具，"自然科学被资本用做致富手段，从而科学本身也成为那些发展科学的人的致富手段"②。资本所有者利用科学技术，不断进行资本的扩大再生产，吮吸更多的社会劳动自然力，资本扩张出一种强大的力量，这种力量是不以人的意志为转移的客观力量，破坏着社会劳动自然力。"资本破坏这一切并使之不断革命化，摧毁一切阻碍发展生产力、扩大需要、使生产多样化、利用和交换自然力量和精神力量的限制。"③资本逻辑控制下的科学技术不断对自然力和社会劳动的自然进行"挤压"。

资本所有者在进行资本扩张过程中，为了实现资本增殖的最大化，势必绞尽脑汁地降低生产成本，"不费分文"地利用和掠夺自然资源成了他们降低成本的惯用手段，保护生态环境就意味着生产成本的增加，在资本的驱动下，精明的资本所有者绝不会犯这样"让人贻笑大方的错误"。在制度和法律的强制下，资本所有者对于环境保护至多"自扫门前雪"，生态环境的"公地悲剧"不可避免。究其原因，主要在于生态环境是所有人都可以享用的共同资源，而资本扩张带来的利润却是资本所有者"神圣不可侵犯"的私人财产，资本的私向性和排他性以及生态环境的公开性和共享性，使得人们只关注私向的资本扩张，始终将自己的利益放在第一位，他人的得失以及生态环境的破坏根本不在自己的视野之内，忽视甚至漠视公共的生态环境再生产，"每个人都知道暴风雨总有一天会到来，但是每个人都希望暴风雨在自己发了大财并把钱藏好以后，落到邻人头上。我死后哪怕洪水滔天！"④从而将生态环境不断置于危险的境地，致使生态问题和生态危机的频现。

资本对三种自然力的戕害，使得人们对资本的"文明"以及资本主义的"文明"产生了质疑，社会各界诸多人士对此进行了尖锐的批判。美国的未来学家阿尔温·托夫勒在其著作《第三次浪潮》明确指出："工业社会把生态污染问题和资源使用问题带入一个空前绝后的新境界……历史上从来没有一个文明使用这么多新方法来摧毁整个地球。"⑤

① 参见鲁品越：《资本逻辑与人的发展悖论》，《学习与探索》2013 年第 2 期。
② 《马克思恩格斯文集》第 8 卷，人民出版社 2009 年版，第 359 页。
③ 《马克思恩格斯文集》第 8 卷，人民出版社 2009 年版，第 91 页。
④ 《资本论》第 1 卷，人民出版社 2004 年版，第 311 页。
⑤ ［美］阿尔温·托夫勒：《第三次浪潮》，黄明坚译，中信出版社 2006 年版，第 77 页。

二、物质变换的断裂

资本扩张循环是一个资源消耗和物质排放的过程，过度的消耗和排放，打破人与自然之间物质和能量交换的链条，导致物质变换的断裂，对生态系统的整体性造成了严重损害，正如英国诗人 A. 蒲柏所言："大自然的链条，不管你砸哪个环节，第十节还是第一万节，同样会把它砸断。"①"物质变换"来自德语Stoffwechsel 一词的翻译，Stoff 是物质、材料的意思，wechsel 是变换、交换的意思。Stoffwechsel 意指不同物质之间的材料和能量变换。1842 年，李比希在《动物化学》一书中将其视为生物学、生理学的概念大量使用，后来这个词得到了更广泛的应用。马克思在《资本论》中也多次使用"物质变换"的概念，并从人类劳动的层面赋予了这个概念生物学和唯物史观的双重含义，指出："劳动首先是人和自然之间的过程，是人以自身的活动来中介、调整和控制人和自然之间的物质变换的过程。"②这是马克思从劳动的视角对物质变换概念进行的总体性阐释。从生物学意义来理解，人作为生物存在，必然与自然之间进行着材料、能量、信息的交换，实现彼此的新陈代谢，这是"不以社会为转移"③永恒的自然法则，这是人的生命得以存在和维系的自然前提。物质变换使自然本身的发展以及生命有机体运动统一起来，蛋白体通过摄食和排泄实现物质变换使生命有机体的最显著特征。从唯物史观的层面来理解，一方面人与自然的物质变换总是在一定的历史条件和社会制度下进行的，人与自然之间的物质变换具有典型的社会历史性，不同的历史阶段和社会制度下，人与自然进行的物质变换存在巨大的差异性，有时二者协调一致，有时二者冲突对立，甚至导致物质变换的断裂。关于这一点，马克思在《资本论》中，对人与自然之间物质变换"断裂"进行了强烈的批判，指明物质变换明显的社会历史性。另一方面，马克思通过使用价值和价值的辩证关系来彰显物质变换的唯物史观特质。商品经济条件下，物质变换寓于使用价值与价值的生产和交换过程。在《1857—1858 年经济学手稿》中，马克思指出，只有在一般的商品生产中，"才形成普遍的社会物质变换、全面的关系、多方面的需要以及全面的能力的体系"④，物质变换"到处都是等价物（自然的）相交

---

① ［美］莫蒂默·艾德勒、查尔斯·范多伦：《西方思想宝库》，《西方思想宝库》编委会译编，吉林人民出版社 1988 年版，第 1385 页。

② 《资本论》第 1 卷，人民出版社 2004 年版，第 207-208 页。

③ 《马克思恩格斯文集》第 7 卷，人民出版社 2009 年版，第 923 页。

④ 《马克思恩格斯文集》第 8 卷，人民出版社 2009 年版，第 52 页。

换"①,是"一种社会劳动的物质变换"②。

人与自然之间的物质变换总是在一定的社会历史条件下进行的,人与自然的物质变换总反映着人与社会的物质变换,人与社会的物质变换直接影响人与自然的物质变换方式以及强度,二者相互作用过程中形成了不以人的意志为转移的客观物质变换规律。因此,人类在进行社会行为时,必须遵循物质变换的客观规律,不可打破人与自然、人与社会之间新陈代谢和生态平衡,否则,必然带来人与自然、人与人之间的关系的紧张,生态危机也就此频现并加剧。

在整个生态系统中,人与自然不断地进行着物质变换。在资本扩张循环条件下,物质变换产生两种后果,其积极后果体现为价值的不断增加,消极后果体现为资源的枯竭和生态环境的恶化,因为资本扩张循环始终遵循增殖至上原则,资本家促成物质变换的目的是实现价值的最大化,而不是为了满足人们的真正需要,物质变换只不过是资本家获取价值的手段,从而导致了人与自然的关系出现了异化,人与自然之间的物质变换不断断裂,资本与生态的矛盾不断突显。马克思在《资本论》中对资本扩张循环引致的物质变换断裂进行了批判,"大土地所有制使农业人口减少到一个不断下降的最低限量,而同他们相对立,又造成一个不断增长的拥挤在大城市中的工业人口。由此产生了各种条件,这些条件在社会的以及由生活的自然规律所决定的物质变换的联系中造成一个无法弥补的裂缝"③。"物质变换断裂"使得人与自然之间物质能量交换无法正常进行,致使物质变换的自然形式和社会形式相分离,人与自然以及人与人之间的关系的断裂,表现为外部自然和人本身自然的双重破坏。根据生态学的观点,一定区域内人与自然的物质变换都有个生态阈值即环境的生态承载力,在生态承载力范围内,人与自然的物质变换能够良序进行,一旦突破了生态承载力的范围,就会导致人与自然之间物质变换的断裂。人们在进行资本再生产时,一味地以资本增殖为中心,向自然界大肆提取物质,并且向自然界排放大量的废弃物,最终突破了生态环境的生态阈值,使大自然无法进行分解和还原,人与自然的物质变换断裂就此产生。资本逐利的本性,必然对外部自然进行无休止的掠夺和索取,不断打破自然的生态界限,降低甚至毁灭生态的可持续性。大量废弃物的排放,引起了土壤、水源、空气的污染,自然再生产能力不断衰减,自然的自净能力不断下降,环境污染逐渐成了社会公害。马克思在《资本论》中指出,资本主义在迅速提高社

---

① 《马克思恩格斯文集》第 8 卷,人民出版社 2009 年版,第 73 页。
② 《资本论》第 1 卷,人民出版社 2004 年版,第 127 页。
③ 《资本论》第 3 卷,人民出版社 2004 年版,第 918-919 页。

会生产力同时,也在迅速地破坏人与自然之间的关系,导致了农村土地肥力的衰竭、城市污染和生态环境的严重破坏。"资本主义生产方式的矛盾正好在于它的这种趋势:使生产力绝对发展,而这种发展和资本在其中运动、并且只能在其中运动的独特的生产条件不断发生冲突。"①资本不断扩张形成的吞噬效应,加剧了资本对自然的掠夺和征服,资本的铁蹄践踏断了人与自然之间物质变换的链条。

马克思在《资本论》中揭露资本主义生产对土地、森林、矿产等自然资源物质变换的破坏的同时,阐明了这种断裂,造成了人与自然的异化以及人与人的异化。在资本主义生产条件下,资本家和大土地所有者为了降低生产成本,必然降低对工人劳动条件的投入,对工人进行残酷剥削和压榨,不断破坏人本身自然,极大破坏了"城市工人的身体健康和农村工人的精神生活"②。马克思清楚地告诉我们,资本主义生产不仅破坏了由土地、森林组成的自然生态系统,使得自然生态系统内部物质变换出现无法弥补的裂缝,而且导致了人与自然、人与社会物质变换的断裂,"资本主义生产发展了社会生产过程的技术和结合,只是由于它同时破坏了一切财富的源泉——土地和工人"③。资本的再生产循环与生态再生产循环的矛盾日益加剧。

战争是资本对外输出并实现增殖的重要手段,也是破坏生态系统物质变换的重要方式。很多情况下,战争并不是你死我亡的国家存亡问题,而是为了转移国内的激烈矛盾,为资本寻找扩张空间,掠夺资源能源以刺激国内经济增长。但与此同时,战争也给生态资源和生态环境带来巨大破坏,打破甚至摧毁了生态系统的物质变换。例如 20 世纪 60 年代的越南战争,美国为了消灭越南的"丛林战士",使用了 9 万吨"落叶剂"毁灭森林,2.5 万平方千米的森林受到污染,1.3 万平方千米的农作物遭到破坏,④大量的动植物死亡,许多地方寸草不生,原本运行流畅的森林物质变换系统,被战争彻底毁灭了,造成了生态环境的急剧恶化,直接威胁了人的生命健康。根据世界环境监测中心的监测报道,1991 年的海湾战争造成了海湾地区生态环境污染,要使战争区域恢复到站前的生态水平,至少要 100 年;战争中,21 座化学武器库和工厂被摧毁,大量的化学毒气直接扩散到大气环境中,多处石油管道终端被炸毁,大量原油流进波斯湾海域,形成大片厚

---

① 《资本论》第 3 卷,人民出版社 2004 年版,第 286 页。
② 《资本论》第 1 卷,人民出版社 2004 年版,第 579 页。
③ 《资本论》第 1 卷,人民出版社 2004 年版,第 580 页。
④ 参见袁留根:《失乐园:现代战争硝烟笼罩下的生态环境》,《环境保护与循环经济》2008 年第 4 期。

油膜,污染 1000 平方千米的海面和 500 多平方千米的海岸,上百万只鸟类丧生和大量鱼类的死亡,海洋生态遭到严重破坏;科威特境内 950 多口油井被焚烧和摧毁,油井燃烧产生的烟雾遮天蔽日,造成了科威特恶性生态环境灾难,石油燃烧产生的烟雾,影响了亚洲季风,造成了印度和东南亚的干旱。① 战争过后,海湾地区癌症病发率急剧上升,特别是儿童和青少年,肾病和呼吸道疾病众多,许多居民患有咳嗽哮喘、皮疹奇痒、精神抑郁等病症,英国政府称之为"海湾综合征"。美国发动的伊拉克战争,使得伊拉克原本肥沃的土地、清澈的河流受到污染和破坏,20%的红树遭到破坏。参加这次战争的美、英等国众多士兵退伍后出现肌肉关节疼痛、失眠脱发等系列病症。人数一度达 10 万之多,甚至有些病还遗传给了下一代。② 以资本输出和再生产为目的的战争,严重破坏了战争地的土壤、河流、空气等各种生态要素,导致了战争发生地人与自然物质变换的裂缝和中断,导致资本扩张与生态再生产的矛盾激化。

三、资本扩张的时空压缩与生态再生产的空间悖论

资本增殖的本性必然要求其在扩张的过程中,以最快的速度、最短的时间来获取最大的利益,即在单位空间、单位时间内,创造出更多的剩余价值。这必然要求资本对扩张的时间和空间进行最大化地压缩。按照马克思的说法便是:"资本一方面要力求摧毁交往即交换的一切地方限制,征服整个地球作为它的市场,另一方面,它又力求用时间去消灭空间,就是说,把商品从一个地方转移到另一个地方所花费的时间缩减到最低限度。资本越发展,从而资本借以流通的市场,构成资本流通空间道路的市场越扩大,资本同时也就越是力求在空间上更加扩大市场,力求用时间去更多地消灭空间。"③资本在扩张过程中,出于其增殖的需要,必然要求不断打破任何对其有约束的时空限制。"资本按其本性来说,力求超越一切空间界限。"④"资本主义的历史具有在生活步伐方面加速的特征,而同时又克服了空间上的各种障碍,以至世界有时显得是内在地朝着我们崩溃了。……空间显得收缩成了远程通信的一个'地球村'……时间范围缩短到了现存就是全部存在的地步"⑤,全球范围内的时空压缩既是资本的快速扩张的基本条件

---

① 参见袁留根:《失乐园:现代战争硝烟笼罩下的生态环境》,《环境保护与循环经济》2008 年第 4 期。

② 参见牛宝成:《战争:生态环境的恶魔》,《环球博览》2001 年第 1 期。

③ 《马克思恩格斯文集》第 8 卷,人民出版社 2009 年版,第 169 页。

④ 《马克思恩格斯全集》第 30 卷,人民出版社 1995 年版,第 521 页。

⑤ [美]戴维·哈维:《后现代的状况:对文化变迁之缘起的探究》,阎嘉译,商务印书馆 2003 年版,第 300 页。

和前提,也是这一过程的直接后果。资本扩张一方面必须以一定的生态空间为前提,另一方面资本也在再生产过程中不断吞噬生态的再生产空间,最后导致生态再生产空间不足不断处于危机状态,我们称这种状态为资本扩张循环与生态再生产循环的空间悖论。

资本促成了生态资源在特定空间内高度的集中,这种集中打破了生态资源在自然系统中的本来秩序。我们知道,世界万物存在都有其内在的秩序,有其成长和发展的"空间地盘",资本的效益原则不允许如此"奢侈浪费"的存在,将用于资本扩张的各种资源不断集中到有限的空间内,人为的空间位移了生态资源,打破了资源原来应该有的空间布局,破坏了资源之间既有秩序,致使生态资源生存的不适应,出现代谢萎缩甚至死亡的现象,造成生态资源的浪费和破坏,生态再循环生产失去了基本的空间支撑,致使生态环境的进一步恶化。

马克思在《资本论》中,对资本扩张循环时空压缩的生态影响进行了披露,指出:"人数较多的工人在同一时间、同一空间(或者说同一劳动场所),为了生产同种商品,在同一资本家的指挥下工作,这在历史上和概念上都是资本主义生产的起点。"①资本扩张对时空的压缩,超过了工业与农业之间、城市与乡村之间的生态再生产循环的空间极限,导致工业与农业、城市与乡村的分离以及彼此组成的生态循环圈的破裂。资本将人口向城市集中,在有限的时空中矗立起无数的工厂,大量的农产品和食物被资本集中到百里甚至千里之外的城市市场,这些本应该作为土壤养分回归到农业生态系统的,却被消费之后作为无用之物堆积在城市周边,进一步侵占了城市的生态空间。除此之外,资本迅猛扩张,带来工业的快速发展,致使对农业原材料的集中规模不断加大,各种工业废弃物也迅速向农村集中,破坏了农村的生态环境,打断了原来农业的生态循环过程,农业无法按照既有生态循环过程进行再生产,工业资本的发展侵吞了农业发展的空间,造成了农业生态系统的破坏。

"生产资料越是大量集中,工人就相应地越要聚集在同一个空间,因此,资本主义的积累越迅速,工人的居住状况就越悲惨。"②资本扩张循环的时空压缩第二个生态后果表现是对城乡生态循环系统的破坏。资本的快速增长,带来了城市化的加速,城市人口迅速集聚和膨胀,城市的边界不断向农村扩散,农村原有的生态循环不断被打破,城市资本"在不费分文地吮吸生态系统的自然力的同

---

① 《资本论》第 1 卷,人民出版社 2004 年版,第 374 页。
② 《资本论》第 1 卷,人民出版社 2004 年版,第 757 页。

时,使生态系统原有的循环链被打断,被消耗的物质无法再回归到自然界"①,致使农村的生态再生产循环无法得以进行。

资本扩张循环的时空压缩不仅打断了社会生产的部门之间、区域之间、物与物之间、人与自然之间的生态循环链,而且还打破了生态修复和再生产的时间周期,造成自然环境生态修复的失败和再生产的中断。马克思在《资本论》第二卷中,在分析资本再生产循环时说:"漫长的生产时间(只包含比较短的劳动时间),从而其漫长的周转期间,使造林不适合私人经营,因而也不适合资本主义经营。"②这也就是说,资本的再生产是以获利和增殖为第一目的,要求在最短的时间内,以最快的速度通过吮吸森林等自然力来实现增殖,而林木生长则需要漫长的时间,这是资本扩张不能忍受的,资本必然打断林业等自然资源的漫长自然生态周期,于是便造成了对森林等生态环境的破坏。但是,如果资本的再生产循环遵照森林等自然资源再生产循环周期来组织生产,必然逃脱不了破产的命运。正是从这个意义来说,马克思认为造林不适合资本主义经营③。资本的再生产与生态环境再生产在节奏和周期上明显的差异,资本扩张对生态再生产的所需要的时间以及漫长的周期显然是没有耐心的,为了实现资本的快速增殖必然加快对生态环境的破坏。通过以上分析,我们不难看出,资本扩张循环时空压缩要求与生态再生产循环周期存在着矛盾与冲突,这也是资本对生态作用机制的一种基本表现形式。

资本的空间压缩,对人的生态——生命健康造成严重的影响,对此,马克思在《资本论》中有这样的描述:"空间的节约,从而建筑物的节约,使工人拥挤在狭小地方的情况多么严重。此外,还有通风设备的节约。这两件事,再加上劳动时间过长,使呼吸器官的疾病大量增加,从而使死亡人数增加。"④资本通过生产和流通过程成为一种"自我关系"的结构,"资本的运动就在于,它在生产自身的同时,作为根据同以它为根据的自身发生关系,作为预先存在的价值同作为剩余价值的自身发生关系,或者说,同由它设定的剩余价值发生关系"⑤。这种"自我关系"是建立在资本不断扩张的基础上,表现出一种主体性的逻辑。资本逻辑的主导作用下,资本增殖成了社会生产的目的,而由个人及其社会关系结成的社会则成了资本增殖的手段和工具。马克思在《资本论》中论述资本积累时,指出:"资

---

① 鲁品越:《〈资本论〉的生态哲学思想研究》,《学习与探索》2015 年第 1 期。
② 《资本论》第 2 卷,人民出版社 2004 年版,第 272 页。
③ 参见鲁品越:《〈资本论〉的生态哲学思想研究》,《学习与探索》2015 年第 1 期。
④ 《资本论》第 3 卷,人民出版社 2004 年版,第 106 页。
⑤ 《马克思恩格斯全集》第 31 卷,人民出版社 1998 年版,第 144 页。

本一旦合并了形成财富的两个原始要素——劳动力和土地,它便获得了一种扩张的能力,这种能力使资本能把它的积累的要素扩展到超出似乎是由它本身的大小所确定的范围,即超出由体现资本存在的、已经生产的生产资料的价值和数量所确定的范围。"①资本扩张过程中,不仅"像狼一般地贪求剩余劳动",而且也不断地"对工人在劳动时的生活条件系统的掠夺,也就是对空间、空气、阳光以及对保护工人在生产过程中的人身安全和健康的设备系统的掠夺,至于工人的福利设施就根本谈不上了"②。资本主义的普遍危机主要是人与自然以及人与人的秩序危机。

在增殖和获利的驱策下,资本不断扩张甚至有时扩张过度,万物的存在空间不断被压缩,有限的资源失去了基本的生存条件,空气质量的下降、水污染的加重、植被的死亡、物种的消失、自然灾害的频发等一系列生态问题随之不断涌现。由于激烈的市场竞争以及资本本身扩张增殖的本性,必然要求最大化地节约成本并最快化实现收益,从而对资本扩张循环的时空进行最大化的压缩,为了实现这一目标,必然要求突破一切限制。对于资本而言,"流通时间表现为劳动生产率的限制=必要劳动时间的增加=剩余劳动时间的减少=剩余价值的减少=资本价值自行增殖过程的障碍或限制"③。资本扩张的效率要求必须打破这一障碍或限制,拓展资本扩张的空间。

"资本需要在可以预见的时间内回收,并且确保要有足够的利润抵消风险,并证明好于其他投资机会……这样一来,资本主义投资商在投资决策中短期行为的痼疾便成为影响整体环境的致命因素。"④资本为了尽快收回成本,实现增殖,必然对再生产出来的产品的储藏时间和流通时间进行压缩,"不管产品储备的社会形式如何,保管这种储备,总是需要费用:需要有贮存产品的建筑物、容器等等;还要根据产品的性质,耗费或多或少的生产资料和劳动,以便防止各种有害的影响。"⑤这要求产品在最短的时间出售完并以最快的速度被消费掉,资本扩张循环对销售和消费时间的最大化压缩,意味着资本扩张循环周期的不断缩短,暗含着对生态资源的消耗量以及生产的排泄量进一步扩大,加快"大量生产—大量消费—大量污染"的进程,间接地压缩了生态再生产空间,资本扩张循

① 《资本论》第 1 卷,人民出版社 2004 年版,第 697 页。

② 《资本论》第 1 卷,人民出版社 2004 年版,第 491 页。

③ 《马克思恩格斯文集》第 8 卷,人民出版社 2009 年版,第 169 页。

④ 〔美〕约翰·贝拉米·福斯特:《生态危机与资本主义》,耿建新、宋兴无译,上海译文出版社 2006 年版,第 3-4 页。

⑤ 《资本论》第 2 卷,人民出版社 2004 年版,第 162 页。

环与生态再生产循环的矛盾在有限的时间和范围内更加突出。

首先，自然界的万物生长和修复都其相对固定的周期，相对于资本的循环周期，生态循环周期较长，而资本逐利的本性必然要求在最短的时间内实现收益最大化，因而要求尽可能地压缩资本循环周期，资本循环与生态循环的矛盾就此产生。我们拿林木的市场化生产例子来说明这一问题，当资本投入到林木生产时，投资者千方百计想让树苗尽快长大，以便砍伐出卖，回收成本并赚得利润，但树苗成木需要经历和阳光、土地、水分、空气等进行漫长的物质变换生态周期，资本循环的时间最短化与林木生态循环的时间漫长化产生了矛盾，在人类历史上人们曾经为了资本收益的最快化，一度打破林木的生态循环周期，乱砍滥伐，资本与生态矛盾冲突日益加重。"文明和产业的整个发展，对森林的破坏从来就起很大的作用，对比之下，它所起的相反的作用，即对森林的护养和生产所起的作用则微乎其微。"①特别是人类进入资本主义社会后，随着工业化进程加快和生产技术革新，漫长生态循环周期的不可再生的矿产资源耗费不断加速，可利用的总量锐减甚至储量严重不足，对人类社会的可持续发展构成日益严重的威胁。其次，资本在循环过程中，追求收益最大化，对生态循环所需要的投入尽可能"节约化"，对生产条件和生态环境肆意掠夺，造成了严重的环境污染，破坏了生态循环。

四、"资本—生态"正反馈怪圈与自然界的"贫困积累"

资本是一种强大的社会驱动力，它的存在与发展，带来了社会生产力系统的迅速扩张。但与此同时，资本的扩张也导致了自然界的资源迅速减少甚至枯竭，自然界在资本的横行和践踏下，不断地趋向"贫困"。即使资本在扩张中遇到了类似于"地租"这样的阻力，也无法阻挡资本滥用自然的脚步，有时甚至会加剧这种滥用。资本在扩张过程中，一方面必须以占有和利用大量的生态资源为前提，把外在的生态资源吸收到资本体系内部，使之成为资本实现增殖的载体。另一方面资本在汲取自然力后，获得了更多的"增殖力量"，进一步加强了资本的扩张能力，资本实现了"扩大再生产"，并且以更强大的力量来汲取自然力，"由此导致正反馈循环回路，一方面形成了越来越强大的贯穿着资本扩张意志的社会生产力系统，其在价值上的表现即资本积累，另一方面形成了被这个资本积累过程吸收自然力而日益枯竭的生态系统"②。如此往复，形成了"资本—生态"正反馈怪

---

① 《资本论》第 2 卷，人民出版社 2004 年版，第 272 页。
② 鲁品越：《鲜活的资本论：从深层本质到表层现象》，上海世纪出版集团 2015 年版，第 335 页。

圈。资本的扩张是建立在自然力不断被汲取的基础上,这也就是说,资本的扩张和自然界的"贫困"是同一个历史过程,资本的积累也就是自然界的"贫困积累",二者相生相行。"由于资本主义要求无休止的增长,因此对外部资源的依赖与日俱增,需要更大的能量投入以使本身再生产。结果资本主义体系经历了能量几何级的增长,今天几乎达到了自然的极限,随着资本为其自身占用了更多的资源,就为这个星球的其他生物留下了更少的资源。"①除此之外,资本在扩张过程中,产生了大量的排放物,这些排放物又要侵占大量的生态空间,使得生态资源的供应量不断"萎缩",生态空间也因此被不断地侵占和压缩,进而限制了资本的进一步扩张,资本扩张陷入了难以为继的困境,资本扩张的生态悖论由此产生。"越来越多的自然资源吸收到经济体中进行消耗,并变成废气、废水和垃圾,排出经济体之外,而毒化生态环境,使我们呼吸的空气、我们赖以生存的水和土壤受到日益严重的伤害。如此产生的后果不仅是经济发展无法持续,甚至总有一天人类的生存也无法持续。"②在资本驱动下的生产和生活世界里,由于人们无休止地追逐物质利益和脱离现实需求的满足,打破了人与自然之间的物质变换,终止了生态系统中物质的循环,从而导致生态危机的出现。"在资本家那里,盲目狂热地把自然界固有的使用价值,通过对他人劳动的占有转化为自己的私有财产。这样一来,使人与自然之间的关系变成单纯索取的关系,以致造成对自然资源的无节制、无计划的开发利用,从而加剧了人与自然界的矛盾。"③正如美国环境史学家杰森·摩尔在其著作《地球的转型:在现代世界形成和解体中自然的作用》一书中指出的那样:"资本的活力耗尽了维持资本积累所必需的生命之网;资本主义的历史是一种为克服这种耗竭而进行的周期性边疆运动,方式是吞并迄今资本力所不能及的自然的无偿馈赠。"④资本逻辑占支配地位的市场情境下,人类似乎陷入了一种从资本生产到资本扩张乃至资本生产的无穷循环之中,而伴随资本扩张循环的是对自然资源盘剥的不断加大和生态环境的持续破坏,资本扩张循环的无限性与生态再生产循环的有限性矛盾成为现代市场条件下一对典型的矛盾。

---

① [美]杰森·摩尔:《地球的转型:在现代世界形成和解体中自然的作用》,赵秀荣译,商务印书馆2015年版,第69页。

② 鲁品越:《资本逻辑与当代现实——经济发展观的哲学思考》,上海财经大学出版社2006年版,第111页。

③ 方世南:《马克思恩格斯的生态文明思想——基于〈马克思恩格斯文集〉的研究》,人民出版社2017年版,第174页。

④ [美]杰森·摩尔:《地球的转型:在现代世界形成和解体中自然的作用》,赵秀荣译,商务印书馆2015年版,第13-14页。

第三章　国际资本与全球生态格局

随着全球化进程的加快,特别是中国加入 WTO 后,与世界各国的联系日益紧密,以美国为代表的发达资本主义国家具有重要的世界影响,中国的发展不可能完全脱离国际资本主义体系,必须与世界资本主义国家发生联系并在联系中实现发展。国际资本主义体系对中国经济社会发展起到了促进作用。但与此同时,也给我国带来了一些消极影响,产生较为复杂的社会问题,其中生态问题是最典型的。

第一节　资本逻辑与生态破坏

资本的无限扩张,必然冲破国内生态的极限,走上海外扩张的道路,不断吞噬着世界的自然资源,导致全球生态危机的濒发。"资本(资本主义制度)是不能自给自足的;它必须不断地被更新,更新的方式包括海外扩张、变革生产关系、占有更多的劳动获取剩余价值、随意地占有自然界以及把整个世界吸纳到资本积累的过程中去"[①]。资本逻辑支配下的人们,完全站在自然之外来看待自然,将自然视为"外在的东西",忽视了人与自然的"生命共同体"存在,以工具理性的态度来开发和利用自然,仅将自然当成利益的来源和获利的凭借,漠视自然、破坏自然就成了人们的"平常之事"了。"随着人类社会的发展,尤其是资本主义的发

[①]　Foster, J. B., et al. The Ecological Rift: Capitalism's War on the Earth. New York: Monthly Review Press, 2010. 408-409. 转引刘顺、胡涵锦:《生态代谢断裂与社会代谢断裂——福斯特对资本积累的双重批判》,《当代经济研究》2015 年第 4 期。

展和蔓延,自然和人类社会间的相互作用的力度比以前更大,最开始的影响是本地性的,然后是区域性的,最终将影响到全球的生态环境。"①

一、资本主义与生态危机的历史生成

纵观西方历史,我们可以发现,资本主义发展史和生态灾难史几乎是同一个历史过程。"21世纪全球生态危机的根源在于漫长的16世纪(1450—1640年)向资本主义的过渡。"②大范围的生态破坏肇始于资本主义的兴起,随着资本主义的慢慢发展,全球性的生态危机也慢慢加重,越接近当代,生态破坏范围越广,生态危机越严重。"随着15世纪末资本主义的崛起和全球殖民时代的到来,一种规模更大、破坏力更强的生物圈文化出现了。"③"自1492年起,资本主义通过连续的发展的生态危机而获得发展。资本主义在循环的生态危机中发展,而不是避免了这些危机。"④资本主义条件下,人们利用资本和科学技术的优势,将自然视为自己的财产,并任意处置,正如戴维·哈维所言:"把与自然关系这个宇宙问题纳入到人类福利进行稀缺资源恰当配置的技术话语。"⑤资本主义从诞生之日起,就将自己高高在上地凌驾于自然环境之上,将自然资源和生态环境纳入资本循环、扩张、增殖等各个环节,在资本主义条件下,资本从一开始就是以生态的对立面出现的,并在资本主义发展过程中,不断强化与自然的对立。"可持续性、生态匮乏和人口过剩等概念都同资本逻辑深深地纠缠在一起,……货币循环和剩余价值的榨取已经成为主要的生态变量。"⑥19世纪40年代以后,主要资本主义国家工业革命的发展与完成,迫切需要大量的原料产地和商品销售市场,在利润驱动下,资本主义开始了全球的殖民扩张,扩张的最直接、最有效的方式便是对被殖民国家的生产资源的肆意掠夺。资本主义国家对发展中国家生态资源的破坏和掠夺,导致了生物多样性的丧失,自然"基因库"中的生物存量锐减,全球

① Foster,J. B. Marx and the Rift in the Universal Metabolism of Nature. Monthly Review,2013,65(7).转引刘顺、胡涵锦:《生态代谢断裂与社会代谢断裂——福斯特对资本积累的双重批判》,《当代经济研究》2015年第4期。

② [美]杰森·摩尔:《地球的转型:在现代世界形成和解体中自然的作用》,赵秀荣译,商务印书馆2015年版,第49页。

③ [美]约翰·贝拉米·福斯特:《生态危机与资本主义》,耿建新、宋兴无译,上海译文出版社2006年版,第78页。

④ [美]杰森·摩尔:《地球的转型:在现代世界形成和解体中自然的作用》,赵秀荣译,商务印书馆2015年版,第11页。

⑤ 戴维·哈维:《正义、自然和差异地理学》,胡大平译,上海人民出版社2010年版,第148页。

⑥ 戴维·哈维:《正义、自然和差异地理学》,胡大平译,上海人民出版社2010年版,第222页。

生态系统的日趋脆弱。自然"基因库"具有重要的生态和经济价值,主要分布在发展中国家和地区的封闭山区,例如墨西哥、土耳其、秘鲁、埃塞俄比亚、我国的西藏等地。但随着资本主义全球扩张的加速,工业化生产方式不断侵入这些地方,"基因库"面临着被破坏甚至毁灭的危险。在强大经济利益的驱使下,资本主义的"足迹"逐渐踏入这些本应了无人烟的地方,从"基因库"里寻找出新的胚质,改良成有市场潜力的商业化作物品种,并借助于现行的国际专利和市场经济体系保护,从而垄断了稀有的基因市场。① 美国生态学者对此曾进行揭露,并指出,20 世纪 70 年代到 90 年代的 20 年时间里,一些国际生物化学公司先后吞并了 1000 余家的种子公司,通过入股和有条件的援助等方式,这些生物化学公司以微小的代价获得了大量的发展中国家的生态资源。例如,美国国际发展署通过每年向墨西哥玉米和小麦改良中心援助 600 万美元的研究经费,获得了墨西哥所有生态资源的基因使用权。仅 1984 年一年,美国通过这一方式,利用墨西哥小麦胚质就获得了高达 20 亿美元的收益。资本主义国家的"援助"与"合作",致使广大发展中国家在经济上更加依赖发达国家,发达国家对发展中国家的控制力越来越强,对发展中国家的资源掠夺也日益加剧,全球的生态系统更加脆弱。②

随着资本主义的出现和发展,人与自然之间的矛盾也日趋尖锐,资本主义生态危机也随之频现。"资产阶级社会本身把旧大陆的生产力和新大陆的巨大的自然疆域结合起来,以空前的规模和空前的活动自由发展着,在征服自然力方面远远超过了以往的一切成就"③。资本主义的存在和发展的唯一动力就是资本增殖,"资本主义在本质上就是追求经济增长与财富积累,是一种必须持续扩张的制度,其海外扩张投资的目的就是寻求原材料来源、廉价劳动力和开发新市场,而资本主义制度最终会面临自然资源有限的现实。所以,……只追求利润增长的经济制度便不可避免地超越了地球的承载能力"④。为了实现资本的扩张和资本主义的发展,资本主义会"藐视一切""践踏一切",正如美国学者托夫勒指出的那样,资本主义对自然的破坏和掠夺达到了登峰造极的地步。资本从诞生之日起,就与生态结下了"不解之仇",并随着资本的不断扩张和增殖,资本与生

① 参见郑国玉:《生态社会主义构想》,中国社会科学出版社 2015 年版,第 110 页。

② 参见 Foster, J. B. The Vulnerable Planet. New York: Monthly Reviewer Press, 1994, pp. 94-95.

③ 《马克思恩格斯全集》第 30 卷,人民出版社 1995 年版,第 4 页。

④ 张新宁:《经济危机与生态危机交困中的资本主义——2013 年纽约全球左翼论坛综述》,《马克思主义研究》2013 年第 10 期。

态的矛盾日益激化。从一定意义上讲,资本从来到世间之日起,就意味着自然被破坏的开始,预示着全球性生态危机一天天逼近。

二、资本全球化与全球生态资源的破坏

根据人类社会交往和社会生产力的变化与发展,迄今为止,人类社会掀起了三次全球化浪潮:一是地理大发现后,源于对稀有物品和财富的强烈占有欲,众多欧洲海上国家纷纷走上了海外殖民扩张的道路,促进了世界的大发现和大交流;二是工业革命后,新兴资本主义国家为了解决国内工业品"堆积"难题,资本开始大规模流向全球,资本家开始疯狂占有和抢夺全球商品市场和原料产地,商品的异域生产和跨国消费成为的一种常态,国际分工进一步细化、国际贸易迅速发展;三是二战后特别是冷战以后,随着生产和服务的全球分工,大量发展中国家参与到了全球化产业链,欧美发达资本主义国家主导建立了众多国际组织,国家或地区之间的生产合作和经贸往来愈加密切,全球经济发展持续加速。

全球化浪潮推动了资本的全球扩张,但资本的真正全球化却始于第二次全球化浪潮,因为"地理大发现只是拉开了世界历史的帷幕,真正推动形成世界历史的则是工业革命"①。正如马克思所言:大工业"控制了商业,把所有的资本都变为工业资本……首次开创了世界历史"②。从资本主义社会开始,人类历史才是真正的"世界历史"。世界历史是在生产逻辑和资本逻辑的双重作用和支配下形成和发展。因此,资本主义崛起和发展的历史就是一部"全球化"的历史,也是资本流向全球、在全世界扩张蔓延的历史。"全球化趋势昭示的是资本主义生产方式的世界性特征和资本主义经济的全球扩张图景。"③

资本在原始积累时期,资本家为了实现价值的增殖,发动了"资本驱赶羊"的历史运动,即"圈地运动"。通过"圈地运动",资本家一方面侵占了大量土地资源,将其转化成自己的私用财产并通过市场使土地资源成为市场上的商品,从而获得利润。另一方面被剥夺了土地的人成了除了自己的劳动力以外其他一无所有的商品,成了机器延伸,成了资本家利润的真正来源,资本对生态的侵害就此拉开了序幕。后来随着资本的全球扩张,"圈地运动"扩大到了世界各地,广大殖

---

① 丰子义、杨学功、仰海峰:《全球化的理论与实践——一种马克思主义的视角》,江苏人民出版社 2017 年版,第 12 页。

② 《马克思恩格斯文集》第 1 卷,人民出版社 2009 年版,第 566 页。

③ 胡键:《资本的全球治理——马克思恩格斯国际政治经济学思想研究》,上海人民出版社 2016 年版,第 222 页。

民地和半殖民地的自然资源也成了资本竞相争夺的对象,全球的生态危机也因此不断加剧。当前,随着全球化进程的不断加速,资本依然在全球进行着不断扩张,依然在对全球的生态资源进行着开掘和掠夺。资本所到之处,各种自然存在物都成了市场的"资源"。"资本主义条件下的景观转变如此迅速,如此全球化,因为这一体系是以迅速消耗人之外自然来最大化劳动生产力为前提的。"①随着各种自然存在物的资源化、市场化、商品化,大量生态资源的耗竭和生态环境遭到毁灭性的破坏。形式上人与自然之间生态问题,实质上是资本与自然、人与人的对立问题,资本逻辑是造成人与自然、人与人对抗的实质根源。② 工业化的大发展促进社会生产力的大发展,带来了世界人口的爆炸性增长,据统计,世界人口在工业革命之前增长一直十分缓慢。1804 年,经过数百万年,世界人口达到10 亿;1927 年,世界人口达到 20 亿,第二个 10 亿人口的增加用了 123 年;1960年,世界人口达到 30 亿,第三个 10 亿人口的增加用了 33 年;2011 年,世界人口猛增到 70 亿,这一次 40 亿人口的增加只用了 50 年。③ 对此,著名学者里夫金曾指出:"建立在非再生资源上的工业时代的时间还不足人类历史的0.2%,然而80%的人口增长却发生在这个时期。"④世界人口短时期的迅猛增加,导致了人类整体需求的呈现几何数级的增长,资源能源的消耗量也随之猛增,人类对地球的生态系统和生态资源的供给造成了巨大的压力。据相关数据统计显示,1900年,世界平均每天只消耗几千桶石油,2010 年,世界平均每天消耗 8700 万桶石油。人类对金属的消耗量也从 1900 年的 2000 万吨猛增到现在的 12 亿吨。"整个 20 世纪,人类消耗了 1420 亿吨石油、2650 亿吨煤、380 亿吨铁、7.6 亿吨铝、4.8 亿吨铜。"⑤人口的增长导致了环境压力的增大,造成了人类对各种自然资源的无序甚至是毁灭式的开采和利用,严重威胁了子孙后代的生存和发展,人类面临的生态危机随着人口的增长不断加剧。

　　资本在发展过程中形成了主导资本主义世界的资本逻辑,这种逻辑与生态逻辑"势不两立",加剧了全球生态资源的破坏。资本逻辑决定了企业不可能自

---

① ［美］杰森·摩尔:《地球的转型:在现代世界形成和解体中自然的作用》,赵秀荣译,商务印书馆2015 年版,第 5 页。

② 参见张进蒙:《马克思恩格斯生态哲学思想论纲》,中国社会科学出版社 2014 年版,第 132 页。

③ 朱华桂、贾学军:《基于危机意识的再生资源产业发展研究》,南京大学出版社 2012 年版,第 10页。

④ 杰里米·里夫金、特德·霍华德:《熵:一种新的世界观》,吕明等译,上海译文出版社 1987 年版,第 201 页。

⑤ 潘岳:《直面中国资源环境危机——呼唤以新的生态工业文明取代旧工业文明》,《环境教育》2004 年第 3 期。

动选择环境保护而承担利润不断减少的后果,相反,这些企业会将抢夺、滥用自然资源而不付出代价作为第一选择,这样做的结果必然是经济的发展以牺牲生态环境为代价,导致生态问题加重。在资本逻辑的主导下,生产者从事生产经营活动的目的就是追逐利润,这种动力的出发点往往只顾眼前的利益,从不考虑长期的后果。各个生产者之间为了利润展开了激烈的竞争,增加了生产的盲目性,增强了社会生产的无序性。盲目竞争和无序生产,使得生产资源不能得到合理的安排和配置,造成了生产资源的严重浪费和生态环境的严重破坏。正如马克思、恩格斯指出的那样:"许多资财被浪费掉……因为一切都不是按照社会的计划进行的,而是取决于单个资本家从事经营活动的千差万别的环境、资财等等。由此就产生了生产力的巨大浪费。"①马克思在《资本论》中也有类似的表述:"资本主义生产方式迫使每一个企业实行节约,但是它的无政府状态的竞争制度却造成社会生产资料和劳动力的最大的浪费。"②资本逻辑下,大量生产和过度生产比比皆是,但是生产出来的产品不是都能"以合适的价格"卖出去的,很多产品成了"竞争的牺牲品",被堆放在仓库直至腐烂败坏,造成了严重的生产资料的浪费。"作为资本主义主要特征的'一切人对抗一切人'之霍布斯意义上的战争,势必要求对自然界全面开战。"③人类肆无忌惮地榨取自然,全球性公共生态资源遭到严重破坏,这种现象早在一百多年前的马克思生活年代就已经上演,"美索不达米亚、希腊、小亚细亚以及其他各地的居民,为了得到耕地,毁灭了森林,但是他们做梦也想不到,这些地方今天竟因此而成为不毛之地"④。

资本已经洗劫了整个世界,"资本的饥渴必须由新鲜血液来平息,它必须不断地寻找新的领地"⑤。人在资本的驱动下,对自然的暴虐不断加深。资本"将包括土地在内的一切自然资源也都纳入到'有用性'的价值体系中,实现为资本贪得无厌的本性主导了对地球无止境的驯化,造成的结果就是无止境地征服和压榨自然。"⑥发达资本主义国家现在人均 GDP 普遍在 2 万美元以上,人类发展指数在 0.8 以上,但人均二氧化碳超过了 10 吨,人均生态足迹超过了 5 个全球

---

① 《马克思恩格斯文集》第 6 卷,人民出版社 2009 年版,第 193 页。
② 《资本论》第 1 卷,人民出版社 2004 年版,第 605 页。
③ Foster J B. The Ecological Revolution: Making Peace with the Planet. Monthly Review Press, 2009. 47-48.
④ 《马克思恩格斯文集》第 9 卷,人民出版社 2009 年版,第 560 页。
⑤ 麦克尔·哈特、安东尼奥·奈格里:《帝国:全球化的政治秩序》,杨建国、范一亭译,江苏人民出版社 2003 年版,第 212 页。
⑥ 张盾、马枫:《论德勒兹资本主义批判的生态维度》,《江海学刊》2020 年第 4 期。

公顷,是地球平均生态足迹的 2 倍。① 在资本逻辑主导下的人们,经济理性战胜了其他一切理性,全球范围内占有和掠夺自然资源从而获得最大化的资本增殖,成了此时人们唯一的诉求。"在资本永不餍足地追求普遍性程中,一切财富源泉皆消磨告罄,环境的绝对贫瘠化与人类的相对贫困化成为资本文明的显著特征,其结果必然呈现出一种在人身迫害与生态破坏之间的恶性循环,经济危机和生态危机的并存互演便成了资本主义社会的独特景观。"②与此同时,随着资本主义经济的增长,使财富向少数人集中,这并未带来人类福利持续的增长,而是资源能源的大量消耗和各种污染排放物的迅速增加,使得人们生活的环境更加糟糕,生态危机进一步加剧。"资本主义经济增长的强制性,尤其值得关注,因为它是阻碍人与自然和谐相处的主要因素之一。"③

三、资本逻辑与全球气候的恶化

资本逻辑带来了资本主义的繁荣,但也对全球气候产生了严重的影响。联合国政府间气候变化专门委员会(IPCC)最新报告预测,气候变暖的直接后果就是 21 世纪末全球的海平面上升 82 厘米,沿海岛屿国家和城市将大范围被淹没。包括我国的上海、广州等在内的全世界 136 个沿海大城市、价值 28.21 万亿美元的财产将受到影响。2011 年日本受到的地震、海啸、核泄漏等复合型的灾难打击,2012 年美国东海岸遭受的超级台风"桑迪"袭击等都是气候变暖向人类发出警告。全球气候变化导致物种的多样性遭到破坏,地球土质不断退化、土地沙漠化日趋严重,森林资源锐减、能源短缺,淡水资源危机和海洋环境不断恶化,因为气候变暖的影响,"世界上的更多人口将更容易遭受自然灾害及其他气候变化因素的影响,2.5 亿人将不得不应对海平面上升带来的后果,3000 万人将遭遇极端天气和洪灾,500 万人将受荒漠化的影响"④。发达资本主义国家在资本逻辑的驱使下,始终坚持利益最大化原则,完全无视资本扩张产生的碳排放对全球气候的影响。全球气候的恶化甚至有时候进一步刺激了资本的全球扩张。"事实上,从资本积累的角度看,全球变暖和荒漠化都是变相的福祉,它们只是增加了私人

---

① 参见褚大建:《走向美丽中国:生态文明与绿色发展》,上海人民出版社 2015 年版,第 25 页。

② 张乐、胡敏中:《探源生态危机:资本逻辑的时空布展》,《湘潭大学学报》(哲学社会科学版)2015 年第 2 期。

③ Magdoff F. Harmony and ecological civilization: Beyond the capitalist alienation of nature. Monthly Review,2012(2).

④ 转引杜受祜:《气候变化下我国城市的绿色变革与转型》,《社会科学研究》2014 年第 6 期。

财富扩张的可能性。"①在资本全球扩张进程中,全球气候日趋恶化。"过去150多年里,大气中的温室气体随着工业生产的扩大逐步增加。1901年以来,世界平均气温上升了0.74℃。我们从地球研究那里得知,世界气温在过去一直处于波动状态,且这种波动和空气中的二氧化碳有关。然而,有证据显示,过去65万年里没有任何时候的二氧化碳浓度有今天这么高。它一直处于290ppm之下。到2008年初,它已经达到387ppm,并且正以每天2ppm的速度增加。"②全球性的生态系统正面临九大威胁:海洋酸化、臭氧层空洞、淡水枯竭、物种大规模灭亡、氮循环异常、土地匮乏、二氧化碳浓度增加、气溶胶超载、人工化合物污染。③正如美国学者托夫勒指出的那样:"整个海洋满是毒气,整个种族一夜间从地球上消失,这都是人类贪婪和疏忽的后果。矿井在地球表面造成伤害,发胶使得臭氧层宣告枯竭,热污染威胁到地球的气候。"④2013年6月7—9日,全球左翼论坛在纽约召开,此次论坛的主题为"为生态转型和经济转型而努力",突出反映了资本主义国家面临的主要问题。论坛宣言指出:"气候不断变暖,冰川不断融化,海平面持续上升,旱灾愈发严重,诸多物种濒临灭绝,一切都源于不可持续的发展与过度消耗自然资源。……在世界的每一个角落,对这些错综复杂危机关联不大的人们却首当其冲,遭受灾害,尤其是发展中国家的人们,占生态难民绝大多数的女性,以及黑人。孟加拉国所遭受的洪涝灾害,工厂大火,都是活生生令人心痛的例子。两种危机——实质上是一种生态自杀——暴露了资本主义的破坏性发展动力本质,在资本主义发展中,自然界内任何事物都是可以明码标价的,然而包括人的生命在内,任何事物都是没有价值的。"⑤

近年来,资本主义国家似乎也普遍关注"生态问题",关注"全球变暖"和"生态危机",但是,关注"生态"只是表象,其实质关注的仍然是资本的全球扩张,最近五年的世界气候大会充分说明了这一点。"由西方世界主导的干预地球生态和自然环境退化方面的停滞,恰恰用事实说明了资本主义和生态可持续性的不可兼容性,源于资本积累的逻辑与以地球自然生态为劳动对象和劳动工具的生产方式的内在悖论。"⑥在资本主义条件下,"任何一个企业都对获取利润感兴

① 福斯特等:《财富的悖论:资本主义与生态破坏》,《马克思主义与现实》2011年第2期。

② [英]吉登斯:《气候变化的政治》,社会科学文献出版社2009年版,第19页。

③ 卢风:《生态文明新论》,中国科学技术出版社2013年版,第75-76页。

④ [美]阿尔温·托夫勒:《第三次浪潮》,黄明坚译,中信出版社2006年版,第77页。

⑤ 张新宁:《经济危机与生态危机交困中的资本主义——2013年纽约全球左翼论坛综述》,《马克思主义研究》2013年第10期。

⑥ 沈尤佳、翟敏园:《资本主义的全球联合干预可以治愈生态危机吗?——生态社会主义理论研究述评》,《教学与研究》2015年第4期。

趣。在这种情况下,资本家会最大限度地去控制自然资源,最大限度去增加投资,以使自己作为强者存在于世界市场上。"①这些国家在会前和会上都信誓旦旦地要为缓解日益严峻的世界生态危机作出"积极行动",但是到签署协定书或计划书时,却不断推诿拒签。发达国家与发展中国家就减排问题迟迟未达成一致意见,并指责发展中国家尤其是中国减排的时间表过迟以及减排量过小,忽视了发达国家与发展中国家的发展差距,忽视了二者之间的生态不平衡性,"这个世界正陷入深层的、愈演愈烈的生态不平衡和社会不平衡之中。这些不平衡状态不是中国造成的,而是全球工业化快速扩张的副产品"②。从历史上来看,发达国家的工业化进程造成了当今世界的气候失律;从现实看,当前气候的加速恶化,既在于发达国家继续加速发展造成排放不减,以及对失律的气候的消极不作为(比如美国拒绝签署《京都议定书》),与发展中国家单纯追求经济发展也有一定的关联。然而,气候失律所造成的全部灾难性后果,却分摊给了全世界每一个国家、每一个人,资本内在的逻辑必然会导致生态的不公平和全球气候的进一步恶化。

四、资本全球化的矛盾性发展与全球生态治理体系的挑战

资本全球化的矛盾性发展在全球生态危机的表现首先是人与自然的持续性对立。人与自然的对立消解着彼此的力量,在资本主义世界体系中,资本增殖的本性要求无限制地开采和利用自然资源,但自然界的资源并非无限,其恢复能力无法满足资本全球化的"贪婪"索取,结果必然使得自然界不堪重负,导致全球气候变暖、水资源危机、土地荒漠化、酸雨污染等一系列全球生态危机。"力的作用是相互的",全球生态危机又会对人类社会的生产与发展带来严重的威胁,人与自然的持续性对立不在于"天灾"而在于"人祸",不约束资本的肆意扩张,人与自然的持续对立无法在根本上得以和解。当人与自然的持续性对立越强,人类社会所遭受的威胁也越大。但是,资本全球化与生态危机属于资本主义生产关系的同一过程的两个方面,在资本逻辑的宰制下,人与自然的持续性对立成为必然,使得全球生态治理体系难以推进。资本的效用原则决定了资本全球化根本目的是使资本在最短的时间、最大的空间内实现资本的自身增殖。有西方学者

---

① 高兹:《作为政治学的生态学》,波士顿 1980 年版,第 5 页。转引陈学明:《谁是罪魁祸首:追寻生态危机的根源》,人民出版社 2012 年版,第 386 页。

② [美]彼得·圣吉:《必要的革命》,李晨晔、张成林译,中信出版社 2010 年版,中文版序言第 IV页。

认为,"认为生态危机是被夸大的或者根本就不存在,它是末日审判神话的贩卖者们发明的把戏"[①],这种观点无疑是对生态风险视而不见,有意回避。事实上,资本全球化对生态的剥削已成为"达摩克利斯之剑"始终悬在人类头顶,资本全球化带来的生态危机不断加剧,凭借"中国威胁论"的西方国家主导着国际生态治理话语权,使得广大发展中国家常常处于被动状态,不得不接受资本主义所主导的全球治理机制。基于此,全球生态文明治理体系呼之欲出,全球生态文明建设以"人类命运共同体"为根基,坚持人类整体命运利益,致力于强加国际合作以治理全球生态问题。过去发达国家的生态治理话语体系"损人利己",但最终损害的必定也包括自己,因为在零和博弈中没有胜者,更不符合全球生态治理体系。当然受损多的必然是发展中国家,然而,全球环境和人类整体利益也会受损,最终影响发达资本主义国家自己的利益。

任何国家的现代化都离不开全球化的经济交往和产品交换,发展中国家由于其后发处境,只能通过出口农产品和自然资源来换取现代化必需的资金和技术。发达资本主义国家凭借在国际政治经济秩序中的优势,掌握商品交换和交易中的主动权和话语权,从而在农产品和自然资源的定价方面最大化地压低价格,通过商品交换占有和掠夺发展中国家的生态资源。全球生态治理体系要求以创新、开放、平等、合作、共赢为理念,改变过去西方全球治理的话语体系,面对海平面上升、南极臭氧层空洞等全球生态环境问题,西方国家所谓的发展中国家要和发达国家承担绝对平等治理责任看法显然是对发展中国家是不公平的,是对发展中国家发展权益的剥夺。在全球治理体系中,发达国家要对全球生态建设承担保护环境的主要责任、履行对发展中国家进行技术和资金的帮助之职责,跳出"零和博弈"思维,立足于国家合作,加强生态文明治理体系的推进,共同推进全球治理体系的构建。

第二节　全球产业链与生态资源的不公平分配

随着全球化进程的不断加速,资本主义国家产业"走出国门"的步伐也不断加快,世界各地都有资本主义产业的存在,资本主义国家国际经济贸易体系,逐步建立了全球产业链。这里,需要强调的是,国际市场及其机制的形成对于全球产业链

[①]　[英]安东尼·吉登斯:《第三条道路——社会民主主义的复兴》,郑戈译,北京大学出版社 2000年版,第 15 页。

的最终形成发挥了重大作用。但是,在生态资源的分配问题上,市场机制没有发挥多少积极作用,有时甚至加剧了生态资源的不公平分配,造成了部分国家和地区生态环境的破坏。"全球资本主义制度连同盲目的市场机制这只'看不见的手'在自认为已经'战胜'了国有资本主义之后,却在'资源的合理分配'中彻底失灵。"①

一、产业链的"微笑曲线"与资源效益递减

全球化已经成为当今世界经济发展的典型特征和基本规律,各国的经济之间已经形成了一条紧密的产业链条。就制造业而言,根据产品业务工序和各个环节价值收益的多寡,可以画出一条半圆弧型的"微笑曲线"。"微笑曲线"的左边代表产品的研发和设计,中间代表加工和组装,右边代表销售和售后服务。如图 3-1②:

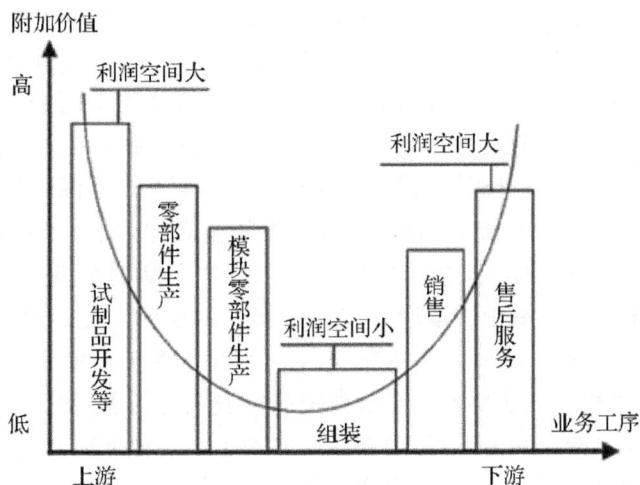

图 3-1 微笑曲线

通过"微笑曲线图",我们可以发现,处于上游的产品研发与设计以及下游的销售和售后服务有较大的利润空间,获得较高的附加价值;而处于中间的加工和组装利润空间最小,获得的附加价值也最少。这说明要在制造业竞争中占据优势,就必须在"微笑曲线"的上游和下游获得拥有更多的话语权。目前发达资本

① [美]罗伯特·库尔茨:《资本主义黑皮书——自由市场经济的终曲》(下),钱敏汝译,社会科学文献出版社 2003 年版,第 768 页。

② http://baike.baidu.com/picture/635911/635911/0/8640bf8b72442c3e9f2fb471♯aid＝0&pic＝246cca2a1bbb3fda023bf675

主义国家凭借其先发优势和技术设备上的优势,占据了"微笑曲线"的上游和下游区域,获得了生产过程中的主导地位和强势权力,并通过其占据的地位和拥有的权力进一步固化产业链的价值和生态资源的分配,价值和生态资源的不公平分配,又会进一步强化发达资本主义国家在产业链中的地位和权力。由于资本贪利的本性,资本主义国家绝对不会让发展中国家在国际产业链中"利益均沾",决不允许资本在产业链各环节自由投资,如果是那样的话,产业链各环节的利润率将会趋同,"微笑曲线"将成为一条直线,发达资本主义国家在产业链中的绝对优势和超额利润将会荡然无存。显然,发达资本主义国家会创设一切可能的壁垒和障碍,阻止发展中国家资本介入"微笑曲线"上游和下游区域产业行业,保持其在全球产业竞争和生态资源支配上优势。广大发展中国家资本因此"只能窝集式地投资于制造业部门,由此形成了对制造业的投资过度,造成产能过剩"①,在国际产业竞争中失去了优势,可支配的生态资源也随之不断缩减。

与发达国家相比,发展中国家的产业结构相对单一,产业基础薄弱,发达资本主义国家在产业发展上具有明显的优势。发达资本主义国家向发展中国家大规模地转移产业或产业发展环节,对于发展中国家产业水平低的区域产生了巨大的"挤出效应",生态资源被优势产业吸收,本地原有产业渐渐萎缩或者被排挤出去,产生"大树底下不长草"的生态资源不均衡现象,国外大量低端产业的转入,不断吞噬着发展中国家的生态资源,生态环境不断遭受破坏,使得本来就面临资源瓶颈难题的发展中国家产业在生态发展的道路上更加艰难。不仅如此,发达资本主义国家出于"利益独占"的算计,不可能将转入发展中国家的产业技术完全放开,使得其无法实现产业价值链高端嵌入的初衷,发展中国家的产业在技术强势的西方产业冲击下,无法获得足够的生态资源和充分的生态空间,只能进行"贫困式增长",始终带着低端产业链的沉重枷锁,产业发展步履维艰。

总体而言,发展中国家的制造业处于全球产业链的低端环节,从"微笑曲线"上来反映的话,就是处于"微笑曲线"的"下巴位置",主要从事加工和组装,获得的经济收益十分微小。有研究表明,在一部 iPhone 手机的利润拆解中,美国获得 360 美元,日本和韩国获得 46.46 美元,而中国仅仅获得 6.54 美元。② "中国电脑零部件配套率已达 95%,但主要是周边设备的组装加工,利润率不到 5%。DVD 的出口均价不到 45 美元,专利费就高达 20 美元,除去成本,每台利润不到

---

① 鲁品越:《鲜活的资本论:从深层本质到表层现象》,上海世纪出版集团 2015 年版,第 469 页。

② 参见中国 21 世纪议程管理中心可持续发展战略研究组:《全球化格局变化中的中国绿色经济发展》,社会科学文献出版社 2013 年版,第 200 页。

1 美元。"①分析这种现象的背后的原因，我们不难发现，我国产业基础较为薄弱，在全球产业链和价值链上处于一种"低端锁定"状态，国内不少制造业基地成了资源和初级产品的输出地，承接发达国家的过剩产能，产业发展处于"俘获"境地。我国的制造业长期以来凭借资源环境成本低和劳动力成本低的"双低优势"参与国际竞争，而在产品研发设计、售后认证服务等高端领域缺乏话语权，因而在竞争中缺乏核心竞争力，不仅获利微小，而且还付出了资源消耗和环境破坏的巨大代价。除此之外，近年来，随着资源稀缺和劳动力工资的上涨，处于"微笑曲线"两端的发达资本主义国家进一步加大了产品设计、研发以及品牌营销和售后服务的投入，在原有价值链中加入了检测认证、节能减排、社会责任等方面的内容，产业价值链进一步延长，"微笑曲线"也更加陡峭，这将是我国以加工组装为主的制造业面临更加严峻的挑战。②

二、资本主义世界主导的国际贸易规则与生态资源的不公平分配

各个国家在全球产业链所处的位置的不同，决定了其在国际贸易中的地位和话语权。当前国际贸易规则主要是由在全球产业链中占优势的资本主义国家制定的，因而有利于资本主义国家在国际贸易中获取优势，从而占有和享有全球更多的生态资源，导致生态资源的不公平分配。随着经济全球化进程的加快，世界各国的经济往来日益频繁，发展中国家的经济发展在全球化贸易进程中也日趋规模化、专业化。经济全球化促进世界经济的发展。但是这并不意味着世界各国经济的同步发展，也并意味着生态资源在全球化进程中世界范围内的公平分配。实际上，广大的发展中国家在全球化进程中主要是出口未加工或简单加工的生态资源，深加工的资源附加值牢牢地掌握在发达国家手中，发达国家在全球产业链中占有绝对主导的显著优势。诺贝尔经济学奖得主曾经这样描述世界生态资源的分配的不公平："一个美国家庭的孩子可能刚刚出生，而一个印度家庭的孩子也可能刚刚降临人世。这位新出生的美国人在任何一方面可以支配的资源，将是其新出生的印度兄弟的 15 倍。"③

西方发达资本主义国家全球产业链的优势以及由垄断资本控制的国际垂直

---

① 新华网：《中国制造如何在微笑曲线上微笑》，2013 年 3 月 14 日。http://news.xinhuanet.com/fortune/2013-03/14/c_124457960.htm

② 参见中国 21 世纪议程管理中心可持续发展战略研究组：《全球化格局变化中的中国绿色经济发展》，社会科学文献出版社 2013 年版，第 200 页。

③ 转引郭兆晖：《生态文明体制改革初论》，新华出版社 2014 年版，第 21 页。

分工体系,将大量低端的制造产业转移到中国,造成了我国产品结构相对单一。在国际贸易中,发达资本主义国家的工业成品与我国的资源型初级产品及原材料形成巨大的价格"剪刀差",使得我国在国际贸易以及产业发展中付出巨大的社会成本和环境成本。在出口贸易方面,发达资本主义国家对资源密集型的产品需求旺盛,国际资本在资源密集型产业的投资也不断加大,加上目前我国在市场监管和法律法规上不够健全,部分地区在出口刺激下,大力发展资源密集型产业,中国成了"世界工厂"。产业的低端化发展,导致自然资源被掠夺式开发与利用,造成了土壤和耕地环境的破坏、森林大量砍伐、生物多样性的消减以及自然资源的枯竭等一系列不良生态环境问题的出现。①研究表明:"在对地球物种的各种威胁当中,有大约30%由国际贸易所致。"②发达国家利用发展中国家相对落后性和不平衡性,通过"联合发展"的方式,积极与大量发展中国家"开展合作",占有和掠夺发展中国家的生态资源。"在上述'联合发展'模式中,资本在利润动机的支配下,总是倾向于把发达的技术、工业化的管理、劳动分工与低工资结合在一起,而这种模式正是由全球跨国公司在 21 世纪把发达国家与欠发达国家组合在一起的主要形式。这导致的结局是欠发达国家的自然资源衰竭和急剧消耗,体现为土壤肥力下降、森林被快速砍伐、矿物被快速开采等。"③资本的全球化导致了环境破坏和恶化的全球化,由此产生国与国之间发展的不平衡和世界的不公平一步加剧。正如著名环境学者彼得·S. 温茨所言:"我们生活在一个极不公正的世界之中。有害废弃物被非法地倾倒,污染了水源并危及许多无辜平民的健康……美国中西部公共事业的客户因节省经费的措施而获益,而这些措施会给东北地区带来危险的酸性降水。养活当代美国人的部分成本正被外部化到后代成员身上,他们可能要在我们遗留给他们的侵蚀与消耗殆尽的土地上艰难地生产粮食。……总而言之,从环境正义的视角看,世界一团糟。"④

现代资本主义国家先后实施了可持续发展的绿色产业计划,带来资本主义国家生态环境的转好甚至成了"美好生态"的典范。但是,这些国家实施的绿色产业计划只是局限在一国以内的"生态保护"行动,其绿色发展的目的还是围绕

---

① 参见靳利华:《生态与当代国际政治》,南开大学出版社 2014 年版,第 238 页。

② [德]魏伯乐、[瑞]安德斯·维杰克曼:《翻转的极限:生态文明的觉醒之路》,程一恒译,同济大学出版社 2018 年版,第 54 页。

③ 王雨辰:《论生态文明理论研究和建设实践中的环境正义维度》,《马克思主义哲学研究》2020 年第 1 期。

④ [美]彼得·S. 温茨:《环境正义论》,朱丹琼、宋玉波译,上海人民出版社 2007 年版,第 430-431 页。

经济利益展开的，"生态保护"的面纱丝毫掩盖不了资本逐利的本性，其倡导并实施的"绿色发展"对于广大发展中国家而言，其实是一种"绿色壁垒"，这些发达的资本主义国家利用自己的经济和技术上的优势，以"绿色发展"为幌子，构建有利于资本对外扩张的国际贸易产业体系，对发展中国家出口的商品除了征收一般关税以外，还以保护环境为由对商品征收"绿色关税"（又称环境进口附加税），提高发展中国家出口商品的成本。发达资本主义国家按照自己的"生态保护"的技术要求，制定"绿色技术标准"，严格限制其他国家商品进入本国境内，这样的标准对于广大发展中国家而言，要求过高甚至苛刻，例如农业残留量以及重金属含量等"绿色技术标准"，许多国家暂时是无法完全达到这样的"绿色标准"的，还有"绿色检疫""碳排放"等壁垒限制发展中国家的产业发展，从而加强和巩固其在全球产业链中的地位，"使正处于以重化工业为主导、伴有城市化进程和大规模基础设施建设的高碳经济阶段的新兴经济体，在进一步开发、利用新的低碳技术的竞争中陷于被动地位，它们原有的人口、资源和技术优势已变成新的比较劣势"①。发达资本主义国家利用其经济上先发和技术上的先进优势，以保护生态环境为名，以看似公平的环保标准保护其非正当性的贸易。"在西方国家，环境保护这一原本善良的初衷逐渐蜕变为一种野心勃勃的思潮和运动，显露出意识形态的本质。这场运动以环境保护为幌子，干涉自由和经济运行，成为政客和科学家夺取话语权、打击异己的武器，甚至演化为发达国家设置贸易壁垒、阻碍发展中国家经济发展的'暴力'工具，成为发达国家谋求改造世界支配权的手段。"②"这种貌似公平的背后实际上是要求后发国家承担资本主义现代化对全球生态环境危机的责任，其本质是不正义的，目的是保护资本的既得利益。"③

发达资本主义国家在现有国际政治经济秩序中处于有利和主导位置，为了满足国内资本扩张与增殖的需求，他们会想方设法维护既有国际政治经济秩序，绝不如允许他国打破这种"平衡状态"。为此，发达资本主义国家利用其技术和产业上的先天优势，通过跨国公司以经济援助和贸易往来为由，加大对发展中国家生态资源的掠夺，故意打破这些国家的生态平衡，使其生态资源日益稀缺、生态环境日益脆弱与恶化。在这种情况下，"第三世界国家出现的生态问题反而成为了垄断资本产业链上的'好生意'，并且会不断地循环下去，进而帝国主义的统

---

① 尚军、刘洪：《低碳经济争夺战悄然逼近中国》，《参考消息》2010 年 3 月 11 日。

② 王亚东：《强国丰碑》，中央文献出版社 2005 年版，第 419 页。

③ 王雨辰：《论生态文明理论研究和建设实践中的环境正义维度》，《马克思主义哲学研究》2020 年第 1 期。

治就会不断加强。生态帝国主义精致又'合法'地向第三世界不断'索取'自然资源"①,进一步扩大发达国家与发展中国家的贫富差距,占有财富的多寡又直接影响到生态资源的分配份额。那些拥有巨额财富的人往往穷奢极欲、挥霍无度,占有大量的生态资源,肆意消耗和破坏生态环境,而另一部分数量相等的最贫穷的人,有不少人依然食不果腹、衣不蔽体,整天在恶气熏天的环境中苦苦挣扎,世界生态资源出现了严重不公平分配。

当今世界,资本主义国家占有和使用了地球的绝大部分生态资源。在资本主义国家中,富人们享用着宫殿式的别墅、豪华的私人飞机、游艇、高尔夫球场。而与此形成鲜明对比的是,全球仍有 10 亿多人口饱受饥饿的煎熬,平均每 6 秒钟就有一名儿童因饥饿或相关疾病而死去。② 例如美国,只占世界人口的 6%,但却消费全球资源的 1/3。美国的人均耗煤量是中国的 10 倍,二氧化碳的人均排放量则超过了中国的 50 倍;美国的人均粮食和汽油消费量分别是印度的 4 倍和 227 倍。③ 全球 70% 以上的生态资源已经或正在被发达国家大肆挥霍,广大的发展中国家已经消费或者能够消费的生态资源不足全球的 30%。根据皮凯蒂的研究,美国最富有的 300 万人每年人均二氧化碳排放量是 318 吨,而世界的人均排放量只有 6 吨,彼此差距达 53 倍。占世界 1% 的最富有的美国人,却排放 2.5% 的全球温室气体;世界上前 10% 的富裕家庭排放的温室气体占全球总排放量的 45%。④ 从某种意义上讲,在资本扩张的全球化时代,"富裕是最大的污染者"。但在面对日益严重的生态危机时,发达国家却把环境污染、生态破坏的责任推给了第三世界发展中国家,这是典型的生态权益与生态责任错置的表现。与此同时,现代工业的全球大规模扩张,发展中国家再也不可能像工业革命时期资本主义那样拥有广袤的土地和丰富的资源,全球范围内的生态资源的不公平分配格局已经形成。除此之外,现代资本主义国家利用资本和技术等方面的优势,不断加大对广大发展中国家的生态剥削,进一步加剧了生态分配的两极分化。

---

① 刘顺:《资本逻辑与生态正义——对生态帝国主义的批判与超越》,《中国地质大学学报》(社会科学版)2017 年第 1 期。

② 参见曹孟勤、卢风:《中国环境哲学 20 年》,南京师范大学出版社 2012 年版,序言第 9 页。

③ 参见李丽:《合理人类中心主义的生存论意义》,《郑州大学学报(哲学社会科学版)》2006 年第 3 期。

④ 参见[德]魏伯乐、[瑞]安德斯·维杰克曼:《翻转的极限:生态文明的觉醒之路》,程一恒译,同济大学出版社 2018 年版,第 53 页。

三、生态殖民主义与发展中国家生态资源的掠夺

资本主义国家利用其在国际产业链中优势,大肆推行生态霸权,垄断生态技术,掌握生态话语权,建立资本主义生态体系。资本主义国家对发展中国家的污染转移造成的生态问题,究其本质而言,是发展问题。早在 1992 年的《联合国气候变化框架公约》中确认发展中国家拥有发展权,资本主义国家有义务为发展中国家提供节能减排技术。然而,30 年过去了,资本主义国家非但没有生态技术上援助发展中国家,而且还试图封锁技术,并不断阻挠和破坏发展中国家的生态技术研发,从而维护其在生态技术上的垄断地位。资本主义国家之所以这么做,最主要的原因在于生态技术意味着高利润,如果广大发展中国家掌握了生态技术,资本主义国家生产的产品竞争力就会减弱甚至消失,资本主义的国家"绿色产业"的生态霸权将会受到严重的冲击,资本在全球的获利空间将会大大被压缩。因此各个资本主义国家都竭尽全力地争夺生态技术的主动权,其目的绝不是帮助发展中国家发展"生态产业",也不是真正关心世界环境问题和人类的未来,而是为了维持其产业发展优势和资本的持续增殖,并希望打破《联合国气候变化框架公约》等世界性的生态框架协议规定的"共同但有区别的责任",推卸发达国家在保护生态环境上的义务和责任。[①] 2017 年 6 月,美国新任总统特朗普宣布退出《巴黎协定》,便是这一原则的生动体现。

"生产方式的每一次改进,所有制和控制权的每一次集中,仿佛都强化了帝国主义扩张的趋势。随着更多的国家进入机器经济时代后,普遍采用高级的工业生产方法,对于这些国家的制造商、商人、金融家而言,他们的盈利能力变得更加弱化……到处都是过剩的生产,同时过剩的资本也需要寻找投资渠道。"[②]资本的全球性扩张,将其他国家尤其是广大的发展中国家资源、土地、环境纳入其扩张体系中,一方面加大对这些国家生态资源的索取和消耗;另一方面将大量污染物排放到这些国家的环境中,使得广大发展中国家除了成了生态资源供应地和商品消费地之外,同时成了西方发达资本主义国家安置高能耗、高污染夕阳产业、工业废料和污染物的廉价处理场。发展中国家的传统工业在资本全球化的扩张进程中,纷纷分崩离析、土崩瓦解,正如马克思和恩格斯指出的那样:"古老的民族工业被消灭了,并且每天都还在被消灭。它们被新的工业排挤掉了……

---

① 参见周光迅、王敬雅:《资本主义制度才是生态危机的真正根源》,《马克思主义研究》2015 年第 8 期。

② Foster, J. B. "The rediscovery of imperialism", Monthly Review, 2002, 54(6).

旧的、靠本国产品来满足的需要,被新的、要靠极其遥远的国家和地带的产品来满足的需要所代替了。"①发达资本主义国家通过对高能耗产业的"乾坤大挪移",使得世界呈现出两面截然相反的生态景象:一面是发达资本主义国家山清水秀、蓝天白云式的生态怡人景象;另一面是发展中国家浓烟滚滚、污水横流的生态败落的景象。这种生态怪相的出现,源于西方发达资本主义国家污染产业转移,使发展中国家成了其原料基地和生态污染的蓄污池,自己过上了"绿色的生活",而发展中国家却背负着沉重的资源与环境的生态包袱在现代化的道路上愈加艰难②。

在当前全球产业链中,发达资本主义国家不断推行"商品共识"的价值理念,一方面积极向全球"推销"他们的商品,另一方面通过"商品共识"实现对全球生态资源的占有和分享,从而分割了全球产业剩余价值的绝大部分,获取了巨额利润。广大发展中国家由于自身发展的迫切需求以及在全球经济政治秩序中弱势与失语的困境,使其只能为发达资本主义国家不断输送自然资源并免费提供产业发展所需要的自然环境,发展中国家在全球产业链中充当了发达资本主义国家的"价值充值"的角色。"作为资本主义体系当中居主导地位的发达国家,既不可能通过现实的政策来以补偿或者生态危机再分担的形式来促进全球生态公正,更不可能从基于资本和私有制的崇拜的政治理念当中衍生出国际维度的生态价值。"③因此,发达资本主义国家主导的全球产业链和生态资源的分配方式,对发展中国家的生态系统和社会经济结构造成了不可逆转的严重破坏,资本主义国家推行的"新资源榨取主义"与发展中国家"生态贫困积累"相生相行。"厄瓜多尔被大面积砍伐的亚马逊雨林,秘鲁被夷为平地的山峰,巴西被改为大豆种植田的塞拉多热带稀树草原,委内瑞拉奥里诺科河谷正在开发的油田,等等,都是典型实例"④就中国而言,自 20 世纪 90 年代以来,西方国家大量跨国公司(尤其是制造业公司)在中国设立工厂,中国为此消耗了大量自然资源和实物产品的劳动,但从中获利却微乎其微甚至无利可图。在这种情况下,我国的不少制造业企业为了生存,纷纷走上"中外合作"的道路,积极从事贴牌生产、仿牌生产甚至冒牌生产,造成了制造业乱象丛生,致使我国制造业在相当长的一段时间内一直

---

① 《马克思恩格斯文集》第 2 卷,人民出版社 2009 年版,第 35 页。

② 参见张春玲:《资本逻辑视阈下的现代生态问题》,《理论月刊》2015 年第 1 期。

③ 包大为:《从启蒙到解放:马克思主义政治哲学的多元实践研究》,上海社会科学院出版社 2020 年版 ,第 341 页。

④ 贾雷、郇庆治:《资本主义"红绿"批判的三重维度———新陈代谢断裂理论、生态帝国主义与新资源榨取主义》,《国外社会科学》2017 年第 2 期。

在低水平重复，发展不济，陷入"贫困的陷阱"。产业链上的劣势以及本身发展的不足，中国的三大产业尤其是制造业在国际市场缺乏竞争力，很多情况下，都无力甚至没有资格与西方发达资本主义国家产业角逐和竞争。为了生存，这些企业竞相争夺国际跨国公司的加工商和代理商的席位，不断掀起一场场"没有硝烟的战争"。为了成为跨国公司的加工商和代理商，企业不断增加"国际合作"的优惠条件，其中最主要的一条便是降低生产原料价格，这就意味着这些企业必然加大对自然资源的掠夺和争夺，势必造成生态资源的严重浪费和破坏，使得本来就十分有限的生态资源显得更加稀缺和紧张。从一定意义上讲，西方跨国公司通过这些加工商和代理商占有了我国大量的生态资源，获得它们产业再生产所必需的生产原料，同时将污染留在了中国，并且不用埋单，间接地获得了我国生态资源的使用权，扩大了自己生态资源的支配范围和生态权力，生态资源的不公平分配愈加明显。

如今的大多数发展中国家，俨然已成为西方资本主义国家的原料产地、产品倾销地和垃圾堆放地。发达国家是环境污染和生态危机加剧的肇事国，理应并且也有条件承担更大的生态保护和生态修复的责任。但是，发达国家在资本趋利的诱导下，罔顾环境污染和生态破坏，最大程度地加大资本的投入，建立起依托资本的全球产业链，从而最大程度地消耗着全球的生态资源，资本"正义"代替了生态正义。生态殖民主义其实质资本主义生产方式主导下的，对全球生态资源的不公平分配，"制造出全球性的环境危机，并将地球生态置于危险可怕的境地"[①]。

第三节　国际资本的引进与生态"避难所"的形成

资本无休止地逐利以及外在竞争的不断加大，资本主义社会总体的一般利润率下降趋势不可避免。与此同时，西方发达资本主义国家的环保组织以及环保人士发出的生态呐喊和行动，对于限制资本对其国内生态环境的破坏起到了重要作用。但是，资本绝不会让这些被淘汰的高能耗产业、过时的产能和设备静静躺在历史博物馆里闲置起来，这些发达资本主义国家会通过各种方式将这些淘汰的、过时的东西转移到广大的发展中国家，以牺牲发展中国家的生态环境来

---

① 约翰·贝拉米·福斯特:《生态危机与资本主义》，耿建新等译，上海译文出版社 2006 年版，第 79 页。

换取自己的发展。

一、一般利润率下降与发达国家资本的转出

在《资本论》中，马克思指出一般利润率下降规律是资本主义生产方式的历史趋势。"在资本主义生产方式的发展中，一般的平均的剩余价值率必然表现为不断下降的一般利润率。因为所使用的活劳动的量，同它所推动的对象化劳动的量相比，同生产中消费掉的生产资料的量相比，不断减少，所以，这种活劳动中对象化为剩余价值的无酬部分同所使用的总资本的价值量相比，也必然不断减少。而剩余价值量和所使用的总资本价值的比率就是利润率，因而利润率必然不断下降。"①我们知道，追逐更高的利润率、实现增殖的最大化是驱动每个资本流动的唯一动力。微观层面每个资本家都想实现自己"个别利润"的提高，这样就会形成激烈的资本竞争和社会压力，每个个体追求更高利润的行动，势必带来生产部类、行业的利润率以及社会的一般利润率下降，造成资本的两极分化，一部分资本将被排挤出市场。"利润率的下降在促进人口过剩的同时，还促进生产过剩、投机、危机和资本过剩"②，一时间资本主义社会危机四伏。由于资本逐利的本性永远不会改变，这部分被排挤出来的资本，绝不会坦然地"坐以待毙"，必然要寻找新的市场，以实现增殖，同时，为了转移危机，广大的发展中国家成了这些资本不得已而为之的"最好的去处"。在这里，资本重新获得高额的利润。究其原因，"这些高利润率来源于发展中国家的廉价劳动力、廉价土地和自然资源，以及未受保护的生态环境，由此来冲抵利润率下降的压力"③。对此，马克思在《资本论》中进行了详尽的论述。"投在对外贸易上的资本能提供较高的利润率，首先因为这里是和生产条件较为不利的其他国家所生产的商品进行竞争，所以，比较发达的国家高于商品的价值出售自己的商品，虽然比它的竞争国卖得便宜。在这里，只要比较发达的国家的劳动作为比重较高的劳动来使用，利润率就会提高，因为这种劳动没有被作为质量较高的劳动来支付报酬，却被作为质量较高的劳动来出售。……这好比一个工厂主采用了一种尚未普遍采用的新发明，他卖得比他的竞争者便宜，但仍然高于他的商品的个别价值出售，就是说，他把他所使用的劳动的特别高的生产力作为剩余劳动来使用。因此，他实现了一个超额

---

① 《资本论》第 3 卷，人民出版社 2004 年版，第 237 页。
② 《资本论》第 3 卷，人民出版社 2004 年版，第 270 页。
③ 鲁品越：《鲜活的资本论——从〈资本论〉到中国道路》（第二版），上海人民出版社 2016 年版，第 441 页。

利润。"①"至于投在殖民地等处的资本,它们能提供较高的利润率,是因为在那里,由于发展程度较低,利润率一般较高,由于使用奴隶和苦力等等,劳动的剥削程度也较高。为什么投在某些部门的资本以这种方式提供的并且送回本国的较高的利润率,在没有垄断的妨碍时,不应当在本国参加一般利润率的平均化,因而不应当相应地提高一般利润率呢,这是不能理解的。特别是在那些投资部门受自由竞争规律支配的情况下,这就更不能理解。相反地,李嘉图所想象的情况是:用在国外按较高的价格出售所得的货币,在那里购买商品,并且送回本国;这些商品在国内出售,因此,这至多只会使这些处在有利条件下的生产部门比别的生产部门得到一种暂时的额外利益。只要撇开货币形式,这种假象就会消失。处在有利条件下的国家,在交换中以较少的劳动换回较多的劳动,虽然这种差额,这种余额,同劳动和资本之间进行交换时通常发生的情况一样,总是会被某一个阶级装进腰包。"②所以,向发展中国家转移资本,是发达资本主义国家应对利润率下降、继续实现资本增殖的必然之举和理想之为。

除此之外,西方国家资本全球性转移与日益高涨的环境运动存在密切关系。20 世纪六七十年代,随着资本主义的快速发展,资本对环境的破坏愈加严重,全球性的生态危机迅速扩展,严重影响了人们的正常生产和生活。于是,人们开始反思资本大规模扩张的生态后果,环境运动在西方国家渐渐兴起并形成了环境运动的世界性浪潮。首先吹响环境运动号角的是蕾切尔·卡逊,其著作《寂静的春天》描述了资本所产生的环境污染造成农业和农村死寂的现状,提醒并警示人们,人类生存和发展所必需的生态资源和生态环境已经受到了严重威胁,如果再不采取行动,人类将很快走向灭亡。1971 年,绿色和平组织的成立,西方环境运动空前高涨。1972 年 6 月 5 日,第一次环境保护国际会议——联合国人类环境会议在瑞典斯德哥尔摩召开,会议通过了具有全球性影响的《人类环境宣言》和《行动计划》,同年召开的联合国大会,将每年的 6 月 5 日定为世界环境日,标志着环境运动的世界性浪潮的形成。1987 年,世界环境与发展委员会在《我们共同的未来》报告中,提出了可持续发展理念,生态环境的可持续再生产成了环境运动的重要内容。进入 21 世纪,随着西方国家的经济转型,节能减排成了环境运动的主要内容。

面对国内外一般利润率下降和环境运动的高涨形势所带来的社会压力,加上国内资源和能源的限制,资本主义国家已经意识到资本的扩大再生产对本国

---

① 《资本论》第 3 卷,人民出版社 2004 年版,第 264 页。
② 《资本论》第 3 卷,人民出版社 2004 年版,第 265 页。

造成的生态破坏,制定了一些法律来限制和规避污染。但是,资本主义国家绝不会因为要保护生态而停止资本的再生产。在资本主义国家里,一个区域生态保护所造成的资本扩张规模的收缩和资本家利润的减少,必然在另外一个区域产生资本扩张规模相应的扩大和资本家利润的增加。资本由于再生产的成本不断加大,资本外迁成了当时主要资本主义国家发展的迫切需求。在利润的刺激和环境舆论的压力下,资本开始寻求国外市场,资本家纷纷将资本转出国内,转向世界其他国家,"不断扩大产品销路的需要,驱使资产阶级奔走于全球各地。它必须到处落户,到处开发,到处建立联系。"①20 世纪 80 年代后,迫于环境运动的生态压力以及境内资本扩张成本飙升的经济压力,发达资本主义国家掀起了一次大规模的资本外迁浪潮。不过,这些外迁的资本主要是从事于高能耗、高污染、高排放的产业,在本国内受到严格的法律和政策限制,生产成本高昂,利润微薄甚至时常亏损,显然无法达到资本增殖最大化的目的。于是乎,资本开始"大举进军"发展中国家市场,利用发展中国家廉价的劳动力和自然资源,大肆进行扩大再生产,实现了资本增殖和获取巨额利润,发达国家的资本源源不断地转出,输入到广大发展中国家。

二、污染转移:制污者与受污者的时空坐标错置

随着资本主义国家生态危机日益严重,资本主义国家生态环境运动此起彼伏,人们的生态呼声日益高涨。面对这种情形,资本家不会心甘情愿地主动减少生产和污染,产业和污染转移是他们转移危机的常用方式,在具体的操作上,发达资本主义国家利用后发展国家急于发展的迫切心理,采用"联合发展"的形式掠夺欠发达国家或地区的生态资源,这显然不是资本主义国家根治生态危机的良方,资本主义"对于污染问题只有一个解决办法:那就是把它们移来移去"②。资本的输出和污染的转移,造成了生态危机全球化的趋势,各个国家陆陆续续都被卷入了生态破坏的漩涡。在资本全球化时代,发展中国家的环境破坏和恶化与发达国家的资本输出与污染转移密切相关。"即使生态破坏最终发生在发展中国家(南方),其根源大多是拜发达国家(北方)的生态足迹输出所赐。"③据经济合作与发展组织的研究,全球需求量未来 20 年可能主要集中与发展中经济

---

① 《马克思恩格斯文集》第 2 卷,人民出版社 2009 年版,第 35 页。

② [美]戴维·哈维:《正义、自然和差异地理学》,胡大平译,上海人民出版社 2010 年版,第 421 页。

③ [德]魏伯乐、[瑞]安德斯·维杰克曼:《翻转的极限:生态文明的觉醒之路》,程一恒译,同济大学出版社 2018 年版,第 54 页。

体,"这意味着欧洲经济资源基础扩张带来的经济剩余和生态资源(从波罗的海,从美洲)被'不平等的消费'"①。改革开放以来,众多发达资本主义国家纷纷在中国设立工厂,大量产业转移到中国,客观上促进了我国经济的发展。但是,这些发达资本主义国家往往转移的是高污染的工业、企业,不仅从中国获得了巨额经济收益,而且极大地破坏了中国的生态环境,部分地域甚至遭到毁灭性的破坏。"危险几乎不能再被归因于缺点的犯罪者,因此谁污染谁治理的原则失去了灵敏性"②。

1991 年,时任世界首席经济学家劳伦斯·萨默斯提出了将发达国家的肮脏工业转移到发展中国家的论断,并对此给出了三大理由:一是衡量污染的尺度取决于污染所造成的疾病和死亡的那些人的收入,据此,应该将污染转移到工资水平最低的国家,这样也可以将污染降到最低;二是人口稀少的发展中国家,污染程度很低,可以吸收大量的污染企业;三是人们对生态环境的审美要求和健康要求与其收入是成正比的,部分发展中国家的儿童死亡率高达 20‰,这些国家对生态环境的审美要求是十分低下。显然,萨默斯是站在发达资本主义国家立场之上的,代表的是世界资本主义体系核心集团的利益,其目的是为现代资本主义国家转移工业污染、转嫁生态危机提供理论和舆论支撑,福斯特对此进行了激烈的批判。"除了资本积累的单一目标,大多数人的利益和地球的生态命运,甚至某些资本家个人的命运,都不在考虑之列。而最令人震惊的是萨默斯对穷人的这种公开的剥削态度,它是资产阶级经济学的最典型观点。"③这种把健康、教育甚至生命都用金钱来衡量的现象在资本主义国家似乎已经"见怪不怪"了。例如在美国,一个工人的生命价值为 50 万~200 万美元,比中产阶级和富有阶级要少得多,因而那些重污染的企业就被安排在这些穷人的社区附近。尽管美国工人工资与自己国内其他阶级收入相比,显得"少的可怜",但是与广大第三世界国家的工人工资相比,那就显得"相当富有",是第三世界国家工人工资的几十倍甚至几百倍,为此,资本家为了节约成本,便将大量的高污染企业转移到发展中国家。

发达的资本主义国家在其现代化过程中把原本应当由其发展造成的环境污染部分地转移或转嫁给了发展中国家。从某种意义上说,发展中国家没有享受

---

① ［美]杰森·摩尔:《地球的转型:在现代世界形成和解体中自然的作用》,赵秀荣译,商务印书馆2015 年版,第 63 页。

② 魏波:《环境危机与文化重建》,北京大学出版社 2007 年版,第 38 页。

③ Foster, J. B, Ecology against Capitalism, New York: Monthly Review Press, 2002, p. 61. 转引郑国玉:《生态社会主义构想》,中国社会科学出版社 2015 年版,第 111 页。

到现代化的成果却为现代化付出了代价,而发达的资本主义国家全面享受了现代化的成果却没有完全承担现代化的代价。历史上,发达资本主义国家至少三次向发展中国家转移或转嫁生态危机。第一次是早期工业化时期,资本主义国家为了满足工业大生产对自然资源的需求,公然发动殖民战争掠夺欠发达国家的生态资源,殖民地和半殖民地国家成了这些资本主义国家的工业原料和廉价劳动力的供应地。第二次是"二战"以后,资本主义国家出于工业大生产的需要,借用资本输出和技术输出的方式开拓海外市场,将工业生产所需要的原料开采和生产加工过程设立在海外。第三次是 20 世纪 80 年代以后,以美国为首的发达资本主义国家通过产业结构调整,一方面将部分资源消耗密集型和资本密集型产业转移到发展中国家;另一方面将劳动密集型产业不断转向海外。发达资本主义通过资本输出不断将生态危机转移或转嫁给发展中国家。例如英国在其《能源白皮书》中称,到 2050 年,为实现温室气体减排 60% 的目标,英国将把本国的钢铁工业生产全部转移到海外。[①] "在这方面最幸运的国家可以对全球的任何地方实行破坏,而那些不太幸运的国家必须或者乞求平等地位,或者指望再三地蒙受耻辱。每一种社会秩序都必定不仅担心近邻而且担心每一遥远国家可能的掠夺——这种情况起因于在持久的社会冲突背景中日益加强对自然的控制。"[②] 当前少数欧美国家生态环境的持续改善,并不意味着其生态现代化战略和策略的真正成功,因为这些国家生态环境的改善很大程度上得益于甚至依赖于更多发展中国家生态环境的持续退化和恶化,显然,这与全球生态环境的改善和生态危机的治理背道而驰。"一些国家的资源被其他国家掠夺,从而使得这些国家和民族赖以生存的整个生态系统发生转变;与资源的提取和转移相关联的人口和劳动力的大规模流动;社会的生态脆弱性的剥夺以促进帝国主义的控制;以扩大中心地带与边缘地带之间鸿沟的方式倾泻生态废物;而总的来说,造成了一个全球性的'代谢断裂',它是资本主义关系与环境的表征,同时也限制了资本主义的发展。"[③]

数据显示,2010 年美国通过国际贸易向我国净转移 6.7 亿吨二氧化碳,欧盟各国通过国际贸易向我国净转移 5.7 亿吨二氧化碳。而根据美国能源部二氧

① 参见陈学明:《谁是罪魁祸首:追寻生态危机的根源》,人民出版社 2012 年版,第 590 页。

② [加]威廉·莱斯:《自然的控制》,岳长岭等译,重庆出版社 2007 年版,第 140 页。

③ John Bellamy Foster and Brett Clark, "Ecological imperialism: The curse pf capitalism", inLeo Panitch and Coin Leys(eds.), The New Imperial Challenge: Socialist Register 2004(London: The merlin Press), p.187. 转引 [德]乌尔里希·布兰德、马尔库斯·威森:《资本主义自然的限度:帝国式生活方式的理论阐释及其超越》,郇庆治等编译,中国环境出版社 2019 年版,第 14 页。

化碳信息分析中心（CDIAC）数据库，中国 2010 年二氧化碳的总排放量为 82.8 亿吨。[①] 据此计算，美国和欧盟 2010 年仅国际贸易一项向中国转移的二氧化碳量就占到了中国二氧化碳排放总量的 15％。资本主义国家通过产业转移的方式，将大量高能耗、高污染的产业转移到发展中国家，这些掌握大量资本的资本家"遥控"地指挥海外企业的生产，消耗发展中国家大量的资源能源，污染留在了生产地，清洁产品却回到其国内供本国居民消费，实现制污者与受污者的时空坐标错置，对发展中国家的生态环境造成了严重危害。

三、国际资本的引进与"污染物的堆积"

国际资本的引进，给予西方发达资本主义国家更多的扩张空间，"延长了资本主义自我增长的能力，因为它既能增加扩大私人财富的预期，又可从自然资源的稀缺和环境的退化中得益"[②]。发展中国家引进国际资本，对于发达资本主义国家而言，是件"求之不得"的事情。通过这样的方式，它们既可以转移国内资本，减少本国的生态污染，还可以继续实现资本的增殖，增加国民的财富，并且可以在发展中国家的自然环境受损中继续获得更多的利益，资本输出对发达资本主义而言，可谓是"百利而无一害"。改革开放以来，我国充分发挥了资源、劳动力等要素优势和巨大的潜在市场优势，成为国际直接投资的热土，利用外资规模不断扩大，外商直接投资成为推动我国经济发展和技术进步的重要力量。"2014年，我国超过美国成为全球最大的 FDI（外商直接投资）流入国。据商务部统计，2015 年上半年，我国利用外资继续保持平稳增长，全国设立外商投资企业 11914家，同比增长 8.6％；实际使用外资 4205.2 亿元人民币，同比增长 8.3％。"[③]

国际资本的全球输出，促进全球尤其是发展中国家的经济社会发展。但与此同时，我们必须清醒地认识到，这些资本输出国绝不是为了发展欠发达国家经济、改善人们生活状况的，这些国家"乐善好施"的行为背后，掩藏着污染转移这一鲜为人知的秘密，"蕴藏在社会生产关系背后的资本宰制本质在很大程度上仍

---

① 美国能源部二氧化碳信息分析中心网站：http://cdiac.ornl.gov/CO2_Emission/timeseries/national. 转引郭兆晖《生态文明体制改革初论》，新华出版社 2014 年版，第 22 页。

② Foster, J. B., et al. The Ecological Rift：Capitalism's War on the Earth. New York：Monthly Review Press，2010：412. 转引刘顺、胡涵锦：《生态代谢断裂与社会代谢断裂——福斯特对资本积累的双重批判》，《当代经济研究》2015 年第 4 期。

③ 韩冰：《中国没有出现"外资撤离潮"》，《人民日报》2015 年 9 月 22 日。

然缺席于这种历史解释当中"①,资本与污染的同时输出,给发展中国家生态环境带来严重威胁,致使发展中国家生态问题频出。正如福斯特所言:"资本主义经济把追求利润增长作为首要目的,所以要不惜任何代价追求经济的增长,包括剥削和牺牲世界上绝大多数人的利益。这种迅猛增长通常意味着迅速消耗能源和材料,同时向自然环境倾倒越来越多的废弃物,导致环境急剧恶化。"②发达资本主义国家通过资本输出,"掠夺第三世界国家的资源、破坏环境、占有环境剩余空间来堆积废物由此而累计的债务"③,不断增加发展中国家因资本引进而造成的生态隐患世代积累和生态贫困的加剧。中国作为发展中国家的典型代表,在享受引进国际资本带来的"社会福利"的同时,也在不断吞食引进国际资本造成的"生态恶果"。

　　国际资本大量输入中国,显然不是为了促进中国经济社会发展的"善义之举",其背后一是实现资本的扩张与增殖,而是将国内资本生产所产生的生态矛盾转移到中国,寻求生态避难。国际资本引进中国后,主要集中于重工业和一些基础设施领域,短期效益较为明显,对于地方经济发展、增加就业和地方政府财政税收发挥了积极作用。但是我们也必须清醒地认识到,这些国际资本引入对我们环境造成的巨大破坏作用。首先,国际资本投入生产,必然要消耗大量的生态资源,生产必然产生污染废弃物;其次,部分发达资本主义国家打着资本输出的旗号,将本国境内已经淘汰产能转移到中国,这些产能在西方发达资本主义国家,已经不符合环保要求,再投入生产的话,企业必须支付巨额的生态修复成本,大大压缩了资本的获利空间,加上西方环境运动的生态舆论压力,这些淘汰的产能披上国际资本和技术援助的华丽外装,在中国各港口码头上岸入境了,从某种意义上说,中国成了这些"国际"落后产能的生态避难所。最后,一些发达资本主义国家,公然将各种环境不易吸收和净化的生产生活污染物输送到中国。最近几十年,西方国家通过隐瞒和欺骗的手段不断将大量洋垃圾运到中国,尤其是沿海城市。2008年,素有"欧洲垃圾箱"之称的英国将70万吨洋垃圾运到广东佛山南海区联蛲工业区。英国"每年约有200万吨垃圾被运到中国,比布莱尔首相刚上台时翻了158倍。其中废纸占3/4,其余为塑料制品、电子垃圾以及铜、镍、

---

　　① Foster J B. The Ecological Revolution：Making Peace with the Planet. Monthly Review Press，2009：234.

　　② ［美］约翰·贝拉米·福斯特:《生态危机与资本主义》,耿建新、宋兴无译,上海译文出版社2006年版,第2-3页。

　　③ ［英］麦克尔·S.诺斯科特:《气候伦理》,社会科学文献出版社2010年版,第117页。

铝、锌、铅等金属。如果换成相同重量的水,可以灌满 400 个标准游泳池。"①据英国《每日邮报》2013 年 4 月 5 日报道,英国在过去的 10 年将垃圾运往国外主要是亚洲的规模翻了一番。"据美国国际贸易委员会的数据,自 2000 年至 2011 年,中国从美国进口的垃圾废品交易额从最初的 7.4 亿美元飙升到 115.4 亿美元,2011 年占中国从美国进口贸易总额的 11.1%。"②大量进口垃圾不仅影响了消费者的健康,也对我国环境产生了严重影响。"中国从美国进口的废弃果汁盒就曾繁衍了 5.5 万只以上的苍蝇,废弃塑料制品需要上百年才能降解,焚烧电子垃圾产生有毒害气体,废弃金属排泄严重污染水源,诸如此类的危害不胜枚举。"③据统计,"中国每年有价值 160 亿英镑的货物运往英国,然而作为'回报',英国破天荒地将 190 万吨的垃圾运回中国。过去短短 8 年间,英国运往中国的垃圾数量竟狂涨了 158 倍!这些垃圾中,以很难降解的废塑料为主。"④据《每日电讯报》报道,"英国仅在 2012 年,就有 17 个集装箱、总重达 420 吨的生活垃圾从英国运往亚洲,而其中七成被确认运往包括中国在内的远东国家。"⑤类似的新闻报道不绝于耳,没有被发现和没有被统计的类似事件还有很多,大量污染物的输入,严重破坏了我国的生态环境。这样的引进国际资本无异于饮鸩止渴,这也是造成我国一段时间内生态环境恶化、生态矛盾突出的一个重要原因。

资本的权力渗透无孔不入,随着资本的全球化扩张,全球经济政治组织和秩序随之建立,从布雷顿森林体系的构建到国际货币基金组织、世界银行、世界贸易组织、经济合作与发展组织等一系列国际组织先后建立。资本主义依靠这些政治经济体系和国际组织,对发展中国家进行"联合发展"形式的全球化。资本作为投入社会再生产过程的剩余价值,其本身也是劳动价值,从而也拥有市场权力的原始形态——对他人社会劳动的支配权。这种权力不单单是支配劳动生产的物质产品,而且还支配生产这些物质产品的劳动力,通过支配劳动力进行生产活动,最终直接占有劳动力生产的全部成果。资本依靠着它追逐剩余价值的本性实现对市场权力的掌控,从而达到自身价值的实现。资本在每一次运动和反复中实现自身价值的倍数增殖,最终导致资本雪球越来越大,甚至在一些西方发

① 孟登科等:《破解英国垃圾入华利益链》,《南方周末》2007 年 2 月 5 日。

② 央视网:《中国、印度等发展中国家已成为世界"垃圾场"?》,http://news.cntv.cn/special/opinion/foreigngarbage/

③ 网易新闻:《那些年中国从美国进口的"洋垃圾"》,2012 年 12 月 18 日,http://data.163.com/12/1218/17/8J1BIEUS00014MTN.html。

④ 蒋高明:《中国生态环境危急》,海南出版社 2011 年版,第 53 页。

⑤ 中国日报网:《绝不允许以牺牲环境为代价进口洋垃圾》,2015 年 1 月 5 日。http://www.chinadaily.com.cn/hqgj/jryw/2015-01-05/content_12984168.html

达国家资本已经成为一种凌驾于国家之上的权力,随着经济全球化、资本全球化、金融全球化的不断演进,资本越来越成为一种权力象征,也越来越成为当今这个世界的符号。

改革开放以来,我国经济社会取得了巨大成就。但是与此同时,发达国家利用其在国际政治与经济秩序的优势地位,对我国进行生态剥削,我国在生态资源的开发与使用以及生态权益等方面受到了不公平的对待。作为发展中国家中的大国,在一定程度上成为一些资本主义发达国家的生态资源的供应地和污染废弃物的弃置地,加上发达国家漠视发展中国家的发展实际,盲目提高生态环境的衡量标准,并常以生态环境问题在公开和非公开的国际场合攻击发展中国家,以获得国际话语权。为此,发展中国家和发达国家在生态正义问题上很难达成共识。"发达国家出于自身利益的考虑,片面强调环境保护的重要性,将环境与发展割裂开来,以环境为借口干涉别国内政"①。通过这些现象的分析,我们可以看出,发达国家在其发展过程中,一方面发达国家"合理规划"自己的工业布局,将污染企业集中于国界附近和国外,避免本国生态环境的遭殃;二是通过不合理的国际政治经济秩序,直接向广大发展中国家出售或转移污染废弃物,而发达国家却"以环保卫士自居,却无视本国经济发展的初始阶段对全球能源的巨额消耗以及快餐式的消费文化对生态系统的强度破坏和环境资源压力,推诿责任,在全球生态治理问题上斤斤计较。"②我国作为发展中国家,目前经济发展下行压力巨大,相当一部分社会生产仍然是用来满足人们的基本生活需求,我们面临的生态环境压力不断增大,这是因为一方面我们在发展过程中造成生态环境的破坏,另外一方面西方发达国家不断向我国转移和输入污染,使我国不断地"被污染",进一步加剧了我国生态环境的恶化。

---

① 许健:《国际环境法》,中国环境科学出版社 2004 年版,第 144 页。
② 杨巧蓉:《全球化视野下我国生态文明建设之困境与应对》,《山东社会科学》2014 年第 12 期。

第四章　对资本的驾驭与导控:中国特色社会主义生态文明建设的关键

　　"哲学家们只是用不同的方式解释世界,问题在于改变世界。"①如何解决资本导致的全球生态危机以及当下中国存在的一系列生态问题,这是在分析资本与生态内在关系之后,必须思考的重大现实问题。西方资本主义的发展历程已经告诉我们,资本的肆意扩张,造成了生态环境的破坏,导致生态危机的频发。我们当下正在进行生态文明建设,我们所遇到的生态问题与西方资本主义国家资本扩张所产生的生态危机颇有几分相似。为此,建设中国特色社会主义生态文明,必须避免资本破坏生态的滥觞之路,限制资本的无休止扩张,驾驭和导控资本,使其为新时代中国特色社会主义所用,克服资本的生态悖论,走出资本扩张的生态困境。

第一节　生态资本主义的"乌托邦"

　　当前,面对生态危机,资本主义各国都在寻求破除生态困境的妙药良方,西方理论界为此也进行了深入的讨论和探索,形成了诸多理论学派,生态资本主义是其中最典型的代表。"生态资本主义"随 20 世纪 70 年代西方环境运动的兴起而产生和发展,后来成为西方绿党政治的重要战略。

---

　　① 《马克思恩格斯文集》第 1 卷,人民出版社 2009 年版,第 502 页。

一、生态资本主义的核心要义

生态资本主义理论的观点众多,其核心要义包括两个方面内容:一是主张对生态环境进行市场定价,无论是企业生产所需要的生态资源还是生产所产生的污染物,全部进行经济核算,纳入到其生产成本,并通过市场竞争机制使资源利用效率不断提高,实现经济效益和生态效益的统一;二是认为资本主义的生态危机可以根治,只要技术能够不断革新和进步,一切生态难题都可以迎刃而解,在科学技术的帮助下,资本增殖和环境保护可以并存共赢。当前资本主义世界的生态环境的改善以及"蓝天白云"景象的出现正是"自然资源市场化"和"生态技术的改进"二者合力作用的实践体现。

(一)自然资源市场化

资本主义社会为什么会产生生态危机以及人类怎样才能走出生态危机的困境? 针对这一问题,不同理论学派给出了不同答案。生态资本主义者认为,资本主义不是生态危机的"罪魁祸首",其根本原因在于没有对自然资源进行市场化定价。在他们看来,传统经济学将自然资源和环境视为完全免费并取之不竭的东西,致使人们无节制地开发、利用、盘剥自然,从而导致自然资源的紧缺与枯竭并造成生态环境的严重破坏。如果通过经济政策使自然资源和生态环境不再"不费分文",而是根据其在生产和消费中的作用进行市场定价,即无论是企业生产所需要的生态资源还是生产所产生的污染物,全部进行经济核算,纳入到其生产成本,外化的环境成本内化,污染者必须为污染"买单",支付污染费用,商品价格能够反映全部的成本事实。这样的话,生产者和消费者会灵敏地嗅到并捕捉到价格信号,出于成本收益的考虑,从而加大对生态治理的力度或直接投资环保企业,自然资源就可以得到相应的节约,生态环境也可以得到有效的保护,资本主义的经济至上逻辑与自然环境的生态原则就可以实现统一。赫尔曼·莱斯特纳提出,应该通过市场对所有产品征收生态税,这些税必须有雇主来承担,征收对象包括"所有的产品、所有的自然资源的使用以及所有的环境需求,例如大自然吸收污染的能力(其过滤功能)、美丽的风景或者对健康有益的环境"①。生态资本主义者认为,现实社会中的人都是"理性经济人",他们保护环境的主要目的

---

① 〔印〕萨拉·萨卡:《生态社会主义还是生态资本主义》,张淑兰译,山东大学出版社 2012 年版,第49 页。

还是为了实现自己的经济利益,在经济利益和市场竞争的促逼下,生产者和管理者自然会千方百计地使用经济手段来降低污染、解决污染问题。因此,资本主义条件下,资本与生态并非水火不容,在价格机制的影响下,资本可以服务于生态,促进生态环境的保护,自然资源市场化的价格机制,是解决生态危机问题有效方法并且是最好方法。

(二)技术万能论

不可否认,资本社会确实存在生态危机,那么对于资本主义社会现有的生态危机,人们该持有什么样的态度? 对此,不少人持有悲观的态度,认为资本主义社会的生态危机无法根治并愈演愈烈。生态资本主义者却不这么认为,在他们看来,资本主义工业化的确带来了生态环境的破坏,但不能因此就认为资本主义生态危机无药可治,只要技术能够不断革新和进步,资本主义社会甚至整个人类所面临的一切生态难题都可以迎刃而解。在科学技术的帮助下,人类将会变得"无所不能",生态环境问题将随着科学技术的进步与应用而"灰飞烟灭",资本增殖与环境保护也将并存共赢。正如克沃尔所言:"随着基因组的破解、信息技术和通信工程惊人的创举、诸如燃料电池这些低污染能源设备的出现、科学的广泛进步以及宣传机器的大肆宣传,人与自然的冲突似乎可以得到解决。"①弗·卡普拉和查·斯普雷纳克将技术分为"硬技术"和"软技术",指出,随着"软技术"的发展与进步,资本主义社会的生态环境问题将不再是一个问题。康芒纳在《与地球和平共处》一书中也明确地指出:"今天,我们已经掌握了有利于生态环境的先进生产技术,应该及时应用这些技术,以避免即将到来的全球性环境危机。这些技术……有效地解决全球性烟雾、酸雨、有毒性化学品等大部分污染问题。"②只要科学技术能够不断革新和及时应用,困扰资本主义国家已久的生态环境问题也就不再是资本主义发展道路上难以跨越的障碍了。杰里米·里夫金提出了"合适的或适中的替代性技术"的观点,指出在资本主义社会,当一种资源或能源即将消耗殆尽、无法满足人们日常生产或消费时,它的稀缺性将充分显现出来,这必将激励企业加大技术研发,实现技术上改进或通过技术发明寻找到新的代替品,从而提供人们所需要的商品或服务。 这种新的代替品与原来的资源或能源相比,往往具有不可比拟的生态优势,既能满足人民日益增长的生产和消费需

---

　　① 蔡华杰:《另一个世界可能吗? ——当代生态社会主义研究》,社会科学文献出版社 2014 年版,第 143 页。

　　② [美]巴里·康芒纳:《与地球和平共处》,王喜六等译,上海译文出版社 2002 年版,第 190 页。

求,又能降低对环境的污染。这样,通过技术手段就可以减少或消除经济增长对环境的破坏作用,实现经济社会协调发展以及人与自然的和谐相处。

除此之外,生态资本主义者还认为,资本主义社会仍然要发展,发展就会产生污染,面对当今资本主义社会中经济发展与生态环境的矛盾,可以差异化的转移加以解决。在他们看来,经济发展水平和人的生态需求以及由环境污染造成的经济损失存在正相关关系。一般而言,经济较为发达的富裕国家,人们对环境质量要求较高,如果发生环境污染,其造成的经济损失也巨大;相比之下,在经济欠发达国家,人们的生存需求远远高于生态需求,环境污染所造成的经济损失既不那么重要,也不十分明显。因此,富裕国家或地区向贫穷国家或地区转移污染型企业、倾倒垃圾在经济学上合理的,应当受到鼓励和支持。

毫无疑问,生态资本主义是应对生态危机进行理论思考和实践探索,对于呼吁人们关注日益严重的生态危机并探寻其出路具有一定的积极作用。乍一看来,生态资本主义理论上似乎很有道理,实践上也不乏说服力。但细究其下,我们会发现这只不过是一些"绿色"表象,剥去生态资本主义的"绿色外衣",它面临着巨大的理论和实践困境。

二、生态市场主义的失灵

生态资本主义主张将生态环境进行市场定价,无论是企业生产所需要的生态资源还是生产所产生的污染物,全部进行经济核算,纳入到其生产成本,这样,企业势必要综合考虑生态要素投入成本和污染物排放成本,并最终通过市场竞争机制使资源利用效率不断提高,实现经济效益和生态效益的统一。粗看概览,这一方法似乎可行,但是实际上,在资本主义世界,"保护环境和赚钱不可能成为一回事",因为利润最大化是资本主义铁的规律,也是压倒一切的规律,获取利润与保护环境天生就是矛盾的,一般而言,企业绝不会放弃利润,而追求生态环境的保护。"在平均利润率呈不断下降的今天,资本主义的企业更要通过强化对自然资源的利用,来确保企业的利润。"[1]资本主义财产的私有制以及经济个人主义的盛行,环境保护的市场化是不可能实现的,"成本在任何地方都被社会化了——强加于环境和多数人身上,以使私人所得最大化。在这种生产过程中,到处弥漫的废物垃圾"[2]。"'自然金融化'就像其他的绿色经济或绿色增长战略一

---

① 陈学明:《谁是罪魁祸首:追寻生态危机的根源》,人民出版社 2012 年版,第 565 页。

② [美]约翰·贝拉米·福斯特:《生态革命——与地球和平相处》,刘仁胜等译,人民出版社 2015年版,第 13 页。

样,并不是一种自然而然的经济过程或结果,而是欧美资本主义国家力图摆脱目前的生态或多重危机的'被动革命'战略的一部分。"①再有,生态资本主义者倡导的"绿色"生产在实践中也十分有限,因为每个单位资本在它增殖效应没有完全发挥出来之前,是不会退出市场的,资本主义国家大量采矿场、化工厂以及各种制造业工程的存在和发展,充分说明了这一点。因此,生态资本主义的市场化改革,走的仍然是能源密集型道路,注重创造利润的效率,而不是维持人们日常生活和地球生存的效率。生态资本主义者主张的能源清洁化,通过使用清洁能源,降低对环境的污染,实现利润和环保的双重效应。但是在现存的资本主义体系下,这被实践证明是一种幻想。犹如福斯特所言:"实际上,在现存的经济体系中,最终可能被证明不具有实践性;因为,其中环境成本的外化是一种固有现实。然而,寻求立即关停燃煤发电厂,并用太阳能、风能和其他可再生能源取代它们,再加上通过社会发展优先次序而改变需求一方,这些更加根本的生态解决方案被既得利益集团视为完全不受欢迎。"②

　　生态市场主义失灵的另外一个原因是忽略了人的欲望对生产和生态的影响。在市场经济条件下,人的主体欲望不断被激活,这种欲望具有典型的私向化特征,它排除了需要的普遍化的发生逻辑,不再满足于一致性的社会需求,不断地向无限方向拓展和延伸,因此,"与动物不同,人在自己体内培植了繁多的彼此对立的欲望与冲动。借助这个综合体,人成了地球的主人。"③正如贝尔指出的那样:"'需要'是所有人作为同一'物种'的成员所应有的东西。'欲求'则代表着不同个人因其趣味和癖性而产生的多种喜好。"④人们"所满足的不是需要,而是欲求。欲求超过了生理本能,进入心理层次,它因而是无限的要求。"⑤人类痴迷于追求自我独一无二的欲望满足,不断向人之外的一切存在物挥舞达摩克利斯之剑,欲望成了支配世界的原则。在欲望的支配下,人们开始过度生产、过度消费。有限的自然资源在人类无限欲望面前,只能任其宰割,最终走向了枯竭。"欲望导向的现代经济导致了对自然的无度的开发,使得人类的生存家园遭受着

---

① ［德］乌尔里希・布兰德、马尔库斯・威森:《资本主义自然的限度:帝国式生活方式的理论阐释及其超越》,郇庆治等编译,中国环境出版社 2019 年版,序言第 4 页。

② ［美］约翰・贝拉米・福斯特:《生态革命——与地球和平相处》,刘仁胜等译,人民出版社 2015 年版,第 14 页。

③ ［德］尼采:《权力意志:重估一切价值的尝试》,张年东、凌素心译,中央编译出版社 2005 年版,第 4 页。

④ 贝尔:《资本主义文化矛盾》,赵一凡、蒲隆、任晓晋译,三联书店 1989 年版,第 22 页。

⑤ 贝尔:《资本主义文化矛盾》,赵一凡、蒲隆、任晓晋译,三联书店 1989 年版,第 68 页。

有史以来最严重的破坏。"①地球的资源是用来满足人类正常需要的,而不是用来满足也不可能满足人类的贪欲。

最后,需要指出的是,生态资本主义者认为的通过市场机制所带来的资本主义国家生态环境改善,也不符合事实。在乌尔里希·布兰德看来,生态资本主义所倡导的"绿色经济""绿色新政",从未质疑过资本主义经济增长的合理性,也没触及绿色经济发展会遇到的来自资本主义内部的结构性阻力和障碍,"因为事实是,欧美国家经济的一种'选择性'绿化正在发生。只不过,可以确信的是,这种高度部门性与区域选择性的绿化,将很难有效地解决环境恶化和贫穷难题,更不会着眼于形成全新的富足生活形式及其观念。而这其中的最大危险是,绿色经济战略将会以其他部门和地区为代价来推进或实现。"②实际上,资本主义国家并没有真正减少污染,而是将污染物在全球范围内进行了"搬运","搬运"到了一些欠发展的地区和国家。就全球而言,环境污染并没有因为少数资本主义国家的"生态化发展"就此减轻,全球的生态破坏仍然在不断扩大,生态市场主义无法真正解决日益严重的生态危机。

三、技术与生态的"杰文斯悖论"

生态资本主义者乐观地认为,只要技术不断进步,生产过程中的能源和原材料消耗不断降低,资本主义就是可持续的。表面上看来,这种认识似乎正确,但是实际上持有这种观点的人,忽略了资本至关重要的特性——无限贪婪性。科学技术的革新与应用对人类社会发展产生了巨大作用,不断推动着人类社会向前发展。在生态领域,科学技术的进步促进了生态环境的改善,但这绝不是说,只要技术不断进步,人类所面临的各种生态难题都可以克服,这是一个逻辑上基本常识,资本主义国家也不例外。其实,在资本主义生产条件下,技术首先被视为获取利润、积累财富的一种手段,无论技术改进与运用,其始终是为资本服务的,是资本家用来获利的工具。"在技术革新的帮助下,可持续发展被转变成某种工程,即在当前可以采用的、没有超越地球绝对生态极限的最大限度地剥削自然(和人类)。"③对技术的崇拜本质上是工具理性的现代体现。工具理性发轫于

---

① 鲍金:《消费生存论——现代消费方式的生存论阐释》,中央编译局出版社 2012 年版,第 139 页。

② [德]乌尔里希·布兰德、马尔库斯·威森:《资本主义自然的限度:帝国式生活方式的理论阐释及其超越》,郇庆治等编译,中国环境出版社 2019 年版,序言第 2 页。

③ [美]约翰·贝拉米·福斯特:《生态革命——与地球和平相处》,刘仁胜等译,人民出版社,2015 年,第 10 页。

启蒙时期,在人与自然关系方面,主张人类应充分利用各种工具,征服和改造自然,"做自然的主人",忽视了人与自然之间的对象性存在关系,关于技术的功能与作用认识,缺乏辩证法。实际上,技术也有"致命的弱点",不可能完全解决所有生态问题,甚至技术从某种意义上讲就是造成生态问题的"罪魁祸首"。一方面,技术的进步与应用本身就会对生态环境造成一定的消极影响,从蒸汽机发明与应用产生的"工业黑化"现象到汽车技术改进与大规模应用促发"雾霾天下"景象,无不折射出技术的反生态性,"科学技术严重地打乱了,甚至可以说正在毁灭我们赖以生存的生态体系"①,这一点却往往被技术进步所带来的"丰功伟绩"所遮蔽。另一方面,在社会化生产条件下,"科学技术并不是中立的,它反映了人与人、人与社会以及人与自然环境的关系。技术模型中嵌入了权力分配、生产关系和劳动分工的等级性"②。技术被异化,成了人们掠夺财富、征服自然的工具,"现代世界在技术的'座架'之下,呈现在我们面前的是一个祛魅的世界,生物和非生物都被视为有待技术处理的单纯的材料,地球成了巨大的资源库。人与万物都丧失了任何形式的独立性、自身性和尊严,存在的独特意义和价值丧失殆尽"③。"在资本的逐利最大化逻辑浸染全球的境遇下,技术成了否定甚至重构自然界既定秩序和内在结构的最主要力量"④,将自然彻底打造成"它所不是的样子"。"技术圈现在已经强大到能够改变主宰生态圈的自然过程的程度。而被改变了的生态圈又反过来会淹没大城市,干枯美丽的农场,污染我们的食物和水,毒害我们的身体——一言蔽之,会灾难性地减弱我们获取基本生活必需品的能力。人对生物圈的攻击已经引发生态圈的反击。"⑤人与自然分庭对抗,致使人类面临的生态危机日益严重。

当代资本主义世界,虽然资本家和企业组织借助生态技术,大力推行生态改革,致力于"绿色"产品的生产。但这些生态改革和绿色生产都始终秉承一个共同原则,即以获取最大化的经济利益为目的,"生态""环保"只不过是资本家为了获取更多超额利润而给商品披上的"绿色外衣","绝没有先验的理由可以保证生

　　① 〔美〕弗·卡普拉:《转折点科学·社会·兴起中的新文化》,冯禹等编译,中国人民大学出版社1989年版,第16-17页。

　　② 解保军:《生态资本主义批判》,中国环境出版社2015年,第72页。

　　③ 许良:《恩格斯现代性批判思想研究》,上海财经大学出版社2016年版,第62页。

　　④ 刘顺:《"杰文斯悖论":资本逻辑宰制下技术的生态幻象》,《自然辩证法研究》2017年第9期。

　　⑤ 〔美〕巴里·康芒纳:《与地球和平共处》,王喜六、王文江、陈兰芳译,上海译文出版社2002年版,第5页。

产技术将会是以生态原则为基础的"①,正如鲍德里亚所言,在资本主义条件下,"环保是污染的工业延伸"②,资本家从事"环保"产业,绝不是为了人类可持续发展的"事业",而是为了不断获取利润的"生意"。"德国政府并没有采取类似的措施来逐步淘汰煤电,甚至允许煤电公司向其他国家出口电力。因此尽管德国在可再生能源转化中走在世界前列,煤电依然持续增长。部分煤电代替核电,部分代替天然气,还有一些则被出口到其他国家。而德国的大部分煤炭为褐煤,是一种低质高排放的煤。"③生态技术的进步,不仅不能救赎资本主义,反而刺激着资本主义在生态发展道路渐行渐远。犹如梅扎罗斯所言:"问题不在于是否求诸科技纾困——因为很明显必须这样——而在乎能否逃离掌控它的资本魔爪为公众谋福,眼下给环境带来灾难性冲击的恰是资本普遍化趋势。"④因此,在资本主义制度下,技术的进步将会进一步刺激资本家扩大生产,从而导致大量商品的堆积。"现代科学体系与资本主义生产方式的不断发展深入导致技术发生了质的变化,从一种凝聚着人类生存斗争智慧与经验的主动、积极的历史筹划,沦为不断开发和炮制更多市场需求,以满足机构竞争性利益的被动、消极的发明装置。"⑤这一方面意味着大量资源能源的消耗,另一方面也暗含着大量物质资源的浪费和生态环境的破坏。"这种'现代化'技术的主要目的,就是使目前的单调生产永远持续下去,而不是解决生态问题。"⑥除此之外,"耗费巨大代价而建立起来的环保产业设施,在废弃物分解与净化过程中却同时消耗了大量的环境资源能源,且许多'先进'的再生能源转化设备本身也是难以降解的工业垃圾⑦。虽然技术进步降低了单位资本再生产所消耗的资源和能源,但在整个全社会,社会总资本仍然是在不断扩张且扩张速度惊人。当技术进步降低了某一部类再生产的成本时,势必会导致该部类资本的不断追加,从而带来生产规模的迅速扩张,因而全社会所消耗的资源和能源不仅没有减少,相反还大幅度提高了,致使

①　詹姆斯·奥康纳:《自然的理由——生态学马克思主义研究》,唐正东等译,南京大学出版社 2003 年版,第 326 页。

②　[法]让·鲍德里亚:《象征交换与死亡》,车槿山译,译林出版社 2006 年版,第 277 页。

③　[加]娜奥米·克莱恩:《气候危机、资本主义与我们的终极命运》,李海默、韦涵、管昕玥、黄智敏译,上海三联书店 2018 年版,第 165 页。

④　张乐、胡敏中:《探源生态危机:资本逻辑的时空布展》,《湘潭大学学报》(哲学社会科学版)2015 年第 2 期。

⑤　张雄、刘倩:《马尔库塞的政治经济学批判思想探析》,《马克思主义与现实》2020 年第 2 期。

⑥　[美]约翰·贝拉米·福斯特:《生态革命——与地球和平相处》,刘仁胜等译,人民出版社 2015 年版,第 13 页。

⑦　牛庆燕:《全球化视阈中的生态文明话语权重建》,《科学社会主义》2019 年第 6 期。

"杰文斯悖论"的出现。用生态技术包装和粉饰过的资本主义依然是资本主义，"绿色科技""环保技术"无法掩盖资本主义利润至上的反生态本质。"资本主义技术并没有将人类从自然的盲目力量和苦役的强制下解放出来，相反它使自然退化并使人类的命运变得岌岌可危。"①现代科学技术在资本宰制下，"正在炸毁各大洲的岩床，消掉山峰，铲平北方森林，争先恐后地探索正在融化的北极。所有这一切都只是为了夺取最后一滴油和最后一块石头。"②"技术霸权强势登场而生态正义无奈离场，毕竟在资本逻辑宰制的环境中，新技术尽管是经济上的'获得'但却在生态学上的'失去'。"③生态资本主义所主张的生态技术革新、经济绿色化和可持续增长，具有如下两个典型特征，一是经济增长是必要也是必需的，并可以实现与环境的协调发展；二是充分肯定既有的国际经济政治秩序并十分信任现有资本主义国家各个领域的精英，相信他们能引领和领导生态化进程，维护和推进既有国际秩序的运行。这是在奉行新自由主义理念的条件下对资本主义生态危机和社会危机的市场救赎，是资本主宰性权力关系的别样表现。显然，在资本主义条件下，企图用生态技术主义来保护环境、解决生态危机，实现资本主义的可持续发展，无以可能。

四、脱缰的资本与生态资本主义泡影破灭

马克思曾言："资本来到世间，从头到脚，每个毛孔都滴着血和肮脏的东西。"④这句话不仅指出了资本主义早期原始积累的战争侵略和残酷剥削的罪恶，同时也表达了资本的"任性"，也蕴含了资本自然资源的掠夺和集中。资本主义的全世界扩张，不仅在经济、政治上获得了霸主地位，同时意味着在生态上也取得对自然资源开发和利用的霸权，意味着资本所有者对大量生态公共资源的支配权，从而"不费分文"地使用这些公共自然资源，并就地销售所生产的商品。不加控制的资本将肆意而为，它通过科学技术不断侵吞生态资源，不断破坏生态环境，正如马克思指出的那样："在大工业已经达到较高的阶段，一切科学都被用来为资本服务"⑤。

---

① 詹姆斯·奥康纳：《自然的理由——生态学马克思主义研究》，唐正东等译，南京大学出版社 2003 年版，第 321 页。

② ［加］娜奥米. 克莱恩：《气候危机、资本主义与我们的终极命运》，李海默、韦涵、管昕玥、黄智敏译，上海三联书店 2018 年版，第 175 页

③ 刘顺：《"杰文斯悖论"：资本逻辑宰制下技术的生态幻象》，《自然辩证法研究》2017 年第 9 期。

④ 《资本论》第 1 卷，人民出版社 2004 年版，第 871 页。

⑤ 《马克思恩格斯文集》第 8 卷，人民出版社 2009 年版，第 195 页。

　　资本逐利的本性追求的是资本的个体利益,而不是全社会的公共利益,它追求的是如何用最少的投入获得最多的增殖,也即"用尽可能少的资本将尽可能多的资源吸收到自身中来实现其增殖的欲望","于是,不顾一切地允吸免费的公共资源与公共产品便成为了社会总资本扩张的'理性'选择"①。资本的这种貌似理性的扩张逻辑,并不是站在社会的总体利益立场上的,在整个社会博弈过程中,单个资本的"理性选择"实际上恰恰引致了整个社会资本的非理性,公共资源和公共产品被资本肆意的攫取和践踏,"既得利益集团的目标就是将由环境挑战而引起的社会变革控制在这种制度所能接受的限度之内,既是冒着危及整个地球的风险"②。公共资源和产品的享用逐渐成了少数人的特权,生态分配的不公平进一步加剧,生态风险进一步加大。

　　资本的无限制扩张是自然之死的主要原因,限制资本成为复活自然的首要任务。资本是现代经济的主体,"只要经济的运行由资本作为主体,那么它就必然不顾及生态环境的保护"③。美国建国早期,大肆推行资本扩张战略,极力发展工业,创造了现代化发展的奇迹。但是美国"从拓荒到大工业崛起的现代化过程倒是人与自然关系的一个缩影,它不仅带来了巨大的环境变迁,还伴随着严重的资源浪费、环境污染和自然灾难"④。20 世纪 70 年代以后,美国大力发展"生态资本主义",国内生态环境得到了较好的改善,但是这并不是说生态资本主义得以奏效,资本和生态之间的难题已经克服,实际上美国资本主义的绿色化与第三世界国家的自然环境的恶劣化紧密相连,美国资本扩张的规模不仅没有缩小,反而在不断地扩大。"大多数的生态问题以及那些既是生态问题的原因也是其结果的社会经济问题,仅仅在地方性的层面是不可能得到解决的。"⑤资本积累扩大以及资本增殖的现实需求,对现有的自然条件和社会关系进行持续性破坏。在全球生态危机面前,生态资本主义者主张通过技术的改进与合作来根治全球生态危机的方法,看起来很美好,但现实却很残酷,因为"各个国家在追求自我利益最大化的过程中总是试图搭便车,而环境治理存在巨大的负外部性,使得各个

---

　　① 鲁品越:《资本逻辑与当代现实——经济发展观的哲学思考》上海财经大学出版社 2006 年版,第 203 页。
　　② [美]约翰·贝拉米·福斯特:《生态革命——与地球和平相处》,刘仁胜等译,人民出版社 2015 年版,第 22 页。
　　③ 陈学明:《生态文明论》,重庆出版社 2008 年版,第 60 页。
　　④ 付成双:《走出环境治理的迷雾》,《社会科学报》2016 年 3 月 17 日。
　　⑤ [美]詹姆斯·奥康纳:《自然的理由:生态学马克思主义研究》,唐正东等译,南京大学出版社 2003 年版,第 433 页。

国家在参与国际环境治理中承担义务的积极性大大降低。"①技术的改进与合作是建立的"利益最大化"的基础之上,"唯利是图"的合作必然不可持续,克服危机自然无以可能。究其根因,生态资本主义"在价值立场上,都是力图在资本主义制度框架内解决生态危机问题,把由资本主义现代化和全球化造成的生态危机的后果要求所有人承担,不仅具有为资本谋利益的鲜明的西方中心主义的价值立场,而且违背了'环境正义'的原则"②,忽视资本的扩张和增殖本性,对资本采取的仍然是自由放任的态度。不加限制的脱了缰的资本,必然不断地侵占自然、破坏自然,促使生态危机的加剧,最终使生态资本主义的美好愿望化为泡影。

第二节　社会主义公有制:驾驭与导控资本的制度保障

美国共产党主席约翰·巴切特尔指出:"资本主义的生产方式很难在人、自然和社会三者关系中创造和谐。人们只有到社会主义社会,才能让这种和谐成为现实。"③从某种意义上讲,资本主义生态危机的日益严重与资本主义国家政府不作为密切相关,在资本主义国家,政府只充当财富的"守夜人",任凭市场的自由发展,对资本获利所造成的环境污染和生态危机,政府行动往往不够积极,甚至有时候成了资本破坏环境的"帮凶"。相比之下,社会主义在应对和处理生态问题上,具有不可比拟的优越性。"社会主义的目的不是积累,而是以发展全球生产力,来满足劳动人民的需要。"④社会主义扬弃了资本逻辑,确立以人为本的价值理念,改变资本对人的控制和奴役状态,人从异化状态中走出来,成为具有主体意识、能与自然和谐相处的现实的人。面对日益严重的生态危机,选择社会主义,选择社会主义生态文明,"不只是抽象的理论思考,也是源于当代社会面对资源耗竭的灾难与结构性危机的一个现实选择"⑤。

一、资本主义私有制:资本残殇生态的根源

不可否认,从人类发展的历史进程来看,资本主义社会,相对于封建社会以

---

① 魏波:《环境危机与文化重建》,北京大学出版社 2007 年版,第 45 页。
② 王雨辰:《生态文明与文明的转型》,崇文书局出版社 2020 年版,第 201 页。
③ [美]约翰·巴切特尔:《资本主义生产方式:生产环境与生态环境双重危机的根源》,骆小平译,《马克思主义研究》2015 年第 6 期。
④ [德]罗莎·卢森堡:《卢森堡文选》,李宗禹编,人民出版社 2012 年版,第 376 页。
⑤ 车玉玲:《超越资本与空间生产的历史限度》,《南京政治学院学报》2014 年第 1 期。

及奴隶社会和原始社会,但这并意味着资本主义以及资本的完美无瑕,恰恰相反,随着人类历史的发展,尤其是资本主义进入全球扩张以后,资本主义和资本的弊端充分显现。资本主义私有制滋生和催长利己主义的泛滥,人与人之间除了赤裸裸的金钱关系以外,似乎一切都不再重要,资本主义私有制,"使人和人之间除了赤裸裸的利害关系,除了冷酷无情的'现金交易',就再也没有任何别的联系"①。金钱"剥夺了整个世界——人的世界和自然界——固有的价值。金钱是人的劳动和人的存在的同人相异化的本质:这种异己的本质统治了人,而人则向它顶礼膜拜。"②资本主义初期的宗教精神、骑士热忱以及小市民的伤感情愫全都淹没在资本宰制一切的霸权之中,③资本在全球"按照自己的面貌为自己创造出一个世界"④。资本的所有者整天沉浸在"资本增殖和利己主义的打算中",用利润和有用来度量一切、通约一切,建立在资本主义私有制基础上的资本扩张,最终创造一个普遍有用性的体系,资本统治了一切、占有了一切。资本在"最大化节约"和"最有效利用"的情况下,为了实现扩张和增殖的目的,必然不断地将触角伸向自然界,作为人类生存和生活所依赖的自然界,在资本的统摄下,原有的神秘性被彻底打破,沦为资本盘剥和践踏的对象,成了资本家"不费分文"就可获取剩余价值的工具和手段,无偿服务于资本主义生产,满足于资本扩张和增殖的需要。加之,现代科学技术的发展,打破了人们对自然狭隘崇拜,自然界成了资本和技术任意宰割的对象,人们终结了先前对自然的"幼稚态度"和"幼稚行为"⑤,开始对自然进行普遍的占有和广泛的使用,"生产过程的转变带来了劳动和资本地位的变化:生产过程从简单劳动转向科学过程,乃是驱使自然力为自己和人类需要服务,并日益表现为'资本'的属性"⑥。这种占有和使用在资本增殖的内在"激励"机制下更是几近疯狂,自然界成了"日益腐败的自然界"⑦。

在资本主义制度下,"劳动产品和劳动本身的分离,客观劳动条件和主观劳动力的分离,是资本主义生产过程事实上的基础或起点"⑧。这意味着资本主义

---

① 《马克思恩格斯文集》第 2 卷,人民出版社 2009 年版,第 34 页。

② 《马克思恩格斯文集》第 1 卷,人民出版社 2009 年版,第 52 页。

③ 参见余莉:《马克思恩格斯生态观研究——基于实践批判理论的审视》,华中科技大学 2013 年博士论文,第 159 页。

④ 《马克思恩格斯文集》第 2 卷,人民出版社 2009 年版,第 36 页。

⑤ 《马克思恩格斯全集》第 10 卷,人民出版社 1998 年版,第 254 页。

⑥ 方锡良:《现代性批判视域中的马克思自然观研究》,上海人民出版社 2014 年版,第 266 页。

⑦ 参见余莉:《马克思恩格斯生态观研究——基于实践批判理论的审视》,华中科技大学 2013 年博士论文,第 160-161 页。

⑧ 《资本论》第 1 卷,人民出版社 2004 年版,第 658 页。

私有制下,工人与生产资料、工人与自己的劳动、工人与劳动产品、工人与资本家都是相互分离的,"私有制的最直接的结果是生产分裂为两个对立的方面:自然的方面和人的方面"①,在这样的相互分离情况下,发生在人与自然之间的劳动,自然也是相互分离的,资本主义私有制,在生产劳动产生的一开始,就注定了人与自然不相容,资本与生态之间的矛盾冲突也就成了自然而然的事情。"在私有财产和金钱的统治下形成的自然观,是对自然界的真正的蔑视和实际的贬低。在犹太人的宗教中,自然界虽然存在,但只是存在于想象中。"②资本主义私有制致使资本对自然的无度占有和破坏。"政治与经济(采取各种变化形式)的'隔离'是建立在生产方式中私人财产重要性的基础之上的(这里的私有财产并不一定专指属于个人的企业,而是更广义的资本私人所有)"③,资本所有权与万物商品化以及自然的贫困化直接相关。只要资本"还统治着人们的思想和行为,以工业的过度生产为基础的现代化风险就会占据历史的舞台"④,资本就不会停止对自然的掠夺与破坏,资本扩张的生态困境就不可避免。"资本主义作为一种制度需要专心致志、永无休止的积累,不可能与资本和能源密集型经济相分离,因而必须不断加大原材料和能源的生产量,随之也会出现产能过剩、劳动力富余和经济生态浪费。"⑤除此之外,资本主义私有制,将社会资本和权力不断向少数人集中,出于资本增殖的需要,这些"少数人"必然不断掠夺自然界以及其他人民群众,"现代的资产阶级私有制是建立在阶级对立上面、建立在一些人对另一些人的剥削上面的产品生产和占有的最后而又最完备的表现。"⑥可见,资本主义私有制,捍卫的是少数资本家的利益,推崇资本的无限扩张,公共自然资源以及生态环境向来不在资本主义私有制保护范围,造成了资本主义私有制下人与自然的分离。"私有制的最直接的结果是生产分裂为两个对立的方面:自然的方面和人的方面,即土地和人的活动。"⑦资本主义私有制是生态问题以及生态危机产生的制度根源。马克思曾指出资本主义制度下的生产力发展是以消耗几十万年积累的自然资源为前提的。他说:"资本关系就是在作为一个长期发展过程的产物的经济土壤之上产生的。作为资本关系的基础和起点的现有的劳动生产率,

---

① 《马克思恩格斯文集》第 1 卷,人民出版社 2009 年版,第 72 页。
② 《马克思恩格斯文集》第 1 卷,人民出版社 2009 年版,第 52 页。
③ [英]安东尼·吉登斯:《现代性的后果》,田禾译,译林出版社 2011 年版,第 50 页。
④ 施从美、沈承诚:《现代性、资本逻辑与生态危机》,《社会科学战线》2013 年第 9 期。
⑤ [美]约翰·贝拉米·福斯特:《生态危机与资本主义》,耿建新、宋兴无译,上海译文出版社 2006 年版,第 127 页。
⑥ 《马克思恩格斯文集》第 2 卷,人民出版社 2009 年版,第 45 页。
⑦ 《马克思恩格斯文集》第 1 卷,人民出版社 2009 年版,第 72 页。

不是自然的恩惠,而是几十万年历史的恩惠。"①资本主义私有制下,人们被资本蒙蔽了双眼,完全无视自然的环境效益和生态效益,以占有和支配自然的多寡来"判断人和评价人",资本主义私有制改变了人的真实存在,改变了人与自然之间本真关系。"资本主义私有制使得人们变得极端愚蠢而片面,以至于以一种单纯、直接占有的方式对待事物、对象以及生活世界,而人的丰富感觉和特性都被'资本'抽象化为单纯的'拥有感、占有感'"②,资本主义私有制资本的肆意扩张对生态环境是"真正的蔑视和实际的贬低"③。

当然,对待资本,我们应该秉承客观的态度,不能以"是否有资本"的标准来区分资本主义和社会主义,不可误以为资本是资本主义国家特有的,从而认为社会主义国家不能存在资本,更没有必要"谈资色变",不可单纯地从中国的历史演进和文化进程来演绎和推进"中国特色",从而完全否定资本存在的合理性,毕竟资本有其"文明的趋势";再者,世界是个联系的整体,全球化是世界之势,取长补短、顺势而为是各国发展自我、提高国际竞争力的必然之路。中国作为一个有世界影响力的发展中国家,还处于社会主义初级阶段,还没到"消灭资本"的高级阶段,资本对于中国特色社会主义建设还具有积极的作用。为此。建设中国特色社会主义生态文明,我们大可不必对资本"遮遮掩掩",回避和拒斥资本,而是应该正视资本的二重性,对其进行适当的驾驭和导控,发挥其积极作用。完全拒绝和否定资本,这不符合市场经济发展的要求,也不利于中国特色社会主义生态文明建设的推进。就中国现有实情而言,我们具有体现社会发展方向的社会主义制度尤其是社会主义公有制,为驾驭和导控资本提供强有力的制度保障。

二、社会主义公有制:驾驭和导控资本的保障

通过上文分析,可以看出,资本宰制下的资本主义私有制是导致生态危机的产生与加剧的"罪魁祸首"。因此,应对和缓解全球生态危机,必须克服资本主义私有制以及资本的固有弊端,建立生产资料的公有制,驾驭和导控资本。对此,马克思在《资本论》第一卷中进行了详细论述。"从资本主义生产方式产生的资本主义占有方式,从而资本主义的私有制,是对个人的、以自己劳动为基础的私有制的第一个否定。但资本主义生产由于自然过程的必然性,造成了对自身的否定。这是否定的否定。这种否定不是重新建立私有制,而是在资本主义时代

---

① 《资本论》第 1 卷,人民出版社 2004 年版,第 586 页。
② 方锡良:《现代性批判视域中的马克思自然观研究》,上海人民出版社 2014 年版,第 234-235 页。
③ 《资本论》第 1 卷,人民出版社 2004 年版,第 52 页。

的成就的基础上,也就是说,在协作和对土地及靠劳动本身生产的生产资料的共同占有的基础上,重新建立个人所有制。"①需要指出的是,马克思在这里所说的"个人所有制"绝不是私有制,而是一种公有制和个人所有制相结合的制度,是对资本主义私有制否定基础上的一种自由人联合体公有制,超越了资本主义私有制,具有不可比拟的优越性。毋庸置疑,在人类社会发展进程中,资本曾表现出巨大的"历史优势"。当前资本及资本逻辑依然存在,在许多领域发挥巨大的社会作用。社会主义市场经济条件下,我们建设中国特色社会主义,绝不可忽视资本的客观存在,处于社会主义初级阶段的中国,不可能跳出全球的资本权力体系,中国目前出现的众多矛盾以及重大发展问题的解决,仍然离不开资本和资本逻辑。尽管后发国家可以积极利用发达国家的文明成果,存在跨越资本主义生产关系"卡夫丁峡谷"可能,但中国建设与改革的实践证明,中国特色的社会主义建设绝不可能非历史地完全否定资本的文明作用,"任何脱离资本谈中国现代化,脱离资本逻辑谈中国特色社会主义建设,都是不切实际的"②。中国特色社会主义生态文明,承载着明显的本土性,对待资本及资本逻辑,须体现中国特色,"在一定程度上,中国特色社会主义正是在不断地利用资本与限制资本的微妙平衡中克服一个又一个发展难题,这是契合国情的现实抉择,也是中国发展道路的'特色'之所在"③。社会主义公有制,使这种特色成了可能。社会主义公有制,保证了劳动人民共同占有和使用生产资料(包括生态资源),奠定了社会大生产的基础,这一制度符合整体主义世界观和系统综合方法论的基本要求,与生态文明整体性、系统性高度吻合。

生态文明建设需要公有制的社会制度保障,原有的私有制特别是资本主义私有制,无法真正解决生态危机。生态文明建设,必须坚持社会主义公有制,抵制私有化倾向,不断改善人与自然关系。正如恩格斯在《自然辩证法》中说的那样:"要实行这种调节,仅仅有认识还是不够的。为此需要对我们的直到目前为止的生产方式,以及同这种生产方式一起对我们的现今的整个社会制度实行完全的变革。"④不进行社会制度的变革,资本与生态便陷入恶性循环之中。

以公有制为基础的社会主义社会,否定和消除私有制,消灭了异化劳动,排除了人对自然有用性的全面占有,自然不再是人奴役和盘剥的对象,制度上为人与自然的对抗性关系向人与自然和谐性关系的转变提供了保障,人向自然界获

---

①　《资本论》第 1 卷,人民出版社 2004 年版,第 874 页。

②　田辉玉、张三元:《资本逻辑视域下的生态文明建设》,《现代哲学》2016 年第 2 期。

③　刘顺:《资本的辩证法:生态危机与生态文明》,《当代经济研究》2017 年第 4 期。

④　《马克思恩格斯文集》第 9 卷,人民出版社 2009 年版,第 561 页。

取大量资源的同时,也赋予了自然的社会意义,开拓了自然新的空间。因此,社会主义公有制,在经济发展和生态保护根本上具有一致性。它能够从整体上对经济发展结构和生态环境保护战略进行统一规划和设计,能够根据生态资源的分布特点,有计划地合理开采和使用,推动经济系统和生态系统的协调发展,实现人与自然的和谐。

当然,从历史上看,我国的社会主义公有制与生态文明建设存在不协调、不一致的情况,例如在新中国成立之初,我国实行高度集中的计划经济,受到"左"倾思想的影响,经济社会发展急于求成,过分强调工业化,"全民炼钢",社会生产"大跃进",严重破坏了生态环境,造成了重大的历史失误。改革开放后,社会经济、政治、文化得到了突飞猛进的发展,但由于受到一些西方价值理念和发展模式的影响,片面强调经济发展,而对自然资源和生态环境的保护重视不够,造成了严重的环境污染,出现了经济发展与生态发展不协调的情况。面对这些问题,我们需要正确认识和分析,绝不能认为生态问题的出现是我国的社会主义公有制出了问题。因为社会主义公有制与生态文明建设不存在利害冲突关系,二者根本上是一致的。之所以出现这样的问题,是由于我们当时没有认识到环境保护的重要性,没有从社会主义公有制与生态文明建设的内在一致性方面来进行顶层设计,加上原有计划经济的弊端以及历史诸多因素的影响,导致了上述生态问题的出现。

社会主义公有制条件下,人们共同占有生态资源,"整个社会,一个民族,以至一切同时存在的社会加在一起,都不是土地的所有者。他们只是土地的占有者,土地的受益者"①。共同占有生态资源,"联合生产"成了可能,"'联合生产'合理地管理人与自然间的物质和能量交换,而且是以生产者作为他们自己的社会组织的主人为前提的"②。人们通过"联合生产"和"共同管理"来承担对自然保护的责任,将人与自然、人与人有机联系起来,使人与自然不再是独立的存在物,实现人与自然的辩证统一。在社会主义公有制条件下,社会注重的是生产领域的社会生产,注重的人们真实需要的现实满足,而不是消费领域的虚假、享乐消费,犹如生态马克思主义者莱易斯指出的那样,只有在社会主义条件下,"人的最终满足最终在于生产活动而不在于消费活动",才能"使满足的可能性将主要来自生产活动的组织功能,而不是像今天的社会那样主要寄托于消费活动的

---

① 《资本论》第 3 卷,人民出版社 2004 年版,第 878 页。
② 陈学明:《资本逻辑与生态危机》,《中国社会科学》2012 年第 11 期。

功能"①。在莱易斯看来，社会主义条件下，人们意识到过度消费对生态环境的消极影响并能够主动地减少消费，这样就减轻了对生态环境的压力，为资本与生态的和谐，创造了社会条件。

社会主义公有制克服了资本主义私有制下人与自然对立异化的根源，社会主义公有制使得"不再有任何阶级差别，不再有任何对个人生活资料的忧虑，并且第一次能够谈到真正的人的自由，谈到那种同已被认识的自然规律和谐一致的生活"②。人们在社会主义公有制条件下的生产是联合起来的、有计划、有节制的生产，这与资本主义私有制条件下的自利的、盲目的、破坏生态的生产有着本质的区别，这种生产是可以根据自然的可承受能力以生态修复的周期进行的有计划的生产。在这样的社会制度约束下，资本不再是"脱缰的野马"，不再能肆意所为，资本与生态的和谐统一有了可能。社会主义公有制为人与自然、人与人、人与社会关系的和解提供了制度保障。

第三节　生态文明：人类文明的重要组成部分

一、文明的本质：社会关系

"文明"的概念源于拉丁语"Civis"，意为"居民""城市"。公元前 4 世纪的古希腊，修昔底德在《伯罗奔尼撒战争史》中就开始使用"文明"一词，意指战争的"罪恶"③。美国学者摩尔根在其著作《古代社会》中，认为"文明"是人类社会从低级向高级发展的产物，与蒙昧、野蛮相对应。1961 年出版的《世界百科全书》指出，"文明"是"开化的社会"。1964 年出版的《英国大百科全书》指出，"文明"是"有礼貌的行为、科学的和哲学的知识、社会的和政治的制度等"。日本近代思想家福泽渝吉将"文明"界定为"人类智德的进步"。④ 美国学者亨廷顿认为"文明"是"一个最广泛的文化实体"。⑤ 伯恩斯和拉尔夫在其著作《世界文明史》中

① Leiss，The Limits to Satisfication，Montreal：McGill-Queen's University Press，1988，p. 106. 转引陈学明：《资本逻辑与生态危机》，《中国社会科学》2012 年第 11 期。

② 《马克思恩格斯文集》第 9 卷，人民出版社 2009 年版，第 121 页。

③ ［古希腊］修昔底德：《伯罗奔尼撒战争史》上册，商务印书馆 1997 年版，第 239 页。

④ ［日］福泽渝吉：《文明论概略》，商务印书馆 1959 年版，第 33 页。

⑤ ［美］塞缪尔·亨廷顿：《文明的冲突与世界秩序的重建》，新华出版社 1998 年版，第 24 页。

将"文明"概括为"一种先进文化"。"文明"的概念在中国的古代典籍中早有使用，《周易》中有"见龙在田，天下文明"的表述，唐代孔颖达注疏《尚书》时，将"文明"解释为："经天纬地曰文，照临四方曰明。"清代诗人李渔在《闲情偶寄》中提出"辟草昧而致文明"的观点。2009 年出版的《中国大百科全书》将"文明"界定为"人类在认识和改造世界的活动中所创造的物质的、制度的和精神的成果的总和；是社会历史进步和人类开化状态的基本标志。"①这一界定，目前已被广泛接受。以上诸多"文明"概念，概而言之，其核心内涵在于，文明是社会发展的产物，是社会开化和进步的一种状态。

恩格斯对文明曾进行过经典性的表达，即"文明是实践的事情，是社会的素质"②。这句话表达了两层含义：(1)文明是人类社会劳动实践的产物，离不开人类社会的劳动实践；(2)文明不是简单的重复，反映一定社会的进步状态。不难看出，文明本质上是人类社会的一种社会关系，表征一定社会的进步状态。

按照马克思的观点，物质生产和人的生产是人类社会得以维系和发展的基本前提，而物质生产和人的生产无一能离开劳动实践，正是劳动实践不断推动了"两大生产"(物质生产和人的生产)的顺利进行，从而产生了人类社会物质、精神、制度等诸多文明成果，这也是"文明是实践的事情"的直接表达。但无论是物质生产还是人的生产都是在既有的社会关系中进行的，既有的社会关系一方面通过"两大生产"将其内容渗透在整个生产过程及生产结果之中，另一方面又通过"两大生产"过程产生出新的社会关系。因此，物质生产和人的生产不仅不断生产出人类社会生活必需的物质财富和劳动力条件，而且也不断地生产着人类的社会关系。文明作为物质生产和人的生产的结果，必然经历着社会关系生产的全过程，不可避免地被打上了社会关系的烙印。例如作为文明的典型表现的生产工具、建筑物、服饰、文艺作品、制度规范等无不烙印上了深深的社会关系符号。在奴隶社会和封建社会中，从食品、器皿到宫廷庙宇、休闲娱乐和典章制度，从生存必需品到生活享受品，从物质产品到精神文化，处处烙印有奴隶、平民、各级官吏和皇家的等级社会关系标识。在资本主义社会中，具有资本主义文明特质的"麦当劳"快餐、跨国公司、好莱坞大片、三权分立式选举等文明成果，无一例外地映射出资本主义的社会关系。社会主义社会中的经济体制及其分配方式、文化产品、政治制度等文明成果无不印有社会主义社会关系的印记。故此，文明是人类实践活动的产物，是人的本质力量的对象化，本质上是人类社会的一

---

① 《中国大百科全书》第 23 卷，中国大百科全书出版社 2009 年版，第 296 页。
② 《马克思恩格斯文集》第 1 卷，人民出版社 2009 年版第 97 页。

种社会关系。

文明是社会关系的表现方式,是"生产方式"的社会形式,是生产力和生产关系的历史体现,具有历史性。在人类社会的不同历史时期或特定历史时期不同发展阶段,文明都表现出了其独有的具体性和差异性。人类在原始社会、奴隶社会、封建社会、资本主义社会、社会主义社会等不同的社会历史时期,其文明成果存在着巨大的差异,原始社会和奴隶社会产生了人类社会的最早文明——原始文明;封建社会产生人类社会的农业文明;资本主义社会产生了工业文明。纵观人类社会的文明变迁,可以看出,不同历史时期的文明形态具有质的差异。即使是在同一社会历史时期,不同的社会发展阶段,文明也表现出巨大差异性。例如在资本主义社会历史时期内,资本原始积累阶段和资本积聚大生产阶段,其物质文明、制度文明等具体文明成果的差异可谓天壤之别,源于资本主义生产关系基础上的工业文明及其要素表现出了明显的阶段性区别。但这些差异并不是彼此孤立割裂的,因为人类社会的演进有其自在的进化逻辑,文明的变迁也不例外,具有整体的连续性演进的特点。新的社会文明都是在对旧有社会文明的扬弃基础上形成与发展的,表现出了其不可比拟的进步性。文明的演进过程就是后一种文明不断战胜和替代前一种文明的不断进步的过程,从而实现文明的"优胜劣汰"。因此,文明是一定社会进步状态的表征,是一定社会转型、发展、跃迁的体现。

二、生态文明:对象性存在的良序状态

"生态文明"的概念无论是在中国还是在西方,出现的都比较晚。1987年,我国著名生态学家叶谦首次提出"生态文明"概念,认为生态文明是"人与自然之间保持着和谐统一的关系"。[①] 1995年,美国作家罗依·莫里森在其著作《生态民主》一书中,提出了"生态文明"(Ecological Civilization)的概念,认为"生态文明"是工业文明之后的"一种新的文明形式"。此后,生态文明逐渐成为一个全球性论题。21世纪以来,中国学者关于"生态文明"的著述颇多,众说纷纭。代表性的界说主要有两种,一是"超越论",二是"修补论"。

"超越论"认为,生态文明是人类社会继原始文明、农业文明、工业文明之后的一种新型文明,它超越了工业文明,"是人类迄今最高的文明形态"。[②] "超越

---

① 刘思华:《对建设社会主义生态文明论的若干回忆——兼述我的"马克思主义生态文明观"》,《中国地质大学学报》(社会科学版)2008年第4期。

② 俞可平:《科学发展观与生态文明》,《马克思主义与现实》2005年第4期。

论"者认为,文明是慢慢演进的历史过程,文明发展史是生态破坏史。从原始文明到工业文明,文明发展取得了巨大成就,但生态问题却随着文明的发展日益严重,"文明是一个对抗的过程,这个过程以其至今为止的形式使土地贫瘠,使森林荒芜,使土壤不能产生最初的产品并使气候恶化"①。尤其是工业文明,其基本架构与发展路径与生态文明不相容,工业文明的发展对资本具有强大的依赖性,资本逻辑慢慢渗透到人们的生活的方方面面,成为工业社会的主导法则,工业文明造就了人与自然的历史对立。在工业社会,资本逻辑激发了人们的物质贪欲,经济主义、享乐主义盛行,"大量生产—大量消费—大量废弃"成了人们普遍的生活方式,而这种生活方式恰是全球性生态危机产生的直接根源。生态文明与工业文明存在本质差别,它是物质生产和精神生产高度发展,自然生态与人文生态和谐统一的更高层次文明,它以人与人自然和谐统一为行动实践的理论指南,以人对自然的自觉关怀和强烈的道德感、使命感作为内在约束机制,采用合理的生产方式和强有力的制度保障,实现自然生态、人文生态的协调共生、同步进化。②为此,人类只有超越了工业文明,建设生态文明,才有可能克服生态危机。工业文明的"旧瓶"装不了生态文明的"新酒"。③

"修补论"关于生态文明界定的另外一种界说,认为生态文明一种文明化的进程,人类社会先后也经历了原始文明、农业文明和工业文明,但是这些文明总是存在一些弊病和不足,生态文明是在继承已有文明成果基础上,对现有文明的弊病进行批判、扬弃已有文明的不足而发展起来的,它将人与自然的共同发展放在首位,是解决工业文明产生的人与自然矛盾的一把钥匙。工业文明虽然带来了社会生产力的快速发展,但同时造成了严重的生态危机,产生两个严重的后果:"第一,征服自然的战役,已经达到一个转折点。生物圈已不容许工业化再继续侵袭了。第二,不能再无限地依赖不可再生的能源。……廉价的能源和廉价的原料均将消失。"④危机的出现最终导致工业文明不可持续性。生态文明是人类面对工业文明造成的生态恶果而采取的保护生态环境、维护生态健康所作出的积极努力的文明行为,工业文明对人类社会具有重大贡献,人类不可否定和拒绝生态文明。工业文明之所以造成了全球性的生态破坏、环境污染和气候变化,是由于缺少了生态文明,因为在工业文明社会,人们总是唯利是图,总是不断地向自然宣战,人们"在规模巨大的范围内挖掘资源,把毒气注入空中,为追求利润

---

① 恩格斯:《自然辩证法》,人民出版社 1984 年版,第 311 页。

② 赵凌云等:《中国特色生态文明建设道路》,中国财政经济出版社 2014 年版,第 3 页。

③ 参见卢风:《生态文明新论》,中国科学技术出版社 2013 年版,第 5 页。

④ [美]阿尔文·托夫勒:《第三次浪潮》,朱志焱等译,三联书店 1984 年版,第 14 页。

而大面积砍伐,不考虑各方面的后果和长远影响。由于目光短浅和自私自利,竟然认为自然界为人类利用提供了最方便的场所"①,导致了自然的凋敝。如果补上生态文明的维度,工业文明的伟大成就便可以得以继承并不断发展。②

"超越论"和"修补论"两种生态文明争论已久,从学理上来看,"超越论"旨在铸造一种与以往人类文明形态不同的新型文明形态和社会经济发展形态,因而生态文明是一种新型价值观和社会经济形态发展观。③"超越论"在理论上具有彻底性,但从实践层面来看,任何理论的生命力都在于实践,生态文明绝不能只停留在理论层面,而必须付诸实践。我们在生态文明建设实践中,不可能将现实的工业文明彻底推翻、打碎,然后在此废墟上重新建立起一座全新的生态文明大厦。工业文明的许多成果我们没有必要完全否定,完全可以实施"拿来主义",为我所用。因此,生态文明"超越论"将始终面临着"继承"与"超越"此长彼消的矛盾。"修补论"认为人类不能退回到"荒野",这一点在马克思在《57—58 手稿》中得到了理论支撑,"在发展的早期阶段,单个人显得比较全面,那正是因为他还没有造成自己丰富的关系,并且还没有使这种关系作为独立于他自身之外的社会权力和社会关系同他自己相对立。留恋那种原始的丰富,是可笑的,相信必须停留在那种完全的空虚化之中,也是可笑的"④。"修补论"在批判工业文明的基础上,主张通过"渐进式革命",调整产业结构,改变人类社会的生产和生活方式,修补工业文明产生的生态"漏洞",实现经济社会健康发展,这对于推进新时期的生态文明建设具有积极的意义。但是,我们应该看到,对工业文明产生的"漏洞"的修补,属于一种事后行为,无法真正阻止工业文明造成的生态环境恶化。因为只要工业机器在运转,工业社会的生产和生活方式没有彻底性改变,生态"漏洞"将会不断产生,人类也将永远无法真正走出生态危机的泥潭。

要准确地界定"生态文明"内涵,首先必须对"生态"作一些必要的阐释。生态一种"关系"存在物,人与自然、人与人、人与社会相互之间存在着密切关系,这一观点已经得到了理论界的普遍认同。但在论述人与自然的具体关系时,不少论者或多或少地站在"人类中心主义"或"生态中心主义"的立场上来进行论释,"仅仅是对诸如人类征服自然和自然崇拜之间的对立这样古老的二元论的重新

---

① ［美］阿尔文·托夫勒:《第三次浪潮》,朱志焱等译,三联书店 1984 年版,第 162 页。

② 参见卢风:《生态文明新论》,中国科学技术出版社 2013 年版,第 4 页。

③ 参见方时姣:《论社会主义生态文明三个基本概念及其相互关系》,《马克思主义研究》2014 年第 7 期。

④ 《马克思恩格斯文集》第 8 卷,人民出版社 2009 年版,第 56-57 页。

阐述"①,对生态对象进行"主体与客体"的二元分立,没有洞悉到生态的真正本质。马克思在其诸多著作中对"生态关系"进行了深入分析,在哲学批判和经济批判的双重维度上,彻底颠覆了"生态关系"的"二元论"模式,指出"对象性的存在"是人与自然界的原初关联,释明了生态的真正本质,即人与自然、人与人、人与社会的对象性存在。当我们用对象性关系去理解人与自然之间的关系时,人与自然互为对象、彼此平等是我们最容易得到的基本结论。从理论逻辑来分析,既然人在对象性关系作用下,成为自然存在物,具有了自然性;那么自然理应同样在这样的对象性关系作用下,成为人化的自然,表现其属人性的特质。人与自然的对象性活动中,不断将自身的本质力量作用于自然,实现了人的本质力量的对象化。"人在感性的自然界中直观到的不过是自己的本质,不过是自己本质力量的现实性,这也就意味着作为'他自身的对象化'的感性自然界不过就是感性的人本身。"②正如马克思所言:"因为直接的感性自然界,对人来说直接是人的感性(这是同一个说法),直接是另一个对他来说感性地存在着的人。"③这也是马克思经常谈及的"自然界的人的本质"、"自然界的人性和历史所创造的自然界——人的产品——的人性"以及"人对人来说作为自然界的存在以及自然界对人来说作为人的存在"④等著名论断。从这个意义上讲,人的本质对象化过程也就是自然界成为人的自然界过程。"在人类历史中即在人类社会的形成过程中生成的自然界,是人的现实的自然界……历史本身是自然史的一个现实部分,即自然界生成为人这一过程的一个现实部分。"⑤历史是人的真正的自然史,并不是人的生物史和自然禀赋发展的历史,而是人的本质成为自然界的本质的历史,由于人的存在,自然才成为了真正的自然。如果把自然看成了与人无关的自在自然,忽视了自然的属人性和社会性,磨灭了人与自然之间的对象性关系,自然就成了僵死的荒野,人与自然也因此成为彼此孤立的存在物,人与自然也就此失去了现实的意义。现实的自然是"赋予人类价值向度于其中的自然、被人的对象性活动所'中介'过的自然"⑥。

因此,生态本身并无文明与非文明之分,它是人与自然、人与人、人与社会的

① ［美］约翰·贝拉米·福斯特:《马克思的生态学——唯物主义与自然》,刘仁胜、肖峰译,高等教育出版社 2006 年版,第 21 页。
② 卜祥记:《"生态文明"的哲学基础探析》,《哲学研究》2010 年第 4 期。
③ 《马克思恩格斯文集》第 1 卷,人民出版社 2009 年版,第 194 页。
④ 《马克思恩格斯文集》第 1 卷,人民出版社 2009 年版,第 196 页。
⑤ 《马克思恩格斯文集》第 1 卷,人民出版社 2009 年版,第 193-194 页。
⑥ 孙道进:《马克思主义环境哲学研究》,人民出版社 2008 年版,第 42 页。

对象性存在;文明本质上是人类社会的一种社会关系,表征一定社会的进步状态。文明是人类特有的精神文化现象。在马克思的《〈政治经济学批判〉序言》中,有这样一段经典论述:"人们在自己生活的社会生产中发生一定的、必然的、不以他们的意志为转移的关系,即同他们的物质生产力的一定发展阶段相适合的生产关系。这些生产关系的总和构成社会的经济结构,即有法律的和政治的上层建筑竖立其上并有一定的社会意识形式与之相适应的现实基础。物质生活的生产方式制约着整个社会生活、政治生活和精神生活的过程。"①一般而言,这段文字被视为马克关于唯物史观基本原理的经典概括,让我们明白了经济基础与上层建筑的基本关系。实际上在这里,马克思除了阐明经济基础与上层建筑的一般关系外,还说明了人类社会形态的生活包括了物质、社会、政治和精神内容。

从这个意义上来说,生态文明其本质就是人与自然、人与人、人与社会的对象性存在的良序状态,是"人与自然和谐共存的自然生态和人与人和谐相处、人与社会和谐共生的社会生态的进步过程"②,人与自然、人与人、人与社会彼此之间并不是一种"征服与被征服""改造与被改造"的关系,而是一种对象性关系。生态文明是人类生存的载体,也是人类存在的基本样式,涵盖了人与人的社会关系和人与自然的关系的全部内容。生态文明体现为人—自然—社会之间和谐共生的对象性存在的良序状态,其不只是对原始文明、农业文明、工业文明的简单超越,也是历史的产物,是人类文明形态不断演进的必然结果。其实,生态文明古而有之。在人类文明史上,无论什么时候和什么区域,也不论什么民族和国家,文明都包括物质、政治、精神、社会、生态等要素,换句话说,物质文明、政治文明、精神文明、社会文明、生态文明一直是人类文明结构组成部分,缺少其中的任何一部分,人类文明都是残缺不完整的。既然文明是人类实践创造的成果总和,作为人类创造的物质、政治、精神自然也就是人类文明其中组成部分,这也是马克思关于物质文明、政治文明、精神文明的最初表达。目前在人类文明结构组成问题上,物质文明、政治文明、精神文明是人类文明的组成部分已经得到了学界的普遍认同,但关于生态文明是不是人类文明的一部分,目前尚存在争议。我们认为,生态文明是人类文明的重要组成部分。回到马恩著作中的《资本论》《1844年经济学哲学手稿》等文本时,我们发现,马克思、恩格斯对"生态文明"与人类文明的内在联系及其发展进行了较为详细的论述,虽然他们没有直接使用"生态文

---

① 《马克思恩格斯文集》第 2 卷,人民出版社 2009 年版,第 591 页。
② 杜黎明:《推动工业文明向生态文明跃迁的保障体系研究》,《社会科学战线》2013 年第 2 期。

明"概念,也没有用单独的篇章来直接论述"生态文明"与人类文明的关系,但是从马恩学说的整体性来看,文明史和自然史是统一的,他们在诸多著作中明确提出自然是人类文明形成和发展的前提和基础,人类在不断创造文明成果的同时,要正确处理好人与自然、人与人的关系,强调通过实践实现"人与自然、人与人和谐"。

关于物质文明、精神文明、政治文明、社会文明、生态文明之间的相互关系,我们认为,彼此相互联系、不可分割。生态文明是物质文明、精神文明、政治文明前提条件,物质文明、精神文明、政治文明离不开生态文明,没有生态文明的良好生态条件,人无法真正享受物质、精神、政治的文明成果,人的全面发展和人类社会的可持续发展也无从实现。在马克思、恩格斯看来,自然界是人类文明的发源地,良好的生态环境是人类文明发展的基本前提。按照马克思唯物史观,人类文明是劳动实践的产物,但是如果"没有自然界,没有感性的外部世界,工人什么也不能创造"①。马克思的这一论断,清楚地告诉我们,自然界是人类一切实践活动的现实前提,没有了自然界,人类无法创造任何文明,只有优越的自然环境,才能促进人类文明的创造和发展,"生态兴则文明兴,生态衰则文明衰"。从某种意义上说,"自然生态环境不仅是决定某个历史时期文明演变的主要因素,也是决定某个民族、地区文明演变的主要因素,甚至是影响文明存在与发展的第一因素"②。在论及人类文明与生态环境关系时,马克思强调文明的创造须尊重自然规律,"不以伟大的自然规律为依据的人类计划,只会带来灾难"③。人类文明与生态环境具有密切的关系,任何时代的人类文明都无法摆脱对生态环境的依赖性以及生态环境对人类文明的约束性,人类社会的发展不能肆意的破坏自然,"不要过分陶醉于我们人类对自然界的胜利。对于每一次这样的胜利,自然界都对我们进行报复。"④人类可以通过实践,实现人与自然的和谐。对此,马克思、恩格斯在《德意志意识形态》中提出:"人创造环境,同样,环境也创造人。"⑤"既然人的性格是由环境造成的,那就必须使环境成为合乎人性的环境。"⑥人与自然是一种辩证统一关系,"环境的改变和人的活动的一致,只能被看做是并合理

---

① 《马克思恩格斯文集》第1卷,人民出版社2009年版,第158页。
② 〔日〕堺屋太一:《知识价值革命》,金泰相译,东方出版社1986年版,第270、182页。转引刘思华:《生态学马克思主义经济学原理》,人民出版社2006年版,第430页。
③ 《马克思恩格斯全集》第31卷,人民出版社1972年版,第251页。
④ 《马克思恩格斯文集》第9卷,人民出版社2009年版,第559页。
⑤ 《马克思恩格斯文集》第1卷,人民出版社2009年版,第545页。
⑥ 《马克思恩格斯全集》第2卷,人民出版社1957年版,第167页。

地理解为变革的实践"①。人类的实践创造了生态环境,创造了人与自然之间的和谐关系,创造了人与自然的文明,这种人与自然的文明正是我们当下所言说的生态文明。故此,生态文明随着人类实践活动的产生以及文明的出现就已存在,生态文明是人类文明结构不可或缺的组成部分。

"五位一体"的文明结构,物质文明、精神文明、政治文明、社会文明、生态文明紧密相连、相互渗透。在人类社会早期,由于人与自然矛盾不是那么突出,生态文明是潜在的,随着人类社会的发展,特别是进入资本主义社会以后,人与自然矛盾不断升级,生态文明成了一种显在,生态文明是社会发展的产物,在人与自然、人与人的社会互动中生成,它既有自己的本质属性和发展规律,又与物质文明、精神文明、政治文明、社会文明有许多共同之处。"五个文明"相互渗透并通过彼此表现自身:一方面,物质文明、精神文明、政治文明、社会文明提供了生态文明建设的基础和保障;另一方面,生态文明为其他四个文明建设提供生态前提条件,对四个文明建设具有重要的促进作用。生态文明不仅体现了人与自然、人与人之间关系的改善和优化,而且有利于人们在良好的生态环境中获得物质、精神、政治、社会等文明成果的维护和综合运用。②"五大文明"共同构筑了人类文明的结构体系,"五大文明建设"推动人类社会文明的不断发展。

第四节　驾驭和导控资本:发挥资本在生态文明建设中积极作用

"资本是死劳动,它像吸血鬼一样,只有吮吸活劳动才有生命,吮吸的活劳动越多,它的生命就越旺盛。"③资本扩张和增殖的本性,要求资本不断地进行"滚雪球式"发展,势必造成资本进一步集中。我们知道,资本是一种强大的社会权力,具有支配资源的权力,大量生态公共资源因此被少数资本所有者占有或支配,导致了生态资源的不公平分配。但是,经济全球化趋势和市场经济发展内在要求,为此,我们不能完全否定资本、拒绝资本,而是在限制资本的基础上,借力资本,发挥资本的积极作用。"我们虽然不能改变资本的本性,但可以采取种种

①　《马克思恩格斯文集》第1卷,人民出版社2009年版,第504页。

②　参见李龙强:《生态文明建设的理论与实践创新研究》,中国社会科学出版社2015年版,第146页。

③　《资本论》第1卷,人民出版社2004年版,第269页。

限制措施,例如对资本运行进行伦理约束,使资本对自然界的伤害降到最低程度。"[1]"我们必须把推进现代化与建设生态文明有机统一起来,把建设资源节约型、环境友好型社会放在工业化、现代化发展战略的突出位置,加快形成节约能源资源和保护生态环境的产业结构、增长方式、消费模式。"[2]在当前的社会主义市场经济发展过程中,我们既要认识到资本对经济发展的积极作用,也要充分认识到资本对生态的破坏作用,发挥社会主义的制度优势,驾驭和导控资本,限制资本的作用范围,降低或避免资本对生态的戕害,引导资本的生态转换,合理分配生态公共资源,促进生态文明建设。资本主义社会制度下,资本与生态的恶性循环的根源在于资本天性具有不受羁绊的扩张需求,需要不断地吮吸自然力、侵占生态空间,达到扩张和增殖的目的。资本的越扩张,需要的自然力、生态空间越多;而扩张本身又不断地消耗大量的自然力和生态空间,资本由此陷入了扩张悖论。产生这种悖论的根本原因在于资本主义制度缺乏对资本必要的驾驭和导控,放任资本无休止地扩张。资本扩张悖论同时也产生和强化了生态危机。社会主义市场经济的总体性特质毫无疑问包括物质的富足,涵括资本的存在与发展,但对资本绝不可"放任其为",社会主义必须破除资本扩张与生态残殇的魔咒,通过发展社会主义市场经济,控制资本对生态的破坏,引导资本"生态化"发展,促进社会主义生态文明建设,实现人与自然的和谐统一。

一、驾驭资本:生态文明建设的同路人

当前我国仍处于社会初级阶段,正在大力发展社会主义市场经济,资本既是市场经济的基本要素和显著特征。当前中国的实情,显然不可简单地将资本视为资本主义的洪水猛兽,从而完全否定和拒绝资本,而是应该从中国发展的需要和实际出发,发挥中国特色社会主义制度的开放性、包容性、优越性,正视资本作为推动社会生产力发展手段的巨大杠杆作用,为生态文明建设所用,使其成为生态文明建设的同路人。当然,我们也必须充分认识资本的反生态性,这要求我们在生态文明建设中必须驾驭资本,"积极吸纳并巧妙利用好资本的推动力量,又要驾驭和制约资本,防止资本为了逐利脱离生态建设的正常轨道而变成渐行渐远的直线"[3]。我国的社会主义生态文明建设显然不能重蹈资本主义国家的生态破坏之路,不能加剧资本与生态的对立,因为"对立模式的发展是不可续的,只

---

① 陈学明:《生态文明论》,重庆出版社 2008 年版,第 63 页。

② 《十七大以来重要文献选编》上,中央文献出版社 2009 年版,第 78 页。

③ 任平:《中国特色生态文明理论的构建:问题、观念与模式》,《江苏行政学院学报》2014 年第 4 期。

有摒弃对立模式走生态与文明统一的发展道路,人类才能最终获得解放"①。因此,我国的生态文明建设必须对资本的反生态性加以控制,"结束资本主义的破坏性新陈代谢,取而代之以一种包括所有人类和地球在内的新型的、共同的新陈代谢"②。

"资本逻辑不可阻遏地时空拓殖和资本主义饮鸩止渴式的剥夺性积累,导致任何不触及制度改革的环境治标举措都将归于徒劳。勿说站在生态良序与阶层平等的角度评判,即便是从组织生产方式和增进公共财富的视域考察,自由放任的资本社会也远非帕累托最优,光鲜外表遮掩不住其日渐衰颓的病躯。唯有破除永恒资本符咒及经济理性拘囿,寻求文明形态的转换,才是消弭生存困境的正途。"③如若不对资本加以限制,任其发展,其扩张的无限性将会形成一种宰制一切的权力,肆意破坏着人与自然的关系以及人与人的社会关系。"逾越了绝对生态极限——达到让整个世界都要崩溃的临界点——就严重影响到人类的未来。当资本的社会代谢规则遭遇到限度时,带有复仇性质的破坏性就会显现出来,激活总体上不可控性的幽灵,并以预示着既为独特的社会再生产制度自身也为人类的自我破坏之形式展现出来。"④不受限制的资本,将称霸全球,一方面使得财富向少数人集中,使得贫富差距加大,增加社会的不公平和不稳定;另一方面,资本的肆意扩张,必然造成生态环境的极大破坏,危及绝大多数人以及子孙后代的生存问题,造成了生活层面和生态层面的"双重贫困"。社会主义制度下,不会允许资本任意发展而加剧人们生活和生态的"双重贫困",而是要结合中国经济社会发展的实际,发挥社会主义的制度优势,综合运用经济、政治、法律等多手段对资本进行必要的限制,驾驭资本,将资本装进可调控的笼子里,限制其无限扩张,建立起资本再生产与生态再生产相协调的发展机制,使人和自然摆脱资本的宰制,脱离生活和生产的"双重贫困",实现人与自然、人与人的"双重和解"。

历史和现实都已证明,不加控制的资本,必然会肆意妄为,不断侵害、伤害自然界乃至整个地球,人与自然原有的平衡关系受到了毁灭性的冲击。资本统治下的人的生活世界,资本不仅直接破坏生态环境,降低生态的地位,而且还不断

① 任平:《中国特色生态文明理论的构建:问题、观念与模式》,《江苏行政学院学报》2014 年第 4 期。

② [美]约翰·贝拉米·福斯特:《生态革命——与地球和平相处》,刘仁胜等译,人民出版社 2015 年版,第 28 页。

③ 张乐、胡敏中:《探源生态危机:资本逻辑的时空布展》,《湘潭大学学报》(哲学社会科学版)2015 年第 2 期。

④ Foster, J. B. , et al. The Ecological Rift: Capitalism's War on the Earth. New York: Monthly Review Press,2010:413. 转引刘顺、胡涵锦:《生态代谢断裂与社会代谢断裂——福斯特对资本积累的双重批判》,《当代经济研究》2015 年第 4 期。

奴役人，制造大量的异化的、可控制的、负债累累的人，这些人不关心自然，也不在乎自然，无法与自然发生内在联系，也不能关爱自然和修复生态。建设生态文明，必须驾驭资本，改变资本奴役人的状态，扭转资本与人间的畸形关系，人要成为资本的主人，并且利用资本改善人与自然的生态关系，这既是人生存和发展的现实之要，也是建设美丽中国的迫切之需。

特别是需要明确的是，驾驭资本不是照搬照抄资本主义国家的资本发展道路，而是兼容并包后地创新发展，走的是中国特色社会主义道路。驾驭资本，只是经济领域的引进与运用，不是意识形态的转用。驾驭资本绝不是否定资本运行规律，恰恰相反，正是在尊重资本运行规律的基础上，充分发挥资本的市场作用，合理配置生态资源。社会主义生态文明建设，不拒绝资本，但也不能任其扩张发展，必须发挥社会主义的优势，驾驭资本，践行以人为本，冲破资本制度的狭隘界域，解决资本的市场权力架构及其生态悖论，使资本在生态的框架下"为我所用"，推动经济发展方式的生态转型。

二、克服"资本奴役"，引导人对资本的生态化认识

从人的主观愿望来看，我们对资本都无比的渴求并希望不加限制的利用。但是客观实际上，资本对于我们以及我们生产生活环境存在着我们所不愿意接受的否定作用与破坏功能。一般而言，如果人们被资本所控制，其在市场经济行为中往往缺乏理性，所信奉的"经济规则"有时甚至还不如动物界潜意识遵循的"丛林法则"，多数行为被欲望所支配。之所以这么说，理由有下面两点：一是动物之间无论怎样优胜劣汰、弱肉强食，其本能只是从自然界直接获得满足，不会对对自然界造成不可逆的破坏，也不会出现因为动物间的激烈竞争导致生态环境的巨变；二是动物的需求是有限的，基本上是满足生理上的需求就足够了，例如老虎猎捕羚羊，猎捕 1～2 只足矣，因为对老虎而言，吃饱即可，绝不会猎捕千万只羚羊储藏起来，占为己有。① 而在资本控制的人们，却不能做到这一点，总是认为占有的越多越好，贪婪无度，从而永不停息地向大自然索取，即使不是自己当下所需，也不是自己的真实所需，但仍然不断地对自然展开盘剥和占有，导致自然的过度开发和生态灾难的发生。因此，社会主义条件下的生态文明建设，一定要克服资本对人们价值误导作用，引导资本向生态文明建设领域集中，改变人们的资本盲从理念，实现人们在生态文明建设认识论上的改变，尊重自然规

① 参见王晓琳、赵丽清：《生态文明建设的适度需求解构》，《重庆社会科学》2015 年第 6 期。

律，克服资本的盲从。

在资本宰制的社会中，资本成了统摄一切的"真理"，工具理性盛行，占有和支配有用性成了人们生活的追求与目的，人在追求资本增殖的过程中，慢慢迷失了自我。不加导控的资本，最终使人陷入"天下熙熙，皆为利来；天下攘攘，皆为利往"的价值缺失状态，资本"把人的尊严变成了交换价值，用一种没有良心的贸易自由代替了无数特许的和自力挣得的自由"①。物的追求与占有成了一切行为的唯一目的，自然界也不过是人实现物质利益的一种凭借，掠夺和破坏自然更是成了"家常便饭"。在资本统治下，人"谋害"自然的暴行每天都在上演，自然也日益走向了荒芜和"腐败"。资本以无限增殖和积累为目的和己任，"这种绝对的致富欲，这种价值追逐狂，是资本家和货币贮藏者所共有的"②，如若没有任何限制和导控，资本必定为了满足自身增殖的目的，不断地扩张和积累，正如马克思所言："积累啊！积累啊！这就是摩西和先知们。"③资本的运动是没有限度的，资本的运动要求摧毁"利用和交换自然力量和精神力量的限制"④。资本在扩张的道路上每前进一步，都暗含着自然的进一步衰败，因为资本的快速扩张必然会加剧对自然的需求，必然加大人类对自然的"征服和改造"的力度，资本的越进步，就意味着自然的越退缩。资本的无度扩张，使自然界不断提供资本生产所需要的原材料、能源，加上资本所有者永远不会得到满足利润追求的贪婪欲望，势必导致自然被过度开发与利用，自然发展的生态限度被打破，生态环境的迅速恶化成了毫无限制的资本肆意扩张的必然结果。

实现增殖是资本的根本目的，如果对资本不加引导，任凭市场的"无形之手"调配，资本必然走上一条围剿自然、掠夺自然的生态破坏之路，自然成了资本的奴役之物，人与自然、人与人之间的关系将进一步恶化，这显然不符合生态文明建设的初衷。为此，建设社会主义生态文明，必须对资本的导控，克服资本对人的奴役，引导资本在生态文明建设中积极作为，控制资本无序扩张带来的生态破坏。通过对资本进行适当的导控，限制其消极作用，促成资本与生态的和谐统一，资本的发展使"自然环境和人类自身能够承受的、不因人类盲目追求经济增长而导致生态危机与社会分裂，不因自然资源耗竭而致使不可持续发展"⑤。

---

① 《马克思恩格斯文集》第 2 卷，人民出版社 2009 年版，第 34 页。
② 《资本论》第 1 卷，人民出版社 2004 年版，第 179 页。
③ 《资本论》第 1 卷，人民出版社 2004 年版，第 686 页。
④ 《马克思恩格斯文集》第 8 卷，人民出版社 2009 年版，第 91 页。
⑤ 吕玮：《生态文明背景下我国如何发展绿色经济》，《光明日报》2015 年 8 月 16 日。

三、导控资本,引导企业生态化生产

资本主义的发展历史已经告诉我们,不加限制的资本,将会带来一系列生态问题:"全球变暖、臭氧层遭到破坏、热带雨林消失、珊瑚礁死亡、过度捕捞、物种灭绝、遗传多样养性减少、环境与食物毒性增加、沙漠化、水资源日趋短缺、洁净水不足以及放射性污染等不胜枚举。这一长长的清单还在继续,而且影响范围也在日益扩大。"①在资本主义条件下,由于缺乏对资本的导控,资本对生态的破坏不可避免。"在资本主义制度中存在着一种内嵌性的增长冲动,只要经济依然处在资本主义条件下就不可能有实质性突破。"②"今天,我们生活在为资本的统治所牢牢控制的世界中"③,资本统治下的世界,人成了可通约的个体化存在。自然被资本彻底的奴役,已经影响到了人的生活和生存,人与自然之间的物质变换出现了断裂,人无法从自然中来发现自我、反观自我。资本增殖的驱动使人与人之间产生了隔阂和冷漠,异化的人与人之间的社会关系最终导致了人与自然关系的异化,造成了生态危机。资本扩张过程是一个将自然物化的过程,不加导控的资本,总会想方设法"不费分文"地占有和使用自然资源,并利用一切手段强化和扩大对自然的占有和开发,使自然资源"只是充当使用价值的形成要素,而不是充当交换价值的形成要素。一切未经人的协助就天然存在的生产资料,如土地、风、水、矿脉中的铁、原始森林中的树木等等,都是这样。"④自然和人,在毫无限制的资本攻势下,匍匐在资本的脚下,人与自然关系也被异化成了一种利用与被利用、征服欲被征服的有用体系,人的本质与自然规律发生了严重背离,资本的野蛮扩张导致了严峻的生态困境的出现。

面对资本对生态的破坏,政府应加强对资本的导控,建立资本引导机制,引导企业建立可持续生产体系。按照市场经济规律,市场主体——企业很难将污染和环境破坏等全部生态相关费用纳入到企业的生产成本,如果不计入企业的生产成本,企业就会失去生态生产的动力,也就无法有效地遏制污染、保护生态。此时,要发挥政府对资本的导控作用,建立对资本生态引导机制,引导企业从事生态的可持续再生产。充分发挥公共财政的社会功能,探索生态生产的市场化

① [美]约翰·贝拉米·福斯特:《生态危机与资本主义》,耿建新、宋兴无译,上海译文出版社 2006 年版,第 4 页。

② 萨拉·萨卡:《资本主义还是生态社会主义——可持续社会的路径选择》,《绿叶》2008 年第 6 期。

③ [英]I.梅扎罗斯:《超越资本——关于一种过渡理论》(上),郑一明等译,中国人民大学出版社 2003 年版,第 1 页。

④ 《资本论》第 1 卷,人民出版社 2004 年版,第 237 页。

的投融资方式,引导企业和社会资金投入生态环保领域,培育和造就一大批生态文明骨干型企业,充分发挥资本在生态文明建设中的积极作用。资本有积累的需要,在市场经济条件下,资本积累通过获得交换价值来完成,而交换价值又寓于使用价值之中,分割交换价值,意味着必须对使用价值的分割。进入市场的自然资源是交换价值的载体,如果不对市场资本加以控制,市场的资本必将都想参与到自然资源的交换价值分割中来,这样必然肢解了自然资源。为此,对市场资本进行必要的导控,既是维护市场经济稳定运行的需要,更是保证自然环境"休养生息",促进生态环境可持续再生产的现实需要。

四、发挥资本在新型城镇化建设中作用

生态资源的不公平分配还表现在居民对生态产品消费的不公平,典型表现便是"城市消费,乡村埋单",随着城市的扩张和居民对生活质量的要求的不断提高,大量污染型产业和城市生活垃圾开始向城郊和乡村转移,中心城区产业日趋清洁化,乡村却日益污染化。受到市场化和资本化的影响,乡村原本天然的存在的"农村生态"成为当下城市居民有偿性消费的对象,大量城市居民开始蜂拥到乡村,疯狂消费乡村的"青山绿水","生态资源和产品的有偿性服务破坏了生态的公共性,使资本占有在其中建立了阶级差别系统,使身份政治有了生态学符号和标识,这不仅造就和扩大了不公平,而且伴随着资本的投入和占有,使生态系统也只是在全面污染的大地上如园林或盆景一样星点布展"①。

2015 年 5 月,中共中央国务院下发了《关于加快推进生态文明建设的意见》,该《意见》强调"大力推进绿色城镇化",明确要求"科学确定城镇开发强度,提高城镇土地利用效率、建成区人口密度,划定城镇开发边界,从严供给城市建设用地,推动城镇化发展由外延扩张式向内涵提升式转变"。"只有通过城市和乡村的融合,现在的空气、水和土地的污染才能排除,只有通过这种融合,才能使目前城市中病弱群众的粪便不致引起疾病,而被用做植物的肥料。"②在马克思、恩格斯看来,通过城乡融合,可以消除空气、水、土壤的污染,把粪便用于农作物,有利于农作物成长,也有利于居民的身体健康。当前,我们正在进行新型城镇化建设,在推进新型城镇化过程中,一定要协调城市与农村的生态发展问题,必须处理好城市发展与农村生态环境保护的问题,不能一股脑地将城市排泄物和污染物直接转移到农村,侵占农村的生产空间,破坏农村的生态环境。而是从城乡

---

① 任平:《中国特色生态文明理论的构建:问题、观念与模式》,《江苏行政学院学报》2014 年第 4 期。
② 《马克思恩格斯文集》第 9 卷,人民出版社 2009 年版,第 313 页。

生态一体的整体的出发,通过垃圾和污水等生态处理系统将城市排泄物进行无害化处理,而后再将这些无害化的处理物回到农村的土地、林地、草地等生态资源系统,实现城市和农村生态系统之间的物资变换,共建城乡美好蓝天。

党的十九大作出了实施乡村振兴战略的重大决策,2018年中央"一号文件"对此又作了全面部署。实施乡村振兴战略,解决好农业农村农民问题已经成为党和国家各项工作的重中之重。

五、引导资本向生态技术领域集中

在资本横行于世的世界里,科学技术也将被异化,成为掠夺自然、破坏自然的工具。例如在资本主义制度下,资本毫无导控,任意发展,科学技术也未能幸免于难,被纳入无休止追求利润的资本逻辑下,成了加速自然环境恶化的"帮凶"。在生态文明建设过程中,我们离不开资本和科学技术,但也不能任其发展,而是要进行必要的导控,引导资本从事生态技术的研发与应用。我国目前是仅次于美国的世界第二大能源消费国,由于科学技术的原因,我们能源利用率十分低下。"2009年,我国 GDP 占世界的 8.6%,却消耗了世界 46.9% 的煤炭和10.4% 的石油。同年美国 GDP 占世界的 24.3%"[①],能源利用率明显低于发达国家。据有关资料显示,我国循环再生产的关键技术设备达到和接近国际先进水平的约为 15%,与发达国家相比,技术水平还存在很大的差距,尚未形成高效、完备的循环再生产技术支撑体系,循环再生产的 2/3 的关键技术设备属于国内一般甚至落后的水平,这一定程度上对我们发展循环经济造成了技术制约和阻碍。[②] 我国生态技术水平与发达资本主义国家相比,还有很大的差距,同时也意味着我国生态技术的研发与应用具有较大的空间和广阔的情景,我们应积极引导资本向生态领域集中,促进生态技术的进步与创新。

科学技术是第一生产力,科学技术的发展与进步情况直接影响社会经济发展程度。建设生态文明,离不开科学技术,科学技术对提高资源的开发与利用具有重要的作用。一般而言,在生产和消费过程中,都会产生大量的废料和废弃物,如何开发和使用这些废料和废弃物,实现"变废为宝",技术的发展与应用具有关键作用。虽然目前技术进步和生产工具的革新推动了循环经济进入了"新生产时代",但我们还必须清醒地认识到,当前科学技术发展水平在某种程度上还不能完全达到循环经济发展的要求,技术水平与发展层次还不能完全匹配,表

---

① 马建堂:《全面认识我国在世界经济中的地位》,《人民日报》2011年3月17日。
② 参见陈曦、张清正:《后危机时代我国循环经济发展研究》,《经济问题探索》2012年第9期。

现为"技术发展的非对称性"。"技术发展的非对称性"是美国经济学家佩奇提出来的,他在研究技术进步与环境保护的内在关系和外部效应的基础上,指出,资源开发技术与环境保护技术存在不对称的现象,资源开发技术水平总是高于环境保护技术水平,这也是多数发展中国家走"先污染、后治理"经济发展道路的重要原因。同样是技术问题,为什么资源开发技术水平总是高于环境保护技术水平?深究其下,不难发现,资源开发的技术主要是市场自发推动的,企业和个人进行资源开发技术的研发,一旦研发成果,马上就可以投放市场,带来巨大的经济利益,因而企业和个人对资源开发技术研发都具有强烈的热情和积极性,技术研发具有多方位、反应快、周期短的特点。环境保护技术往往是在政府的干预下得以推动的,并且技术研发主要针对的是已经既成事实的"昨天的污染",技术开发与现实问题具有一定的时间差,环境保护属于公共事业,责任义务多于市场效益,因而企业和个人在这一方面的参与积极性不是很高,技术研发具有触角少、反应慢、周期长的突出特点。所以,资本一般不愿意介入生态技术领域,这就需要对资本进行积极导控,引导资本积极从事生态技术的研发与应用。

当前生态问题突出,生态发展空间不足,最为紧迫的事情是引导资本流向生态技术的研发与应用领域,尤其是资源能源节约与替代技术、清洁生产技术、污染治理技术、绿色再制造技术等。推进资源再生技术的改造与升级,加快废弃物的回收与利用,推进废弃物的处理的产业化。当然,关于技术研发与应用,需要避免传统的技术进步的生态悖论,改变"科学发明—技术进步—开发应用—生产扩大—经济增长—环境污染"的技术线型发展模式,这种模式最终导致用技术座架了生态环境,造成人与自然关系紧张与冲突。新形势下的生态技术研发与应用,应坚持人与自然和谐价值追求,其目的是在提高资源环境的利用率、保护生态环境的过程中,实现经济效益的提高。在坚持市场为导向的前提下,政府应加大对生态技术开发与创新的投入,建立资源循环利用新技术项目库,及时向企业、科研机构以及第三部门提供最新技术信息,加快新技术的成果转化。建立生态环境技术、设备的市场交易平台,规范生态环境技术交易。政府对于生态环境技术创新企业予以一定的政策优惠,对于技术创新突出成绩的企业,予以适当的奖励,降低企业生态环境再生产技术研发成本。鼓励高等院校、科研机构、民间机构等部门和个人积极参与环境技术的研发与实践,共同推进技术创新,政府对社会各界人士的技术发明与创新成果依法以知识产权的形式加以保护,并允许其依法获得相应的经济报酬。当然,单纯的优惠和奖励无法真正调动企业生态环境技术研发积极性,研发出来的技术,市场竞争力可能也不强。为此,政府应积极建立生态环境技术市场竞争机制,激发企业的活力,单纯靠政府的优惠和政策,这样的技术不具有生命力,只有通过市场竞争检验了的生态技术,才具有强大生命力,有了强有力的技术支撑,生态环境的可持续再生产才能得到快速的发展。这一方面增加资本发展的空间,另一方面推进生态技术的革新与进步,改进生产工艺,提高环境保护技术水平,促进生态文明建设。

第五章　建立生态环境再生产体系:中国特色社会主义生态文明建设的根本出路

　　自然界是个有机的整体,万物之间相互作用始终处于循环运动中。循环运动是人与自然和谐同存的基本形式。循环运动也是人类社会普遍存在的现象,特别是经济生产,循环运动较为明显。"本世纪我们所面临的问题是:为了人类及承载人类的生物圈,人类应该以一种怎样的最佳的方式从过去的破坏地球转到可持续发展的文明上来?"①生态文明建设是个整体系统工程,不能简单地进行条块分割式的肢解,这要求我们在生态文明建设中抛弃单线思维模式,运用系统思维和关系思维来认识和处理人与自然之间的关系,从整体上构建生态环境的可持续再生产体系,推进生态文明建设的深入开展。党的十八大提出,生态文明是关系人民福祉、关乎民族未来的长远大计,是最大的民生。现阶段的生态困境,要求必须转变经济发展方式,保护生态环境,保护生态环境就是保护生产力,"绿水青山就是金山银山",生态环境已经成为生产要素之一,生态文明建设也可以产生好的经济效益,实现经济与生态的协同发展已经成为衡量现代经济发展质量高低以及现代化成败的重要标志。

　　一般而言,从资源的去向和生产组织形式,可以将生态体系划分成线性生产体系和非线性循环生产体系。线性生产体系指的是按照物质和能量的单向线性流动组建起来的一套生产模式,生产基本流程分为四个环节,即原料—加工—产品—废料。在整个生产流程中,各环节物质和能量单线流动,这一生产体系的优点在于介入门槛较低、生产流程简单便于操作,能够广泛吸收社会人员和资金组织生产,在传统社会经济发展以及提高人们社会生活水平等方面发挥了巨大的

---

　　①　[美]爱德华·威尔逊:《生命的未来》,陈加宽等译,上海人民出版社2003年版,第47页。

作用。但是,这种线性生产正常运行是建立在对生产原料大量浪费以及生态环境大量污染基础之上的,高开采、低利用、高排放是线性生产体系的典型特征,这样的生产模式实质上是持续不断地把资源生产成各种废品甚至是垃圾,通过消耗大量的自然资源带来经济上的单极增长,产生了"大量投入、大量消耗、大量污染"的生态后果。非线性生产体系与线性生产体系形成鲜明对比,在这一生产体系中,物质和能量不再是单向线性流动,而是多向度的循环流动。物质和能量流动不再是简单的"结点终止",而是始终处于一种循环过程中。非线性生产体系的基本流程可以概括为:原料—生态加工—二次原料(废料)—生态加工—产品……,整个生产过程中,生产环节多层次有机衔接,物质和能量在生产流程中不断循环往复,多层次、高利用、低排放是非线性生产体系的突出特点。生产资源在进入生产流程之前,进行物质能量的功能性分析,充分挖掘的生产资源的使用价值,进而对其进行多层次加工利用,对于加工产生的废料和"边角料"进行回收并再次开发和利用,尽可能地实现资源的"物尽其用",通过对资源材料的深度加工带来经济、社会、生态的多方受益,实现"一次投入、多次利用、节能减排"的生态生产,尽可能地减少生产排放和环境污染,减少和缓解自然环境的生态压力,实现生产和生态的良性互动。非线性生产体系实现了物质和能量的良序循环流动,体现出与生态明显的包容性,因此是一种可持续的生产发展方式。资源开发从"资源开采型"向"资源再生型"转变。

马克思在考察资本主义生产时,详细分析了资本循环过程,将资本循环划分为货币资本循环、生产资本循环和商品资本循环三种形态,并在《资本论》第2卷的第1~3章具体分析了三种循环形态,指出在资本主义生产条件下,资本三种循环形态在时间上继起的,在空间上是并存的,彼此互为条件、互相制约。"任何一个单个产业资本都是同时处在所有这三种循环中。这三种循环,三种资本形态的这些再生产形式,是连续地并列进行的。"①资本的三种循环形态不可割裂,不是抽象的,而是现实的有机统一整体。"产业资本的连续进行的现实循环,不仅是流通过程和生产过程的统一,而且是它的所有三个循环的统一。"②马克思在研究个体资本循环运动以后,又对社会总资本的循环运动进行了研究,情况也是如此。因此,马克思得出资本循环运动是资本主义社会普遍现象。回观社会主义社会,不可否认,社会主义市场经济中,也存在资本和资本生产,因此,社会主义社会经济发展也是个循环运动的过程。建立生态环境再生产体系,实现废

---

① 《资本论》第2卷,人民出版社2004年版,第117页。
② 《资本论》第2卷,人民出版社2004年版,第119页。

弃物的"复活"和资源的再生,不断再生产资本扩张所需要的生态空间,这是解决资本与生态逻辑悖论有效途径,也是一种实现经济发展与环境保护良性互动、推进中国特色社会主义生态文明建设的根本出路。

第一节　《资本论》中的循环经济思想

在《资本论》中,马克思虽然没有单独从生态的角度讨论循环经济,但循环经济思想散见于《资本论》的诸多篇章,马克思的《资本论》在批判资本生产以及资本主义制度基础上,对资本生产造成的生态环境破坏进行了批判,从生产和消费排泄物的再利用视角来节约自然资源、保护生态环境,这在当时资本驱动一切的机器大工业时代,是一件"十分不可思议的事情",充分显示了马克思生态哲学思想的独特性和深刻性。从这个意义上讲,马克思是循环经济思想的开先河者。

一、循环经济的基本原则:减量化、再利用、资源化

减量化是指社会再生产中最小化地投入资源,从源头上最大化节约资源,从而减少废弃物的产生,降低生产对生态环境的破坏。在《资本论》中,马克思将减量化原则称为"废料的减少"。马克思在《资本论》中对人类活动产生的排泄物进行了分类,分为生产排泄物和消费排泄物,并对它们的具体内涵进行了界定:"我们所说的生产排泄物,是指工业和农业的废料;消费排泄物则部分地指人的自然的新陈代谢所产生的排泄物,部分地指消费品消费以后残留下来的东西。"[①]资源在生产中的大量使用,不仅造成了生产成本的上升,同时也意味着废料的不断增加和环境破坏的加重。"靠水力推动的小型梳麻工厂,在加工亚麻的时候留下……很多废料……在加工棉花时废料比较少,但在加工亚麻时废料却很多。用水渍法和机械梳理法精细处理,可以使这种损失大大减少……在爱尔兰,亚麻通常是用极粗糙的方法梳理,以致损失 28%—30%。"[②]因此,关于资源的利用,马克思认为,不是简单的"能用就行",而是最大化的节约。"应该把这种通过生产排泄物的再利用而造成的节约和由于废料的减少而造成的节约区别开来,后一种节约是把生产排泄物减少到最低限度和把一切进入生产中去的原料和辅助材

---

① 《资本论》第 3 卷,人民出版社 2004 年版,第 115 页。
② 《资本论》第 3 卷,人民出版社 2004 年版,第 116 页。

料的直接利用提到最高限度。"①在这里,马克思谈到了"节约"和"利用提到最高限度",这与循环经济的"减量化"原则高度一致,这也是循环经济理论的重要思想。

再利用是指对生产和生活的废弃物重新再利用,从而拓展资源的使用价值,延长其使用周期,提高资源的利用率,避免资源浪费和环境污染。在马克思看来,随着资本主义再生产的不断扩大,人口也随之迅速集中和快速增长,生产和生活的排泄物也将不断增加。如果对这些排泄物不加处理,肆意排放到自然界,不仅造成了严重经济浪费,而且对环境造成了严重的污染,人与自然之间的物质变换裂缝将进一步拉大,"在利用这种排泄物方面,资本主义经济浪费很大;例如,在伦敦,450万人的粪便,就没有什么好的处理方法,只好花很多钱用来污染泰晤士河。"②其实,无论是生产还是生活所产生的废弃物,都还有再利用的价值。"所谓的废料,几乎在每一种产业中都起着重要的作用。"③马克思在深入分析资本主义产业发展的基础上,指出生产和生活所产生的废料,其使用价值并没有得到充分的挖掘,废弃物具有再利用的价值。对此,马克思列举了大量事例来说明论证这一观点。"例如,把以前几乎毫无用处的煤焦油转化为苯胺染料,茜红染料(茜素),近来甚至把它转化为药品。"④废弃物的再利用,提高资源的利用率,是发展循环经济的基本内容。

资源化是指资源在不同产业、不同区域、不同部类等系统中循环利用、实现废物的资源化过程。马克思在深入分析资本主义产业发展的基础上,指出不同产业的生产原料与生产废料具有互补性,一个产业的生产废料有可能恰好是另一个产业的生产原料,这样的话,原本一个产业生产之后的"无用之物"——生产废料,可以通过加工处理甚至直接就能成为另一产业的生产原料,废料就不再是"无用之物",而是可以再利用生产原料,这体现了循环经济的基本理念——"垃圾是放错位置的资源"。马克思在《资本论》第三卷中,提出了循环经济的一些基本特征:"关于生产条件节约的另一个大类,情况也是如此。我们指的是生产排泄物,即所谓的生产废料再转化为同一个产业部门或另一个产业部门的新的生产要素;这是这样一个过程,通过这个过程,这种所谓的排泄物就再回到生产从而消费(生产消费或个人消费)的循环中。"⑤在马克思看来,一个部门的生产废

① 《资本论》第3卷,人民出版社2004年版,第117页。
② 《资本论》第3卷,人民出版社2004年版,第115页。
③ 《资本论》第3卷,人民出版社2004年版,第116页。
④ 《资本论》第3卷,人民出版社2004年版,第117页。
⑤ 《资本论》第3卷,人民出版社2004年版,第94页。

料恰是另外一个部门的生产要素,生产和消费的废弃物可以在不同部门循环使用。"一个生产部门的产品是另一个生产部门的原料,反过来也一样。生产工具本身是一个生产部门的产品,在另一个部门才充当生产工具。一个生产部门的废料是另一个部门的原材料。在农业中,一部分产品(种子、牲畜等等)本身也是本部门的原料;所以,它们本身像固定资本一样永远不离开生产过程。供牲畜消费的那部分农产品可以看作辅助材料。"① 排泄物的循环使用表明:生产和消费不再是一个线型的物质流动过程,而是一个闭环型循环物质流动过程,并且这种循环不是某个企业或某个部门的内部循环,而是众多企业和部门相互之间的整体系统循环。

二、发展循环经济的基本条件

马克思在《资本论》中还对生产排泄物循环再利用的基本条件进行了具体分析,这也是发展循环经济的基本条件:

一是"原料的日益昂贵,自然成为废物利用的刺激"②。资本主义条件下,生产原料价格不断攀升和资本家追求利润最大化的动机,促使资本家加强对生产废弃物的利用。马克思指出,随着资本主义劳动生产力的不断发展,经久耐用的先进机器在生产中逐渐大规模使用,工人的使用数量的不断减少,相应地,机器损耗以及工人的活劳动成本在单位商品中所占的比例越来越少,生产原料的成本在单位产品中所占的成本越来越大,原材料的价格对企业的利润率的影响也越来越大。原材料价格不断走高,意味着生产遗留下来的废料成本也不断增加,这将刺激资本家最小化地减少废料并挖空心思地实现废物利用。同时,按照劳动价值论,商品的价值量由社会必要劳动时间决定,包含原材料的正常损耗。在生产过程中生产原料的价值随着产品生产和市场的交换的完成,转移到新产品中,生产产品所产生的废料由于不再进入市场,没有了使用价值,也不具有价值。③ 对于这些生产废弃物,在其有用性被发掘之前,资本家还要花费大量的人力和物力来处理它们,无形增加了资本家的财政支出。为了节约成本以及寻找到新的赚钱机会,资本家有主动利用生产废弃物的想法和动机。生产废弃物的有用性一旦被发掘出来以后,就会扩大资本的投资领域,这给生产废料的提供者、使用者都会带来新的经济利益。所以,生产原材料价格的上涨,是促使资本

---

① 《马克思恩格斯全集》第 31 卷,人民出版社 1998 年版,第 112 页。

② 《资本论》第 3 卷,人民出版社 2004 年版,第 115 页。

③ 参见王岩:《循环经济:市场动力与政府推动》,内蒙古大学出版社 2012 年版,第 26 页。

家进行排泄物循环利用的直接经济动因。

二是"这种排泄物必须是大量的,而这只有在大规模的劳动的条件下才有可能"①。社会化生产的大规模劳动以及排泄物的大量集中是排泄物循环再利用的又一个基本条件。马克思在《资本论》中指出,原因在于"由于大规模社会劳动所产生的废料数量很大,这些废料本身才重新成为贸易的对象,从而成为新的生产要素。"②充分利用废弃物,发展循环经济,废弃物积累必须是大量的。"总的说来,这种再利用的条件是:这种排泄物必须是大量的,而这只有在大规模的劳动的条件下才有可能"③。可见,如果没有大规模的社会劳动和大量的排泄物,零星的生产废料或消费排泄物,其再利用的成本要远远高于循环再利用带来的收益,这对于精明的资本家而言,是不会"傻到"做亏本买卖的地步。因而,这些排泄物也不会进入循环再利用的环节。马克思关于排泄物的循环再利用的第二个基本条件的论述,对于循环经济的产业的集中化以及规模化具有重要的意义。

三是技术进步使这种利用成为可能:"机器的改良,使那些在原有形式上本来不能利用的物质,获得一种在新的生产中可以利用的形态;科学的进步,特别是化学的进步,发现了那些废物的有用性质。"④科学技术的进步带来的机器的改良、新发明的出现、生产工艺的提高是减少排泄物的排放及其循环再利用的重要手段。"但是部分地说,——而这一点是最重要的,——在生产过程中究竟有多大一部分原料变为废料,这取决于所使用的机器和工具的质量。"⑤马克思认为,科学技术是提高排泄物循环再利用的关键。马克思指出:"采用新的方式(人工的)加工自然物,以便赋予它们以新的使用价值……因此,要把自然科学发展到它的最高点"⑥。这说明,只有依靠科学技术,人类才有可能对原料的使用实现"物尽其用"。关于这一点,马克思在《资本论》第三卷中,对 1839—1862 年期间英国丝织业生产和消费情况分析时,强调了科学技术对循环再生产的重要影响。因为当时英国的丝织业生丝消费在不断下降,但废丝的消费量却在不断增加,究其原因,马克思发现,"人们使用经过改良的机器,能够把这种本来几乎毫

① 《资本论》第 3 卷,人民出版社 2004 年版,第 115 页。
② 《资本论》第 3 卷,人民出版社 2004 年版,第 94 页。
③ 《资本论》第 3 卷,人民出版社 2004 年版,第 115 页。
④ 《资本论》第 3 卷,人民出版社 2004 年版,第 115 页。
⑤ 《资本论》第 3 卷,人民出版社 2004 年版,第 117 页。
⑥ 《马克思恩格斯文集》第 8 卷,人民出版社 2009 年版,第 89 页。

无价值的材料,制成有多种用途的丝织品。"①马克思还列举了化学技术的进步,对排泄物循环再利用的重大影响。"化学工业提供了废物利用的最显著的例子。它不仅找到新的方法来利用本工业的废料,而且还利用其他各种各样工业的废料"②。资本主义的发展带来生产力快速发展,也带来了科学技术的进步,客观上推动了循环经济的发展。

三、可持续发展:循环经济的核心

资本主义的发展是不计后果的,是一种不可持续的发展,作为亿万年进化而来的自然资源,没有理由只归部分人所有,更不能只归某些个体私人所有,而是应该归整个地球上的人世世代代共同所有。③ 在《资本论》第三卷中,马克思指出:"甚至整个社会,一个民族,以至一切同时存在的社会加在一起,都不是土地的所有者。他们只是土地的占有者土地的受益者,并且他们应当作为好家长把经过改良的土地传给后代。"④在这里,马克思明确表达了,土地不归少数人所有,土地的占有者,不能仅享有使用资源的权利,更应积极承担保护和恢复资源的义务,以便后代的持续使用,这是马克思可持续发展思想在《资本论》中的直接表达。如果资本生产无视生态环境的限度,无视可持续发展的重要意义,只在乎资本的无限增殖,必然造成人与自然以及人与人社会关系的紧张与冲突。由此可见,发展循环经济,必须坚持可持续发展,必须充分认识自然资源的有限性以及肆意破坏自然的后果严重性。"自然是一种严厉的物质力量,由于自然界中的人类所需资源特别稀缺,这种力量迫使人类的经济行为必须小心而理智。"⑤人类在追求经济增长和经济扩张的过程中,为了实现物质利益的最大化,不断透支自然资源、破坏生态环境,以换取经济的高速增长,结果导致了全球范围内的生态危机的频现。所以,认识和分析当前的生态问题,发展经济须走可持续发展道路,不能损害和破坏生态环境,实现经济发展与自然资源的节约以及生态环境保护有机统一,经济发展不仅有量的体现,更有质的提高。"通过破坏生态环境、耗竭自然资源换取的经济增长仅仅是数量的增长,而在保护环境、节约自然资源的

---

① 《资本论》第 3 卷,人民出版社 2004 年版,第 117 页。
② 《资本论》第 3 卷,人民出版社 2004 年版,第 117 页。
③ 参见鲁品越:《〈资本论〉的生态哲学思想研究》,《学习与探索》2015 年第 1 期。
④ 《资本论》第 3 卷,人民出版社 2004 年版,第 878 页。
⑤ [美]赫尔曼·戴利、肯尼思·汤森:《珍惜地球:经济学、生态学、伦理学》,马杰等译,商务印书馆 2001 年版,第 8 页。

前提下所取得的经济发展才是可持续的、有质量的经济发展。"①

四、资本家的唯利是图：循环经济的制约

马克思在《资本论》中，对资本主义循环再生产进行论述，"这种再生羊毛，在1862年底，已占英国工业全部羊毛消费量的1/3。"②阐释了循环再生产的重要意义，但马克思同时也指出，英国这些羊毛生产者之所以愿意使用毛织物废料以及棉毛混纺织物作为生产材料，绝不是因为这些资本家具有节约资源和保护环境的偏好，而是因为这些废弃物以及代替物比原料更节省成本。我们现在提倡的节约资源、保护环境的观念，还没有深入到市场主体的内心，市场主体依然奉行利益最大化的市场原则，节约资源、保护环境仍然是一种软约束，成效不甚明显。市场主体短期的逐利行为与循环经济长期目标的巨大差距会产生两个方面的负面影响：一是市场主体在利益的驱动下，肆意掠夺和破坏生态资源，并向社会转嫁生态成本，违背了循环经济的基本原则；马克思在《1857—1858年经济学手稿》中对资本家肆意开采矿产资源进行了揭露，指出，"随着地壳到处被开发，原来的那些处于地表面的金矿来源日益枯竭"③。二是受到技术开发以及成本回收周期长等因素的制约，市场主体很难在短期内获得发展循环经济的巨大收益，从而失去了从事发展循环经济的热情。"经济系统的物质循环伴随价值的循环，任何经济过程包含的物质产品或服务的生产、运输都以实现交换价值为目的，任何经济过程只有在预期可以得到更多的货币价值回报时，才可以激励生产者去投入。"④从经济学的角度来看，市场经济条件下，市场主体都具有自利性，"成本最低、利润最大"是其生产商品或提供服务的基本原则。市场主体在进行市场行为时，就生产和消费的废料和废弃物是否循环利用时，往往首先考虑的收益与成本问题，如果收益大于成本，那么就会按照发展循环经济的原则和要求行事，反之，如果成本大于收益，市场主体就不会主动按照循环经济原则和要求进行市场行为了。市场行为人是否具有践行循环经济的主体自觉，成了发展循环经济的重要条件。

"环境问题的本质是正处于'以物的依赖性为基础的独立性'阶段的不同的

---

① 张德昭、李树财：《生态经济学的哲学基础》，科学出版社2013年版，第163页。

② 《资本论》第3卷，人民出版社2004年版，第116页。

③ 《马克思恩格斯全集》第31卷，人民出版社1998年版，第551页。

④ 罗丽艳：《循环经济：物质循环与价值循环的耦合》，《天津社会科学》2005年第2期。

个体主体,以他们所'依赖'的'物'——环境为中介的对立的主体间性。"①不同国家为了争夺生态资源和环境利益而导致主体间对立已经在现实中得到了印证,发达国家利用其在发展上的优势,将大量污染企业和污染废弃物转移到第三世界国家,而自己却不愿意增加发展循环经济的成本投入,循环经济技术应用的资本主义性质影响了循环经济的实践。关于这一点,马克思、恩格斯曾指出:"只有蒸汽力的资本主义应用才使它主要集中于城市,并把工厂乡村转变为工厂城市。"②市场主体都有共同的逐利的追求,彼此存在竞争,相互在利益追求上都不肯让步,都不愿在发展循环经济方面增加技术和资金投入,甚至即使市场主体掌握了发展循环经济的技术,也不愿意立即投入现实生产,不愿意让其他市场主体"不费分文"地分享循环经济的成果,最终致使市场主体不断将生态恶果转嫁给市场盈利行为毫无关系的区域或国家。例如当今欧美许多发达国家,在新能源和循环经济的技术研发方面都取得了突破性进展,但出于本国在国际经济政治格局的地位以及对其他国家的控制和指挥需要,将科研成果封锁在本国实验室中,以保护知识产权的名义限制转让,尤其是限制向发展中国家转让,其目的一是继续保持国际领先地位,二是如果真是发生了能源危机,自己掌握先进技术,做到"未雨绸缪"。为此,发展循环经济,不仅仅是技术问题,而且还是重大的制度和利益问题。③

五、发展循环经济:生态文明建设的根本出路

《资本论》中的循环经济思想对当前生态文明建设具有重要启示意义。生态文明建设目标是实现人与自然的和谐共生,这要求生态文明建设必须抛弃"大量生产、大量消费、大量废弃"的经济增长模式,发展循环经济,促进资源的有效使用,实现经济社会的健康可持续发展。党的十八大报告在论述如何大力推进生态文明建设时指出,要"发展循环经济,促进生产、流通、消费过程的减量化、再利用、资源化"。发展循环经济是实现经济建设与生态文明建设的有机结合的重要的抓手和突破口。从新中国成立到改革开放之初,我国经济发展主要走的传统工业化道路,其典型特征是最大限度地开发自然资源和创造社会财富,经济发展取得巨大成就的同时,自然资源和环境付出了巨大的代价。加之中国人口众多,

---

① 梁彦隆:《主体间性与环境问题——兼谈生态伦理与可持续发展》,《科学技术与辩证法》2004 年第 2 期。

② 《马克思恩格斯文集》第 9 卷,人民出版社 2009 年版,第 132 页。

③ 参见孙文营:《循环经济哲学维度研究》,光明日报出版社 2013 年版,第 180 页。

人均资源十分有限,传统工业化模式无法实现中国经济的健康持续发展,如果继续坚持这一模式,势必造成生态环境的严重破坏和人民生活质量的下降。特别是 2000 年以来,随着中国经济实力不断提升以及人民生态需求不断增加,经济增长与生态发展之间的矛盾日益突出,传统的工业化道路的生态弊端愈加明显:"自 20 世纪 90 年代以来,工业化国家用于环保治理的费用年均递增 12.7%,例如德国年均增幅高达 25%。这种先破坏、后治理的工业化道路所付出的成本是巨大的。"①人类的发展不能通过对自然界的过度否定来实现,人其实是整个生态系统中一员,不能凌驾在整个系统之上,人类不能将自己视为地球之外的存在,从而不断破坏生态系统的整体性,要保证生态环境体系的可持续再生产,在大力发展经济时必须考虑到自然环境的承载能力,从而适当控制人口和经济的规模。因为人口和经济的规模,一方面决定了从自然界获取低熵资源的多与寡,另一方面也影响到自然生态系统净化能力的高与低。所以,在确定人口和经济规模时,既要考虑到从自然界"所取"是否超出了自然界的承受能力,也要考虑到向自然界排放废弃物的"所予"是否打破了环境的生态容量。经济规模应该"和生态系统的自然承载力相关的,即在可持续的基础上输入能量、更新资源和吸收消化废弃物的能力。"②"一个有限的环境——一个处在看似无限的宇宙中的环境——并不能支撑无限的增长。无论未来的技术可以怎样应用于能量和物质的转化,但我们的生态系统并没有一个完善的再生过程。因此,采取行动研究最佳人口和经济规模就成为合理甚至必要的事情了。"③中国几十年的发展基本上走的是"先污染、后治理"的非生态之路,生态退化进程不断加速,耕地逼近 18 亿亩红线,全国有近 2/3 的城市缺水,石油、铁矿石等重要生产资源对外依存度骤升,生态环境状况总体呈恶化趋势,由此带来的自然灾害频发。循环经济倡导的是一种与环境相和谐的经济发展模式,是一种"资源—产品—再生资源"的非线性闭路反馈式循环生产模式,资源利用和废物处理在同一个过程中完成,基本实现无废物排放,最大限度地减少初次资源的开采,最大限度地利用不可再生资源,有效缓解经济发展与资源约束的矛盾,有利于经济、生态、社会、协调发展。发展循环经济已经是大势所趋、现实之要,成为化解经济增长与生态发展之间矛盾、建设生态文明建设根本出路。

---

① 贺然:《以循环经济助推生态文明建设》,《光明日报》2014 年 11 月 30 日。
② [美]赫尔曼·戴利,肯尼思·汤森:《珍惜地球:经济学、生态学、伦理学》,马杰等译,商务印书馆 2001 年版,第 4 页。
③ [美]赫尔曼·戴利,肯尼思·汤森:《珍惜地球:经济学、生态学、伦理学》,马杰等译,商务印书馆 2001 年版,第 10-11 页。

第二节　"看不见的手":市场与生态环境的再生产

市场经济的快速发展,市场的不可取代性地位日益突出。市场已经成为现代经济必不可少的手段和发展水平的衡量标准。随着社会的发展,人们对市场的依赖性愈加提高,市场已经成为社会生产和社会生活必不可少的媒介,离开市场,社会的生产和生活将陷入"无序的黑洞"。生态环境的保护以及再生产也离不开市场,市场对生态环境的可持续再生产具有重要作用,现阶段,我们应积极通过发挥市场的作用来实现生态环境的可持续再生产,实现人与自然和谐的生态发展。2013 年 11 月,党的十八届三中全会决定充分肯定了市场在资源配置中的决定性作用。面对中国日益严重的生态问题,不能简单地采取"关、停、封",本着"开发者保护、破坏者恢复、受益者补偿"的原则,充分挖掘市场的活力和潜力,通过市场加快生态环境的再生产,消耗"富余污染",生产生态空间,促进经济和生态的可持续发展。

一、引入资本,激发生态环境再生产的市场活力

正如前文所述,资本追求的"利益最大化"扩张本性与生态可持续性生产存在着逻辑悖论,社会主义生态文明建设,必须加强对资本的驾驭和导控,但这并不是完全否定资本,资本在现代市场经济中仍然发挥着巨大的社会作用。就目前生态环境再生产的投资主体而言,仍然是以政府投资为主,市场主体投资明显不足。即使是政府投资主体,投资规模也明显不足。虽然我国环境再生产的政府投资从 1986 年 74 亿元增加到 2005 年的 2388 亿元,年平均增长率为 20%,占 GDP 的比例也从 0.76%上升到 1%,但与国际水平依然差距较大。按照国际经验,当环境再生产比例达到本国或地区的 GDP 的 1%～1.5%时,可以控制污染继续恶化,当环境再生产比例达到本国或地区的 GDP 的 2%～3%时,生态环境才会有所改善。[①] 显然,我国目前环境再生产的投资规模仍需进一步扩大,投资主体也必须进一步多元化,应充分调动市场主体的积极性。环境的再生产可以充分利用资本的市场化作用,将生态环境资源推向市场,企业生产过程中的环境使用不再是"不费分文",而是要付出"巨额代价",允许企业出于"盈利"的目的投

---

① 参见刘传江、王婧:《生态文明的产业发展》,中国财政经济出版社 2011 年版,第 282 页。

资环境进行市场化生产,使生态环境生产"有利可图",激发资本在生态环境生产领域的市场活力,最终使企业能够像生产商品一样来生产生态环境。社会资本在生态环境生产领域的介入,改变了环境生产的投资结构,政府不再是环境生产的唯一主体,环境生产也不再是"无利可图"的"烧钱行当",环境生产成了既有投入又有产出的企业行为。人们在市场收益的激励下,激发了对环境生产的投资热情,大量资本将涌向环境生产领域,市场竞争由此产生并进一步加剧。各个环境生产投资者和经营者在市场竞争压力和"利益最大化"的激励下,必然回应市场的生态需求,积极主动地从事生态建设,千方百计地降低成本,加快废物和污染物的回收与利用来实现企业的发展的和扩张,使资本成为"生态自觉的资本",促进环境生产的市场活力竞相迸发,进一步加快生态环境的市场化生产,从而不断推动生态环境的可持续生产。

市场经济条件下,市场通过供求矛盾运动形成价格均衡,从而引导企业有效配置资源,表面看来,是企业与企业之间的物质流动关系,实际上是马克思在《资本论》中常讲的人与人之间的关系。生态问题中的人与自然的关系本质上也是人与人的社会关系,并且从历史和现实来看,市场经济条件下的人与人关系的异化是造成生态问题乃至生态危机的重要原因。为此,进行生态环境可持续再生产,加强生态文明建设,不能忽视"看不见的手"——市场的作用。党的十八届三中全会明确指出,当前我国正处于发展的关键时期,要充分发挥市场在资源配置中的决定性作用。生态环境的可持续再生产,要充分发挥市场的资源配置作用,促进资源循环利用。这里需要说明的是,市场的资源配置功能犹如一只"看不见的手",推动着资源配置的各方从自利的动机出发,使得交易中所有的人都能获益,即实现资源配置的帕累托最优。但现实情况是,由于信息的不对称以及市场本身的不完备,无法实现帕累托最优,这就需要进行进一步调整,调整的结果可以使一些人的境况得到改善,同时这种改善是在保证其他人情况不变坏的前提下完成的,这样的配置调整称之为帕累托改进,这是我们在生态环境再生产过程中,生态资源配置的理想状态。实际上,帕累托最优最早是经济学针对传统线性生产资源浪费提出来的,帕累托最优是经济效益的最优,并不包括由经济效益提高所造成的生态效益的下降,即经济效益上的帕累托最优是建立在生态效益的"不优"基础上的,其改进的也只是经济效益,并不涉及生态效益。实践表明,帕累托最优和改进的过程与生态资源耗竭、环境污染是同一个过程。如何充分利用市场机制实现经济效益同时,实现生态环境的可持续再生产,是一个重要的理论和现实问题。

二、集聚产业,建立生态环境再生产供需市场

各个企业在生产过程中,都会产生一些废弃物。面这些废气物若不适当利用,而是肆意地排放到自然界,不仅增加了企业的生产成本,而且对生态环境造成严重破坏。部分企业试图将这些废弃物利用起来,但囿于技术条件和处理成本,最终还是放弃了尝试,继续生产自己的"主打产品",继续大量生产废弃物,大量排放,以牺牲资源能源为代价,换取企业经济总量的增加,带来了经济数字的一时增长,留下的却是生态环境长远的危害和隐患。实际上不同产业企业存在着供需关系,一个企业的废弃物可能正是另外一个企业的生产原料,例如"一个年产 800 万吨到 1000 万吨钢的钢铁联合企业,如全部回收余热、可燃气体等,按热值计算可供一个 80 万千瓦发电厂所需的能源;如全部回收固体废物,可满足生产 300 万吨水泥所需的主要原料。"①从某种意义上说,"垃圾是放错地方的资源"。但是由于地域、生产规模等因素的限制,这些企业彼此并没有形成现实的市场供需链条,造成资源能源的浪费和环境的污染。为此,根据市场需求,将不同产业企业集聚在一起,将不同产业企业的废弃物集中起来,建立废弃物回收利用流通市场,建立生态环境可持续再生产供需市场,实现不同产业企业生产原料的互通有无,达到资源综合利用的集聚效益,形成"产业共生"效应。正如学者指出的那样:"产业集聚一旦形成就会想磁石一样,既增强了其内部的凝聚力,又对外加强了辐射力和带动力。"②集聚产业,建立生态环境可持续再生产供需市场,满足了不同企业"最小成本"甚至"零成本"的生产需求,建立起了产业企业生态网络联系,某一类型产业企业的废弃物和污染物恰是另一类型产业企业宝贵的生产资源,产业企业之间"自然耦合",打通了不同产业企业之间的物质、能量、信息的市场流通渠道,建立不同产业企业的合作共生机制,将原本外部的环境污染内部化,减少或消除了单个企业的生产所产生的外部非循环性,延长了物质相互使用链条,建立不同产业企业之间的循环经济网络结构,克服了单个产业企业物质循环的生态缺位。集聚产业,生态环境可持续再生产供需市场,发挥市场对资源配置的决定作用,不仅满足了不同产业企业的生产需求,降低了企业的生产成本,而且提高了资源利用效率,减少了最终废弃物排放量,为生态环境的可持续再生产奠定了基础。

---

① 中华人民共和国国土资源部新闻网:《全国人大会议审议循环经济法修订草案》,2007 年 8 月 30 日,http://www.mlr.gov.cn/xwdt/jrxw/200708/t20070830_82486.htm

② 王岩:《循环经济:市场动力与政府推动》,内蒙古大学出版社 2012 年版,第 182 页。

三、建立排污权的市场，优化生态环境再生产的资源配置

1997 年 12 月，在日本东京召开的《联合国气候变化框架公约》第三次缔约方大会，150 多个国家参会，会议通过了旨在减少全球温室气体排放的《京都议定书》，对签署协议的发达国家和发展中国家减排量和减排时间作了明确规定，各国家因自身发展水平差异，其减排量以及开始减排的时间点有所不同。发达国家从 2005 年开始承担减排义务，发展中国家则从 2012 年开始承担减排义务。在具体实施过程中，实行总量控制，推行废气排放权的市场化，国家之间可以进行排放额度买卖的排放权交易，即难以完成减排任务的国家可以通过市场向排放权盈余的国家进行购买，建立排放权有偿使用市场，将发展经济与生态环境保护联系起来，从而保证全球总排放量的减少。我国早在 20 世纪 80 年代就进行了相关的探索和试点，1988 年，开始了排污许可证试点工作；1993 年，原国家环保总局在包头、太原、开远、平顶山、柳州、贵阳等 6 个城市进行了大气污染物排污权交易的试点；2001 年 4 月，原国家环保总局与美国环保协会合作，探索利用市场机制解决二氧化硫污染物排放问题。2007 年 11 月 10 日，我国第一个排污权交易中心在浙江嘉兴挂牌成立。2014 年 8 月 6 日，国务院办公厅下发《关于进一步推进排污权有偿使用和交易试点工作的指导意见》对排污权交易的一些政策问题进行明确，加快建立和完善排污权市场交易，积极通过市场化手段降低污染治理成本，提升污染治理水平，促进中国特色社会主义生态文明建设。截至2014 年 8 月，我国已在浙江、江苏、天津、重庆等 11 个省市进行了排污权交易试点。碳排放权交易的相关服务一般包括排放权交易服务、排放权的使用、项目开发、咨询调查四项内容。建立全国统一碳排放权交易市场，利用市场控制和减少温室气体排放，推动经济发展方式的绿色低碳转型。截至 2019 年年底，"北京、天津、上海、重庆、湖北、广东、深圳 7 个试点碳市场覆盖了电力、钢铁、水泥等多个行业近 3000 家重点排放单位，累计成交量突破 3.6 亿吨二氧化碳当量"[①]。碳排放权市场改革成效初显。

通过市场来完成排污权交易，充分发挥市场对资源的优化配置作用，可以充分调动企业减排防污的积极性。传统的"付费排污"方式没有真正激活企业的节能减排的主体意识，"付费排污"制度是一种政府许可制度，企业将其视为一种外在约束，减排没有内化成企业生产理念。外部的约束实效是有限的，企业处于利

---

① 中共中央宣传部理论局：《中国制度面对面》，学习出版社 2020 年版，第 172 页。

益最大化的考虑,在其付了排污费后,必然会千方百计地多排污、超排污,往往导致经济发展与环境保护的对立,经济快速发展与排污增加、环境恶化同步,走的是一条"先污染、后治理"的发展道路,不利于生态环境的可持续再生产。相比之下,建立排污权交易市场,在解决企业发展与生态环境的可持续再生产问题时,显示出巨大的优越性和灵活性。企业根据自身的发展状况,从其利益出发,自主决定生产和排放规模,并据此在排污权交易市场上进行买入或卖出排污权。排污权交易是在排污总量控制前提下,按照自愿、公平的市场原则进行,这能充分调动企业的自主性和积极性,因为不同企业的污染排放量以及污染治理成本差异巨大,当排污权可以有偿交易时,那些排放量小的治理成本低的企业,就可以尽可能治理污染,然后将富余排污权拿到市场上进行交易从而实现"不生产也能获利"目的,充分调动了其减排治污的积极性。而对那些排放量大、治理成本高的企业,一方面可以通过市场购买排放权继续生产,另一方面处于成本收益和市场竞争的压力,促使其加大节能治污技术的研发和应用,不断改进和应用清洁生产技术,最大化地减少能源和资源的消耗量,并尽可能地回收利用生产废弃物,促进环保产业的发展。总之,建立排污权交易市场,可以激发企业节能减排的主体意识,企业通过减少排放量或者转让排污权,得到相应的经济回报,这将进一步激励企业生态生产。因此,排污权交易可以调动企业节能治污的积极性,将节能治污从原先的政府的强制行为转换成企业自觉的市场行为,实现了生态环境容量资源的优化配置,对生态环境可持续再生产起到了积极的促进作用。建立排污权交易市场,既是发挥市场资源配置作用有效控制环境污染的现实需要,也是实现经济社会可持续发展、建设生态文明的有效路径。

四、生态责任内部化:建立和完善资源环境价格体系

长期以来,"资源不贵、环境无费"已经成了许多人对资源环境使用的基本判断。由于我国现代化起步比较晚,曾经一时过度强调工业化的重要性,忽视了对资源环境的保护,没有建立完善的资源环境价格体系。当前生态资源被大规模的开发以及环境污染的加剧,违背了资源支配权与成本责任对等原则,导致生态资源约束力的缺位。"环境资源(即环境对污染物的最大容纳量与自净能力)是有限的,因此任何排污者必须对自己占有的环境资源承担责任,付出完全成本。然而,由于环境资源的产权不明晰,污染环境者不承担相应的成本责任,由此形

成约束力失控,酿成生态环境的恶化。"①例如海洋、河流的自净能力是有限的,如果企业生产者在大量使用水资源并大量向海洋和河流排放废水废渣的同时,却不承担水资源再生产的责任,水资源的压力没有分担到每一个企业使用者身上,必然导致水资源污染的加剧和枯竭。建立污染者付费制度,对于生产者生产产生的环境生态破坏问题,根据生产责任和污染付费原则,建立废弃物有偿排放制度,生产者生产不能"不费分文"地排放废气物,必须承担废弃物回收、再利用和清除的生态责任。如果生产者(企业)本身无力处理污染废弃物,必须支付他人代其处理废弃物的相关费用。简言之,处理废弃物的费用列入企业生产的生产成本,杜绝企业污染环境的"不费分文"的现象。这不仅能解决了废弃物处置所需要的资金问题,而且也有利于激励企业生产者出于成本的考虑,尽可能减少利用原材料并最大程度采用可回收材料制造产品,从而达到"减量化""再利用""再循环"的目标,有利于循环经济的发展。

现行的资源价格主要是资源的开发成本加上平均利润形成的,这种定价方式只能反映资源开采和生产的成本,没有将资源的产权收益、环境修复成本以及不可再生资源机会成本反映出来,也没有将资源的消耗速度和紧缺程度在价格信号中完全表现出来,致使资源产品的价格远远低于其实际价值,这不仅对发展循环经济造成了制度性障碍,同时也进一步加剧了对生态资源的过度使用和生态环境的破坏。要充分发挥市场机制在生态环境可持续再生产中的作用,就必须建立和完善资源环境价格体系,使价格全面地反映资源环境的价值。首先,改变现行资源定价方式,除了资源开发成本以外,充分利用市场机制,将各种资源环境要素投入市场,根据供求关系以及资源环境使用对后代人的外部性,形成资源环境的价格,将资源环境的开发、利用、修复、补偿等各方面的成本纳入到经济运行的价值运动中来。其次,建立资源环境价格弹性机制,避免传统定价方式造成的价格相对固化导致的资源环境价值的市场低估的弊端,使资源环境价格调整时间与价值变化时间同步,价格调整幅度与价值变化幅度基本一致,及时、灵活地反映市场对资源环境的供求变化和紧缺程度。总之,完善的资源环境价格体系,是生态环境可持续再生产的重要前提,只有建立有利于资源节约使用、废物循环利用的环境价格体系,才能打破资源环境的价格制度障碍,才能实现生态环境的可持续再生产。②

---

① 鲁品越:《资本逻辑与当代现实——经济发展观的哲学思考》,上海财经大学出版社 2006 年版,第 163 页。

② 参见王岩:《循环经济:市场动力与政府推动》,内蒙古大学出版社 2012 年版,第 101-102 页。

五、建立国内统一大市场,牢牢掌控本国经济发展的主动权

发展依然是目前广大发展中国家的第一要务,顺应全球化趋势、融入和推动全球化进程是各国实现发展的必然之选。发展中国家由于所处的发展阶段和在全球产业链中地位所限,在追求经济社会发展的道路上不可避免地会遇到资本全球化的生态风险挑战,如何驾驭和导控资本、摆脱资本霸权、规避风险是广大发展中国家必须直面的重大现实问题。

资本全球化造成的生态问题根本上不在全球化本身,而是主导资本全球化的发达国家在获得巨大经济、政治、生态等利益的同时,没有将这些益处惠及到更多的社会群体。相反,它们凭借经济、外交等方面的优势,剥夺广大发展中国家、其他社会弱势群体的正当生态权益。因此,规避资本全球化的生态风险、解决全球性生态问题,不是简单地"去资本化"和"去全球化",更不是粗暴地"反资本化""反全球化""逆全球化",而是顺应全球化趋势,发展壮大自己,推动全球化向开放、包容、公平、绿色方向发展。为此,面对资本全球化、复杂多变的国内外形势和新发展格局,对于发展中国家中的大国,建立国内统一大市场既是规避全球性经济和生态风险的重要手段,也是构建高水平社会主义市场经济的必然要求。在"双循环"新发展格局下,利用我国自身的市场优势拉动经济增长是掌控本国经济发展主动权的必要手段。首先,以畅通双循环为目标,设立高效、规范、公平、开放的国内统一大市场,以促进市场多要素内外联动为手段,坚持主动开放、双向开放、公平开放、全面开放、共赢开放等价值理念,促进市场各个要素自由、平等、有序、安全地流动,坚持"引进来"和"走出去"并重,着力丰富市场对外开放的水平,着力打造开放型统一要素市场,提高在全球范围配置资源的能力,形成对全球先进资源要素的强大"磁力场",为新时代中国特色社会主义市场经济注入新动力。其次,以国内大循环和统一大市场为支撑,有效利用全球要素和市场资源,使国内市场与国际市场更好联通。推动制度型开放,增强在全球产业链、供应链、创新链中的影响力,提升在国际经济政治领域和全球生态治理中的话语权。促进各类要素市场之间融合发展,实现要素市场发展形态和模式变革,激发融合发展活力。最后,坚持运用法治思维和法治方式,着力健全规划、产权、监管等各方面制度,推动资本、劳动力等各类要素依法依规、公开透明配置,加强对资本的监管和监督,"筑牢防范系统性金融风险安全底线","坚持金融服务实

体经济,防止脱实向虚。为资本设置'红绿灯',防止资本无序扩张。"①改革开放以来,我国要充分利用自身的体量优势,以提高质量和追求效率为出发点,在生态环保的基础上全面推进我国的资本积累和资本实力,切实提高我国的抗风险实力和抗风险能力,扩大自身供给水平,减少国际依赖,打破资本大国的垄断地位,切实减少和减降低国际资本的输入比例和机会,逐渐摆脱资本大国的技术依赖和资本控制,逐渐形成自己的发展体系和抗风险体系,有效应对资本引进的各种风险挑战。

第三节 "看得见的手":政府与生态环境再生产

市场在生态环境再生产中有着不可替代的作用,但也有其"与生俱来"的缺陷和不足,这些缺陷和不足如不加克服,不仅不能促进生态环境的再生产,还会造成对生态环境再生产的破坏,这就需要发挥"看得见的手"——政府的作用,推动生态环境再生产的持续进行。"对稀缺自然的更高估价和预防原则。在设定标准和向工业提供激励方面,政府也要发挥作用。"②就我国经济社会发展的历史和现状而言,生态环境的可持续再生产离不开政府,政府是生态环境可持续再生产的推动器。我国是个发展中大国,并且正处于经济体制转轨过程中,相比于西方发达资本主义国家,我国的资源与环境问题具有巨大的复杂性和艰巨性,政府在生态环境的可持续再生产中的作用显得更加重要。

一、建设生态型政府,建立生态治理问责机制

虽然是市场经济,但政府在经济中的作用绝不可小视,"从全球观念看,国家在经济中的干预,决定了资本积累的规模和速度"③。市场经济条件下,企业、社会团体和个人由于受到市场利益的影响,对生态文明建设重要意义的认知以及生态环境质量的需求存在着差异,因而对生态治理的积极性和生态文明建设的支持性存在巨大的差异,时常出现市场失灵现象。生态环境的再生产循环,离不

① 《中共中央国务院关于加快建设全国统一大市场的意见》,《人民日报》2022年4月11日。

② [澳]约翰·德赖泽克:《地球政治学:环境话语》,蔺雪春译,山东大学出版社2008年版,第195页。

③ [墨]克莱门特·鲁伊斯·杜兰:《21世纪资本主义的危机与重构》,刘学东译,中国大百科全书出版社2015年版,第109页。

开政府的引导和示范,这就需要政府积极推进生态型政府建设,发挥政府在生态文明建设中主导和引领作用,协调各方面的利益,处理好各种社会关系。因为企业生产主要的目的还是为了盈利,如果生态环境再生产"无利可图",企业多半是不会参与其中的,对于企业来说,减少污染、加强环境保护"只是为了赚钱而不可缺少的中间环节,只是为了赚钱而必须干的倒霉事"①。需要指出的是,这里的主导和引领作用绝不是传统意义上包揽包办作用,而是在肯定各种生态治理主体功能的基础上,保证生态治理的公共服务供给方向,在价值导向、政策制定、监督监管等方面做到生态示范,建设生态型政府,从而在生态文明的整体建设发挥引导作用。首先,政府须改变以往"经济优先"的单一 GDP 价值导向,确立"生态优先"价值导向,重构政府的生态职能的实现方式,从单一的行政手段方式转变成运用经济、法律、技术和行政等综合手段,提高政府的生态服务能力。其次,将生态治理纳入政府的决策,建立和健全生态可持续发展制度,体现政府决策中生态环境保护的要求,提高政府在生态治理中的导向性作用。最后,加大政府对生态治理的投入,将生态环境的保护与修复投入列入公共财政支出的重点,保证生态环境保护投入幅度高于经济增长速度,提高政府生态治理的保障能力。政府通过建设生态型政府,在生态治理的各方面做到率先垂范,从而发挥政府在生态文明建设中的主导和引领作用。

　　制度是理念方针得以贯彻和实施的保障,生态环境再生产的实践与发展,离不开系统完善的生态文明制度体系。建设生态文明,必须建立健全生态环境再生产制度体系,加强对政府和企业以及个人的行为生态制度约束。依据生态文明建设的具体要求,对政府、企业建立生态治理目标责任制,量化一定时期内生态治理的具体成果,把生态治理目标的实现与否作为考核政府和企业的重要条件,用制度来保护生态环境。2015 年 1 月 1 日起开始实施的《环境保护法》,进一步强化政府的环境保护责任,要求加强对政府的环境目标责任考核,对于环境不达标的地区实行环评限批制度,落实地方政府的环保责任,这为建立生态治理问责机制提供了强有力的法律依据。首先,对政府各部门及其工作人员进行生态治理责任的划分,强化对环境保护、空气质量等方面的生态考核,弱化对经济增长速度、招商引资等经济指标的考核,明确生态治理责任主体,并按照一定的标准和程序,对其生态治理成效进行考核,对于没有履行生态治理责任或者生态治理成效不明显的部门和个人追究相应的行政和法律责任;以生态治理政绩考核作为干部选拔任用的重要依据,实行生态治理和环境保护"一票否决制",加大

---

　　① 《资本论》第 2 卷,人民出版社 2004 年版,第 67 页。

问责力度,避免生态治理的"政府失灵"。其次,对于企业污染物排放量实现严格的总量控制,从控制污染物排放量入手,遏制企业盲目性生产和无度开发和使用自然资源,强化对资源利用率、污染物生态化处理等方面的生态指标考核,弱化生产总值、税收贡献率等经济指标的评价,对于超量排放、肆意破坏生态环境的企业和个人严格实行赔偿制度,并依法追究刑事责任,加大企业生态违法违规成本,克服"环境免费,肆意破坏"的生态困境,纠补生态治理的"市场失灵"。最后,加强制度化建设,建立生态治理问责常态工作制,不能将生态治理问责视为"限于一地、流于一时"的"环保风暴",建立生态治理问责长效机制,实施生态环境损害责任终身追究制。目前这项制度已经通过党和国家的会议及文件确认,党的十八届三中全会《决定》明确提出,加强对领导干部实行自然资源资产离任审计,建立生态环境损害责任终身追究制。2015 年 5 月,中共中央、国务院印发的《关于加快推进生态文明建设的意见》明确提出,将建立领导干部任期生态文明建设责任制。对于造成资源环境生态严重破坏的干部,无论在任还是调离,都要进行问责,实行终身追责,对于已经造成生态环境破坏的干部,不得转任重要职务或提拔使用。2015 年 7 月,中央全面深化改革领导小组第十四次会议审议通过《关于开展领导干部自然资源资产离任审计的试点方案》《党政领导干部生态环境损害责任追究办法(试行)》,进一步明确,生态治理坚持权责一致、终身追究的原则,对造成生态环境损害负有责任的领导干部,不论是否已调离、提拔或者退休,都必须严肃追责,做到生态治理问责的有法可依、有章可循,促进生态环境可持续再生产。

二、完善市场机制,制定生态环境可持续再生产的激励机制

党的十八届三中全会指出,加快自然资源及其产品的价格改革,体现"生态环境损害成本和修复效益",将企业的环境污染损害货币化,使污染环境成为企业的生产成本,改变企业和个人"资源廉价、环境无费"的错误认识,确立生态资源和环境"有偿使用"的理念和制度。环保部门及相关单位机构加快自然资源在开采、生产和使用过程中所造成的环境污染和潜在的环境风险技术测算,明确和量化各企业行为造成的生态环境损害情况,区别对待不同企业的环境损害行为以及环境损害的程度差异,使企业能够明确自己从事生态环境可持续再生产的市场预期。企业在经济政策的引导下,将资金和生产向有利于环境保护的方向进行倾斜和集聚,推动生态环境的可持续再生产。

市场是资源配置的基本手段,其市场调节作用有一定的盲目性和滞后性。发展循环经济,进行生态环境可持续再生产,需要对生态环境再生产的资源合理

配置,到达供需平衡。否则,无论是供大于需,还是需大于供,都会对生态环境保护产生不利影响。在完全自由市场经济条件下,市场对生态资源配置存在"一窝蜂"现象:当生态环境再生产"无利可图时",市场自动将减少生态环境生产领域的资源配置,有时甚至完全撤出,造成生态环境再生产不足,非生态行业生产过剩,产品堆压严重,增加生态环境的负担;当生态环境再生产"有利可图"时,市场便将调节大量资源接入生态环境生产,生态供给远远大于生态需求,同样造成资源浪费和生态环境的破坏。所以,在缺乏宏观调控的市场经济下,单靠"看不见的手"——市场调节产生供需失衡、资源浪费、生态停顿是不可避免的,这需要发挥"看得见的手"——政府的作用,宏观上调配资源并对资源使用情况进行监督,调配不同产业、不同部门、不同企业之间生产排泄物,避免生产排泄物供需失衡的风险。除此之外,生态环境再生产中排泄物的处理往往需要一些特殊的技术和设备,这些技术和设备完全依靠市场事后调节,会导致生产排泄物无法供给,企业也会因此面临巨大的风险,不能保证不同企业和部门之间稳定的发展循环经济。为此,"看得见的手"——政府应该参与其中,发挥政府资源配置的优势,工科生态环境再生产中技术和设备难题,帮助企业克服发展循环经济中所面临的市场风险,保证生态再生产的持续进行。

我们知道,生态资源和生态环境具有典型的公共性的特点,如果没有严格的法律限制和激励机制,市场主体在生产和消费等市场行为过程中,都想"不费分文"地"搭便车",通过牺牲环境来获取市场竞争中优势。如果这种行为不能得到有效地限制和改进,任其发展,势必形成一个以破坏环境为先的市场发展氛围。少数市场主体不仅自己不参与是生态环境可持续再生产,而且还指责取笑那些投入成本改进生产工艺、降低生态环境污染的企业或个人,如果这些市场主体的生态环境可持续再生产行为再得不到政府政策的支持和鼓励,这些企业的产品在市场竞争中就不具有价格优势,将会被那些"搭便车"的市场主体挤垮、吞并,出现"劣币驱逐良币"的现象。为此,政府应加强生态环境保护的市场监管和执法,对那些"搭便车"和对环境不友好的市场行为进行规制和惩治;同时建立生态环境可持续再生产激励机制,对于积极从事生态环境可持续再生产的企业或个人,给予市场介入和竞争上的政策支持,调动市场主体的生态可持续再生产的积极性,激励企业治污,实现生态环境再生产的"良币流通顺畅",避免"劣币驱逐良币",实现"良币驱逐劣币",促进生态环境可持续再生产。

三、建立环境资源产权制度,完善生态环境再生产的税收制度

市场经济条件下,产权制度的存在可以使财产或资源的所有者根据市场供

求灵活地获取经济收益,从而最大化配置自己拥有的资源,实现以最小的资源消耗来获取最大的效益。在生态环境的可持续的再生产过程中,建立环境资源产权制度,使产权所有者可以按照市场经济原则,拥有对资源环境的使用、占有、处分和收益等各种权利,推进资源环境的市场化,使环境资源成为市场经济中的生产要素,不再是人人即可享用的免费资源。传统市场经济条件下,由于没有对环境资源产权进行明晰的界定,人们对没有产权的公有之物,缺乏保护意识,对他人使用和破坏这些公共物品行为,基本上采取"视而不见"的态度,从而造成了"能够产生正外部性的环境资源(如树木草坪、环境基础设施等)会出现供给不足;而接纳负外部性的环境资源(如大气、水体、土壤等)则会被过度污染"①。由于缺乏产权,环境资源不能进入市场交易,就不能发挥市场对环境资源的配置作用,市场主体在进行市场行为时,自然是想尽办法将环境资源占为所有并为自己所用。市场主体一方面在没有付出任何成本的情况下,通过占有和使用环境资源就能收益;另一方面即使市场主体污染了生态环境,也不要为此付出补偿性的费用。最终导致的结果就是环境资源不断被破坏,从而退化甚至枯竭。由此可见,要发挥市场在生态环境再生产中的积极作用,必须建立资源环境的产权制度,这是资源环境走向市场化的前提条件,也是发挥市场对资源环境合理配置决定性作用的基本条件。生态环境的可持续再生产要求政府建立环境资源的产权制度,通过法律等手段明确资源环境的产权性质,完善环境资源市场,使得环境资源能够通过市场交易进行转移、重组和优化,减少生态环境的负外部性,实现生态资源的优化配置,促进生态环境的可持续再生产。

按照我们目前的税收制度和体系,对于企业生产造成生态压力和环境污染,我们征收环境保护税费。征收环境保护税费,其目的一方面在于限制企业的环境污染行为;另一方面通过税费来加强环境的生态修复,更好地保护生态环境。政府应在原有税收制度基础上,进一步完善生态保护税收制度,修订法律配套的规章和具体实施名录等,按照党的十八届三中全会的会议精神,推进税收法律制度改革,深化环境保护税、消费税等方面的改革。政府建立和完善生态环境再生产税收制度,对于积极从事生态环境再生产或生态环境保护工作的企业,予以税收上的一定优惠,免除部分种类应该缴纳的税费,或者按照应缴纳税收的总额予以一定比例返还,也可以按照一定比例给予企业生态环境再生产税收补贴。对于那些污染型企业,可以根据其污染排放量征收环境税,因地制宜地采取定额税率,真正做到"污染付费",发挥税收在生态环境再生产中的积极作用。政府实施

---

① 王岩:《循环经济:市场动力与政府推动》,内蒙古大学出版社2012年版,第102页。

生态环境再生产绿色税收制度,对于引导企业从事生态环境再生产具有重要的促进作用,有助于在企业中形成生态生产氛围,促进企业加大生态环境再生产的投入,提高企业生产的生态效益,推动生态环境再生产的持续进行。

四、建立与完善生态环境监管机制,全面推行绿色采购政策

生态环境再生产的顺利和持续进行,离不开必要的监管。政府在生态环境再生产过程中,应积极建立与完善生态环境监管体制,加强生态环境再生产的监管,推进生态文明建设。设立以生态环境保护为工作核心的国家生态环境领导小组,全面统筹和监管生态环境保护工作。在充分调研的基础上,根据地区差异,设计各个行政区域的生态环境保护的时间表和路线图,对每个行政区域的生态环境保护工作进行明确分工,建立中央与地方生态环境监管沟通与衔接机制,及时了解与掌握生态保护工作动态,建立生态环境预警机制。各行政区域生态环境监管"一把手"负责制,强化生态监管的领导与责任,找准生态环境保护的切入点和突破口,建立生态环境督导与检查机制,定期或不定期地进行区域生态环境检查,密切配合,齐抓共管,形成合力。在生态环境监管的过程中,始终坚持生态保护红线不动摇,划分生态区域红线以及森林、湿地、土壤等生态资源红线,严格执行生态红线制度,严厉惩处破坏生态红线的行为。① 广泛调动社会各级生态监管积极性,建立由政府、企事业单位、第三部门、公民共同组成的生态环境监管机制,对生态破坏行为进行全面、多元的监测与监管,促进生态环境再生产以及生态文明建设。

不同区域不同类型的企业,其生产方式存在着巨大差异,就其生产的生态影响而言,不同的企业从不同的角度得出的生态评价显然是不一样的。为此,在推进生态环境可持续再生产进程中,政府需要建立统一的生态环境可持续再生产评价指标体系,这既是判断企业生产是否生态化的重要标准,也是进一步深化生态环境可持续发展的现实需要。建立和完善生态环境可持续再生产评价指标体系需在遵循经济和生态规律的前提下,综合考虑经济、社会、生态等方面的综合效益,坚持生态资源合理利用和资源减量化优先的原则,设立各项评价指标。一般而言,指标体系应涵盖四个方面的内容:一是资源消耗量指标,例如单位产品的水、能源以及单位 GDP 等资源能源消耗量的规定;二是废弃物排放指标,例如单位产品废气、废水、废渣等排放量的规定;三是资源循环利用率指标,例如废水

---

① 参见吕玮:《生态文明背景下我国如何发展绿色经济》,《光明日报》2015 年 8 月 16 日。

处理率和利用率、固体废弃物的综合利用率等;四是经济规模和经济水平指标,例如经济总量、产业结构、经济效率等。总体来说,政府应该从宏观和微观两个层面对资源产出、资源消耗、废弃物排放、资源综合利用制定出统一得到生态环境可持续再生产综合评价指标,为地方发展循环经济以及企业从事生态环境可持续再生产提供基本依据。当前,不少企业从事生态环境可持续再生产积极性不高的一个重要原因就是,其生产的非绿色产品仍然有消费市场,有时市场还很火爆。如果对于这些非绿色产品有了政策限制,甚至有的非绿色产品无法进入市场交易门槛,这样就会促逼一些企业改进工艺,增加产品的绿色含量,促进生态环境的可持续再生产。从政府层面上来看,全面推行绿色采购政策,是促进企业绿色生产的有效方式。绿色采购指的是政府机关和事业单位在进行产品或服务采购时,所选择的产品或服务必须符合国家绿色认证标准,对于那些不符合标准、不利于环境保护的产品或服务,坚决不予购买与使用。我国《政府采购法》第9条明确规定:"政府采购应当优先采购高科技和环境保护产品,促进环保企业的发展,保证经济的可持续发展。"目前,我国的绿色采购中还存在标准不一等问题,政府应尽快建立以中国环境标志为基础的绿色采购标准,建立统一、权威的绿色产品认证体系,增强绿色产品的市场认同率和推广率。通过绿色采购政策的推行,将环境标准纳入到产品采购中来,增加绿色产品的购买力①,促进企业从事绿色产品生产的积极性,提高绿色产品和服务的社会供给,促进生态环境的可持续再生产。

五、积极构建人类命运共同体,推进全球生态治理

西方主导的生态治理体系深受资本逻辑的宰制,在资本主义生产关系中,生态环境被打上了商品的"印记",肆意剥削自然界的经济价值以获得资本最大化的增殖业已成为资本主义生产关系的重要环节。部分资产阶级学者甚至提出了"越破坏生态越能刺激经济发展"的观点。面对全球生态环境的总体恶化尤其全球变暖、臭氧层破坏、生物多样性减少、森林锐减、土地荒漠化等一系列生态问题,习近平总书记指出:"面对生态环境挑战,人类是一荣俱荣、一损俱损的命运共同体,没有哪个国家能独善其身。"②构建人类命运共同体对于消解当前全体生态治理建设具有重要意义。人类命运共同体旨在通过各国政府、国际组织和民间机构等各方主体共同参与和制度全球生态治理体系和相关规则,在广泛有

---

① 参见王岩:《循环经济:市场动力与政府推动》,内蒙古大学出版社 2012 年版,第 116 页。
② 习近平:《习近平谈治国理政》第三卷,外文出版社 2020 版,第 375 页。

效的国际合作中构建出符合全人类共同利益的生态治理模式。在人类命运共同体中全球生态治理的模式是人与人、人与自然和谐共生、良性循环、可持续性的人类发展状态。人类命运共同体下的全球生态治理扬弃了"以环境换经济""以资源换发展"的发展模式,旨在发展模式中实现绿色、低碳、循环、可持续发展的生活生产方式,实现人与自然的和谐共生。

　　人类命运共同体"既补齐了资本全球化参与主体缺位和动力不足的短板,又超越了资本全球化内容片面的单向度属性,实现了对全球化正义路向的价值引领,完成了形塑新型全球化的世界历史任务"①。构建人类命运共同体并非一朝一夕之功,更不能仅靠一国之力加以完成,需要国家长期的交往与共同合作,共同负担起相应的生态治理责任,加强跨区域生态环境保护,共同推进全球生态治理,共谋世界生态文明建设之路。习近平总书记指出,"人类生活在同一个地球村里,生活在历史和现实交汇的同一个时空里,越来越成为你中有我、我中有你的命运共同体。"②今天,经济全球化大潮翻涌而来,新的科技革命和产业革命飞速发展,人类交往的世界化趋势比以往的任何时候都更加深入、更加广泛、更加复杂,世界各国之间的相互联系也比过去任何时候都更加频繁,和平、发展、合作、共赢、共享已成为新时代的新潮流和新风尚。21世纪是一个绿色发展的时代,中国积极践行绿色发展理念,在尊重自然、顺应自然、保护自然的前提下促进全球生态治理,积极推进人类命运共同体建设,坚决反对资本霸权,维护全球公共生态资源安全,携手建设更加美好的世界。

　　当前,人类处在一个挑战层出不穷、风险日益增多的时代。全世界面临着经济发展乏力、经济危机频发、发展模式多元、局部动荡时发、霸权主义强权政治困扰,与此同时也面临着恐怖主义、网络安全、重大传染病、气候变化等非传统安全威胁。"西方中心论"已经不符合人类文明发展的大势。共应挑战、共克艰难已是不可回避的责任。和平发展是世界人民的共同心声,冷战思维、零和博弈、充当世界霸主的行径早已不被这个世界接受。在经济全球化、世界多极化的今天,世界各国只有坚持和平发展、携手合作、同舟共济,共建人类命运共同体,才能实现互利共赢,推进人类文明的发展与进步。

---

　　①　乔玉强:《互动与形塑:人类命运共同体与全球化的互构式发展》,《社会主义研究》2020年第4期。

　　②　中共中央宣传部:《习近平新时代中国特色社会主义思想学习纲要》,学习出版社2019年版,第208页。

第六章　构建生态产业结构:中国特色社会主义生态文明建设的基本骨架

　　产业是人类在认识自然和改造自然过程中,将人的力量作用于自然的产物,是人类社会的一种现实的、感性的客观活动过程。从某种意义上讲,产业是人与自然关系的物质表现,是人与自然关系的一种基本的存在方式。在整个社会生产系统中,产业结构既是"资源的转换器",也是"污染控制器",产业结构的具体构成情况,直接反映一个国家或地区的生产类型以及资源能源消耗、污染排放水平。产业总体发展水平是生态发展层级的最直接反映。纵观人类文明史,我们可以发现,人类社会不同发展阶段的产业发展的类型及其水平与这一时期的生态发展层级关系密切。产业结构的生态化是发展循环经济、推进生态文明建设的重要依托。2015年5月,中共中央、国务院发布了《关于加快推进生态文明建设的意见》,明确提出,要构建科技含量高、资源消耗低、环境污染少的生态产业结构,形成符合生态文明建设要求的产业体系,既是推进生态文明建设的保障,也是中国特色社会主义生态文明建设的基本骨架。

第一节　产业结构生态化调整:生态文明建设的现实需要

　　产业的发展"是一个自然历史过程,是自然的辩证演化与社会建构的统一"①。在人类社会的早期(原始社会和奴隶社会时期),采集和狩猎是该时期的

---

① 刘红玉、彭福扬:《马克思的产业思想与当代产业发展》,《自然辩证法》2011年第2期。

主要产业类型,人类所利用的劳动工具相对简单,主要是木棍、石器等一些经过简单加工的自然原材料,采集和狩猎的范围和水平十分有限,产业生产所造成的生态破坏也十分有限,生态发展尚未进入人类社会的发展层级。进入封建社会后,农业成了这一阶段的主要产业,人类开始过上定居的生活,铁器开始广泛地于农业生产,人类的生产能力和活动范围都有了大幅度地提高,个别地方由于过度农耕,出现了生态局部破坏,生态发展已经进入到人类活动的范围,封建社会兴建的"皇家花园""后花园"等生态设施,说明人们的生态需要和生态发展的需求已经被激发,生态发展进入到第一层级。到了近代资本主义社会,资本主义大工业短时间得到了迅猛发展,工业无疑成为了近代资本主义社会的主导产业,先进机器不断被发明出来,人类社会的产业生产能力和规模空前扩大,工业发展所造成的生态环境破坏空前严重,已经严重影响到人的正常生活和生命健康,人类开始认识到产业发展的生态意义,认识到生态发展的重要意义,并为此作出一些改变和努力,生态发展处于第二层级。现代社会,各个国家产业发展迅速且差异巨大,各国的主导性产业不一。但总体上,人类在科学技术的帮助下,产业生产能力和规模都迅速膨胀,不少区域都远远超出了环境的生态限值,人与自然之间的矛盾不断激化,全球性生态危机日趋严重,生态发展的紧迫性和必要性已经被大多数人所认同。为此,各国纷纷调整产业结构,积极发展第三产业,生态发展进入第三层级。目前人们关于产业结构与生态发展层级关系基本形成共识,一般而言,一个国家或地区三大产业比例是衡量该国家或地区产业结构生态化水平的主要依据,三大产业保持在1.5∶2.5∶6的比例,说明产业结构较为合理,生态发展层级较高。欧洲很多生态环境良好型国家的第三产业的比例都超过了60%。调整三大产业的整体结构以及产业内部的系统结构,提高产业结构的生态化水平,对于促进生态文明建设,实现人与自然和谐具有重要意义。

一、产业结构的生态不平衡

资本趋利的本性,必然会导致资本大量向盈利型产业集中,产业的不平衡成了经济发展中常态。产业的最初形态直接来源于自然界,产业发展离不开自然界,没有了自然界,没有了外部感性世界,产业发展也就无从谈起。一定社会条件下的产业发展,总会受到自然规律和社会规律的制约。任何产业都不是人们按照自己的意志随心所欲地发展起来的,而是在遵照既有自然规律和社会规律前提下才得以发展。"人们不能自由选择自己的生产力——这是他们的全部历史的基础,因为任何生产力都是一种既得的力量,是以往的活动的产物。"①但是,在资本主义条件下,资本家在"最大化利益"驱动下,无视产业发展的自然和社会规律限制,任性地将资本向眼前"利润丰厚"的产业集中,导致个别产业短时间内迅速膨胀扩张,产业的不平衡发展和畸形发展成了必然。对此,马克思在《资本论》中对英国纺织业的迅速膨胀进行了描述,英国通过"羊吃人"的圈地运动,将农业和畜牧业的所必需的土地和草地占为己有,建立起一座座纺织工厂城,极力发展纺织业,纺织业一度成为英国具有绝对优势的主导产业,农业、畜牧业发展萎靡。资本的任性,使得纺织业在英国的各个产业中"独领风骚"。但是,纺织业的迅猛发展并没有考虑到不以人的意志为转移的自然规律和社会规律,纺织业的发展是建立在对农业和畜牧业的盘剥基础上的,纺织业兴盛与农业、畜牧业的萎缩是同一个过程,导致了农业、畜牧业发展不力,产业结构严重失衡,对土地和草地的大量占用以及大量污染物的排放,导致自然生态系统自净能力的下降和生态环境的严重破坏;无视社会对纺织品的总需求,盲目地扩大再生产,使得纺织业经过"一时辉煌"后,出现大量的生产过剩,最终导致了英国经济危机的爆发。英国资本家的任性行为,促进了纺织业大发展,但也进一步制约了农业、畜牧业的发展,导致产业不平衡发展和生态恶化的双重恶性循环的发生。

马克思在《资本论》中对机器大工业的发展导致的产业发展的地区不平衡进行了描述,指出,资本主义国家机器大工业的快速发展和海外移植,改变了广大殖民地国家的产业结构,"迫使这些市场变成它的原料产地。例如东印度就被迫为大不列颠生产棉花、羊毛、大麻、黄麻、靛蓝等"②。西方发达国家从 2020 年开始,全面征收碳关税,这对我国是一个巨大的生态挑战,因为 2020—2030 年正是中国碳排放量的高峰期,如果我国不进行产业结构生态化调整,不降低碳排放量,我国在 2020 年后遭受前所未有的贸易出口重挫,对于我国的贸易行业和产业造成毁灭性的打击。之所以这么说,原因在于一旦按照西方的标准征收碳关税,我国的所出口产品中将会有很大一部分产品将会因碳排放量过高而被征收高额关税,最终会导致因出口受挫而产生的经济增长乏力甚至下滑。为此,对于中国而言,抓紧时间,积极调整产业结构,尽快实现产业升级,显得十分重要与迫切。我们面临的发展任务依然十分艰巨,降低能耗以及碳排放量,构建生态产业结构,依然任重而道远。

从世界产业发展的历史来看,西方发达国家经过两三百年的发展,完成了工

---

① 《马克思恩格斯文集》第 10 卷,人民出版社 2009 年版,第 43 页。

② 《资本论》第 1 卷,人民出版社 2004 年版,第 519 页。

业化并进行了产业的生态化调整,制定了它们所认可的低碳排放的国际规则。这些规则对于广大尚未完成工业化的发展中国家而言,实质上是一种不公平的产业发展限制和绿色强制,因为这些发达国家在早期的工业化进程中也排放了大量的碳,并且现在这些国家的低碳化生产是建立在对广大发展中国家碳转嫁和碳转移的基础之上的,实际上西方发达国家才是最主要的高碳产品消费者。现在西方发达国家无视各个国家发展进程的差异,不顾发展中国家的产业生态化调整的时间周期实际,一刀切地推行所谓的国际低碳排放标准,本质上是一种绿色贸易壁垒和贸易保护主义。针对西方发达国家的产业发展限制,我国一方面要联合其他发展中国家通过合法的途径打破产业发展限制;另一方面也要顺应世界经济发展的绿色环保方向,积极进行产业的生态化调整,引导企业从事生态产业生产,引进西方先进的低碳生产技术,改进企业生产工艺,努力降低产品生产的碳排放量,促进产业链的生态化调整,使中国的生产出口链条以及产业结构得以全面提升。①

改革开放以来,我国的产业结构不断趋于完善,三大产业结构比从 1978 年的 27.9%:47.9%:24.2%,逐步优化成 2012 年的 10.1%:45.3%:44.6%,②产业结构的生态化程度有了较大的提高,但就生态文明建设的产业结构目标而言,我国产业结构的生态化水平还需进一步的提高。现阶段,我国三大产业非均衡发展比较突出,产业结构的合理化过程比较滞后。第一产业基础地位依然十分薄弱;第二产业比重偏大且重工业化倾向比较突出,"大而不强"是第二产业的典型特征;第三产业比重偏低,现代服务业附加值不高,结构性缺陷比较明显。

就农业而言,在农业内部的产业结构中,农作物产值所占的比值较大,林牧副渔业产值的比值明显偏低。1978 年,我国农作物的产值占农业总产值的80%,2011 年,虽然农作物所占的比例有了大幅下降,但仍然高达 51.6%。③ 自1978 年农村实施家庭联产承包责任制以来,农业取得了突飞猛进的发展,农民的收入得到了普遍提高,农村经济实现了快速发展。但是,农业的发展仍然建立在对自然资源的大量消耗的基础上,农业的发展对自然环境的破坏十分严重,毁林开荒、围湖造田、过度放牧、农药化肥的滥用。据《中国农村统计年鉴 2014》,2013 年全国化肥使用量 5704.2 万 t,农药使用量 178.7 万 t,农用塑料薄膜使用

---

① 参见廉天远、赵景峰:《碳排放约束下中国出口贸易转型的方向》,《人民日报》2015 年 8 月 29 日。
② 参见王春益:《生态文明与美丽中国梦》,社会科学文献出版社 2014 年版,第 156 页。
③ 参见王春益:《生态文明与美丽中国梦》,社会科学文献出版社 2014 年版,第 156 页。

量 229.5 万 t,农用柴油使用量 2057.4 万 t。[①]"1984 年以来,我国化肥(氮肥、磷肥)用量持续增加,增量约为 225%,单位面积产量增加 56%。我国化肥平均用量 400 公斤/公顷,某些地区甚至高达 600 公斤/公顷。我国化肥平均用量是世界公认警戒上限 225 公斤/公顷的 1.8 倍以上,更是欧美平均用量的 4 倍以上。"[②]如此大规模地使用化肥、农药、农膜、柴油,势必对农村的土壤、地表水和地下水造成污染,化肥中的未被吸收的氮和磷深入到地下水以及挥发到大气中,直接造成水源和空气的污染;农药的过量或者不合理使用,不仅会导致一些动植物的死亡,而且残留在农作物中,会直接危害人们的生命健康;柴油的大量使用,直接污染空气;调查显示,农膜的回收率约为 80%,仍有大量农膜残留在土壤中,农膜的主要化学成分为聚乙烯,很难分解,残留在土壤中,将会影响土壤的结构,进而影响土壤系统中的物质流动,降低土壤的肥力。大面积地焚烧秸秆,焚烧产生的浓烟是造成 PM2.5 的浓度升高主要因素之一,2013 年夏季遥感监测显示,大范围秸秆焚烧可以使 PM2.5 在几个小时内上升 4~5 倍,造成了农村生态资源和生态环境的严重破坏。调查显示,在华北平原,存在大量开采地下水以灌溉农作物的现象,造成地下水位呈普遍下降的趋势。2000 到 2010 年的 10 年间,华北平原的心脏地区——河北省,地下水位平均下降率 2.9 米。随着地下水位不断下降,农业的生产能力以及生态环境面临巨大的压力,若不能得到有效治理和制止,昔日的"华北粮仓"将成为无粮可产的"荒芜之地",农民也将被迫退回到靠天吃饭的困境中。除此之外,过度放牧在中国西部普遍存在,数据显示,改革开放以来,中国仅羊一种牲畜畜养量高达 2.81 亿只,而同时期的美国羊的畜养量只有 900 万只,中国羊的畜养量是美国的 300 多倍,这些羊集中在中国西北,几乎啃光了土壤上的植被,肥沃的牧场逐渐沦为了沙漠。[③]耕地面积已经接近 18 万亩的红线,农业依靠粗放式的大面积播种来实现产量增加的余地不大,农业的可持续发展的难度不断加大。

工业产业层次低,生态附加值不足。目前我国工业产业结构总体上仍然属于原料和资源密集型为主导的粗放型产业结构,资源型、劳动密集型工业企业较多,初级产品较多,高附加值的技术高端产品不足,产业链较短,产业集群化程度

---

① 国家统计局农村社会经济调查司:《中国农村统计年鉴 2014》,中国统计出版社 2014 年版,第 39 页。

② 环境生态网:《我国化肥用量超世界公认警戒上限》,2015 年 1 月 9 日。http://www.eedu.org.cn/news/envir/epc/201501/98516.html

③ 参见[美]莱斯特·R.布朗:《崩溃边缘的世界:如何拯救我们的生态和经济环境》,林自新等译,上海世纪出版集团,2011 年版,第 32 页。

不高,生态效益不高,可持续发展能力不强。当下,发达资本主义国家通过垄断资本和产业优势,将大量的低端产业尤其是高能耗、劳动密集型产业转移到中国,中国成了"世界工厂",为英、美日生产和加工各类商品甚至高档奢侈品,中国作为"工厂"的商品生产者和加工者,却没有出售这些产品或服务的资格,在产品的总利润中,获得很少的一点"辛苦钱",巨额利润被发达资本主义国家拿走了。例如一台在中国生产的苹果手机,在其利润分配时,苹果公司获得58.5%的利润,而中国只能分得总利润的1.8%代工费,产业竞争力明显不足。就我国现有的产业结构而言,"生产者""消费者""分解者"三者尚未形成合理的比例,产业结构的生态化水平有待进一步提高。产业结构的生态化调整能够克服传统产业结构的生态难题,在经济发展的同时,实现生态环境的改善,将经济发展对生态环境造成的生态压力降低到环境的生态限度以内,产业结构的调整,既有利于经济的健康持续发展,也不会对生态环境造成严重的破坏,并且还能在经济发展过程中修复和改善被破坏的生态环境。

二、产业结构转型升级:生态文明建设的前提依托

生态文明建设不是理念上的"空中楼阁",需要行动上的"脚踏实地",生态文明的理论与实践要求产业结构生态化转型,产业结构生态转型升级是生态文明建设的基本依托和前提条件。人类社会诞生以后特别是资本主义社会以来,产业革命的发生与产业活动的开展,极大地促进了经济社会的发展,同时也消耗了大量的自然资源,生态环境每况愈下。20世纪70年代以来,产业的迅猛发展,资源环境的瓶颈效应日益明显,产业发展导致的生态问题日益突出,经济发展的不可持续性不断增强。人们在经济生活不断改善的过程中,对良好生态环境的需求不断增强,影响全球的环境运动的充分说明了这一点。生态文明建设离不开经济发展,经济发展少不了产业的发展。离开了产业的发展,经济列车就没有了引擎,社会发展就没有了可能,生态文明建设自然也就无从谈起。但这并不是说,只要有了产业的发展,生态文明建设就成了"自然而然的事情"。因为生态文明是一种绿色文明,它必须克服传统产业的生态弊端,如果产业发展还是传统模式的简单重复,那么建设的仍然是工业文明。生态文明的提出,给产业结构调整提出了新的要求。新中国成立之初,由于我国工业基础薄弱,产业发展工业化倾向十分突出,致使我国产业结构层次比较低下,资源能耗大、环境污染严重一直是我国产业发展中的突出难题。改革开放以来,我国产业获得快速发展,但产业发展与自然生态系统的失衡问题依然存在,有时部分区域甚至十分严重。究其原因,部分区域过分地"以经济建设为中心",过于强化GDP指标,一定程度上容

忍了传统产业对资源的消耗和对环境的破坏。加上市场机制和生态补偿机制的不完善,进一步加剧了产业发展对生态环境的盘剥,产业结构的生态化转型迟缓,加剧了产业发展与自然环境之间的矛盾。新时期进行生态文明建设,必须正视我国产业结构的实际,必须实现产业结构的生态化转型,彻底改变"先污染、后治理"的传统产业发展模式,推进产业向生态产业系统演进,构建生态产业结构,妥善解决产业发展中的生态问题,走绿色可持续发展的道路。唯有此,生态文明建设方有可能。

三、生态文明建设:产业结构转型的"助推器"

生态文明作为人类文明发展的方向,是一种不可逆的发展趋势和规律,生态文明建设将会形成一种强大的不以人的意志为转移的客观力量,为经济社会的健康持续发展提供强有力的推动力。产业发展作为经济社会发展的重要内容,毫无疑问也将获得强大的发展助推力。除此之外,生态文明是"五位一体"总布局的重要组成部分,生态文明建设是中国特色社会主义的重大战略,国家将从战略的高度大力支持和推进生态文明建设,这对今后相当长的一段时间内产业结构的调整与发展产生深远的影响,为产业结构的生态转型提供了方向和政策保障。

从国家的可持续发展来看,建设生态文明,必须加快经济发展方式的转变。经济发展从粗放型向新常态转变,改变以往"以速度论英雄"的发展理念,"增长速度由高速向中高速转换;发展方式从规模速度型粗放增长向质量效益型集约增长转换;产业结构由中低端向中高端转换;增长动力由要素驱动向创新驱动转换"[①];粗放型经济增长是以牺牲生态环境资源为代价的。我国目前资源能源的综合利用率较低,仅为33%,比发达国家低10个百分点;农业灌溉用水利用系数只有国外先进水平的50%,工业用水重复利用率比发达国家低15%~25%;矿产资源的总回收率只有30%,比国外先进水平低20%;单位建筑面积采暖耗能高于气候条件相近的发达国家的2~3倍。2010年,"我国的国民生产总值为5.923万亿美元,占世界的9.39%,但却消耗了世界全年的10.6%的石油、48.2%的煤炭、43.3%的钢铁、38.8%的精铜、34.8%的原铝和43.4%的锌锭"。[②] 资源

---

① 王斯敏、柳霞:《专家学者研讨"新常态 新发展"及改革热点》,《光明日报》2015年1月7日。
② 李晓西、胡必亮:《中国:绿色经济与可持续发展》,人民出版社2012年版,第44页。

生产率相当于美国的 28.6％、欧盟的 16.8％、日本的 10.3％。[①] 我国的 40 多年的经济快速发展是建立在资源大量消耗、大量浪费、生态环境破坏的基础上的,粗放型的经济的增长不断加重着生态环境的负担。

40 多年的中国经济的快速发展严重依赖于巨大的资源和能源消耗,我们可以通过下面的一组数据看出我国经济增长方式仍然还是粗放型的。2000 年我国的能源消费总量为 14.55 亿吨标准煤,2011 年的能源消费总量为 34.8 亿吨标准煤,年均增长率为 8.25％。2011 年能源消费弹性系数为 0.76。2012 年中国能源消费总量为 36.3 亿吨标准煤,比 2011 年上涨了 4.3％,能源消费弹性系数为 0.55。2013 年中国能源消费总量约为 37.92 亿吨标准煤。比 2012 年上涨了 4.5％,能源消费弹性系数为 0.6。2014 年和 2015 年的能源弹性系数为 0.66和 0.73,我国对资源和能源需求增长迅猛。[②] 我国经济发展一方面具有“能源依赖性”的特点,粗放型比较明显;另一方面我国能源供应具有“海外依赖性”的特点,就目前而言,我国的能源生产和供应还无法满足经济增长的需求,还需大量进口。我国当前“资源依赖型”经济发展方式势必带来生态资源的大量消耗的生态环境的破坏,造成生态环境的恶化,已经成为国民经济发展的“负资产”,是一种不可持续的发展方式。面对这种生态形势,我国提出生态文明建设的国家战略,既对产业结构生态转型提出了要求,也为产业结构生态转型提供政策动力。

第二节　产业结构布局优化与生态系统的“新陈代谢”

产业结构布局对于整个生态系统的“新陈代谢”具有重要影响,产业发展的水平来看,一个地区主导产业在整个产业结构中所占的比例以及发展的速度和规模,对该区域的生态资源和环境的开发与利用产生直接影响。例如这一区域以钢铁制造业为主导产业,这就意味着大量能源的消耗以及大量的污染排放,生态环境遭受的破坏相应比较严重,生态系统内部的新陈代谢缓慢甚至断裂;如果这一区域以休闲旅游业为主导产业,生态环境良好是前提条件,排放物主要来自生活消费,生态环境的压力相对有限,生态系统内部物质变换顺畅。

[①]　参见章柯:《战略转型:在传统环境与发展模式走到尽头之际》,《第一财经日报》2008 年 2 月 1日。

[②]　中国社会科学院世界经济与政治研究所《世界能源中国展望》课题组:《世界能源中国展望2013—2014》,社会科学文献出版社 2013 年版,第 52 页。

一、优化产业布局

马克思在《资本论》中论述社会总资本扩张时，将社会生产分为生产资料生产部类（第Ⅰ部类）和消费资料生产部类（第Ⅱ部类）。每个部类包含相应的产业，第Ⅰ部类主要是面向生产，对应于采矿、冶金、机器制造等重产业部门，第Ⅱ部类主要面向消费，对应于食品加工、服装制造和农业等产业部门。这些产业部门在社会总生产过程中，应保持适当的比例，共同推进社会总资本扩张。马克思通过对简单再生产以及积累和扩大再生产两种社会生产中的两大部类的资本有机构成详细分析，得出了社会总资本扩张的一般规律。我们通过对资本扩张的一般规律的分析，可以确定一个基本事实："产业结构及其发展的比例关系：第一部类的产业发展速度必然要比第二部类的产业发展速度快"[①]，从而第一部类的生产规模和生产的产品总量要比第二部类多，如若不加控制和调整，生产部类规模和比例总是高于消费部类，长此以往，必然产生生产过剩，导致生态危机和经济危机的爆发，造成资源能源的严重浪费，资本主义的发展史已经充分证明了这一点。为此，产业结构必须进行适度调整，保持相应的比例，不能任其发展。我们在进行生态文明建设过程中，须从生态发展的总目标上来合理调整产业结构布局，促进生态资源的合理配置，推进经济社会的可持续发展。

随着全球性生态危机日趋加剧，产业结构生态化布局和调整成了产业发展的主流趋势。纵观产业发展的历史进程，可以发现，人类社会最初产业主要是满足人的生存需要，后来慢慢衍生出满足人们生活、享受、发展需要的产业，产业生产的产品也逐渐从物质产品向具有人文精神、自然审美的精神产品和生态产品发展，并且物质产品在人类所需要和消耗的总产品中所占的比例越来越小，低能耗的生态化产品所占比例越来越高，产业结构的生态化调整是人类社会可持续发展的基本要求。产业结构的生态化布局和调整主要包括两个方面的内容：一是产业的总体布局与调整，即根据自然资源条件和人的总体社会需求，确立产业发展的方向和具体比例，规划产业布局，形成不同部类之间的产业链，各产业协调发展；二是产业内部结构的调整，即根据产业的生态和经济效益，对产业的生产工艺和产业链的具体生产环节进行调整，降低能耗、减少污染，提高产业的生态效益，促进产业的转型升级。"产业生态化既是产业发展的自然演化的结果，即人化的社会的自然的发展，也是产业活动的主体——人的能动的社会实践即

---

① 张华夏：《马克思论劳动、异化和产业结构》，《学术研究》2014 年第 4 期。

自然的社会建构的逻辑必然,是合规律性和合目的性的统一。"①生态文明是人类社会实践发展的产物,生态文明建设是人们尊重自然规律基础上,旨在实现人与自然、人与人的和谐发展的实践活动,其本质也是"合规律性和合目的性的统一"。产业作为生态文明建设基本依托,其结构的生态化布局与调整是生态文明建设的必然要求。

在现实的产业发展中,各个区域的各个产业不是孤立发展的,而是相互关联,形成了彼此之间物质、能量交换的产业网络,一个区域的主导产业或者龙头产业的迅速发展,将会很快辐射周边区域,并对该区域的产业发展产生直接影响,仿制周边区域的龙头产业或者为龙头产业提供服务加工成了该区域产业发展的方向选择。在整个产业链中,上游产业生态化水平将会对下游产业产生扩散效应,影响到下游产业结构布局及生态化发展水平。

二、大力发展生态产业

就产业结构的生态调整而言,不能只注重某一产业独立结构的调整,而是从三大产业的总体布局出发,整体通盘考虑,打破产业之间的界限,实现产业间的相互渗透,树立"上下一盘棋"的理念,实现三大产业的生态协同发展。

生态农业遵循生态学和生态经济的规律,保护生态,防治污染,培植资源,提供清洁事物和优美环境,是高效益地不破坏环境的现代集约型产业。把农业生产调整到良性生态循环和经济循环的轨道上,形成经济、生态、社会三大效益的有机统一。发展生态农业,需要科学使用化肥和农业,积极使用有机肥,改进灌溉技术,节约水资源,实现农业废弃物的循环利用。

施肥对土壤碳、氮含量、可矿物化量和农田生态系统生物活性具有重要的影响。目前我国农业生产中,化肥使用量过大,对农田生态系统和农业发展产生了较明显的不利影响。化肥大量使用,会导致农田土壤结构硬化,土壤再生产能力的下降,不利于农业的可持续发展。发展生态农业,必须改变施肥方式,减少化肥的使用,提高有机肥和农家肥的使用比例。遵循农田系统的"物质循环"规律,实施秸秆还田。研究显示,土壤的有机碳含量与农作物的残留物返还量呈线性关系,农作物的残留物是决定土壤有机碳含量的关键因子之一。② 就目前我国农业发展和农村的实际,秸秆还田是最具有经济性和可行性的农耕改革的措施,便于推广,秸秆还田可以抑制温室气体的扩散,增加土壤的有机质含量,提高土

---

① 刘红玉、彭福扬:《马克思的产业思想与当代产业发展》,《自然辩证法》2011年第2期。
② 参见唐方方:《气候变化与碳交易》,北京大学出版社2012年版,第188页。

壤肥力,实现农业生产中非经济产量的资源化利用,是发展生态农业的重要方式。需要强调的是,秸秆还田不是秸秆的就地焚烧,焚烧后的秸秆不仅有机质大大减少,而且焚烧时,会产生大量的烟尘,污染了空气,破坏了环境。秸秆还田一是农作物收割完毕后直接还田,这一方式周期较长,并且秸秆的利用率没有得到最大化利用。二是将秸秆沤制、发酵后再次返田,沤制、发酵秸秆既可以发展沼气,提高农作物残余物的使用率,也可以提高土壤对有机质的吸收。促进农业生产方式的转变,大力发展节约集约式农业,推广节能型农业机械,推进中低产田改造,高标准基本农田建设,发展农作物套种模式,加强农业生产废弃物的无害化处理和再利用,积极拓展农业产业链,提高农业的附加值,发展农业循环经济。①

农业的生态化转型是生态文明建设的最基本环节,没有了农业的生态化转型,人们的最基本的饮食都得不到生态保证,生态文明建设就失去了应有的意义。为此,须按照农业内部生态链良性循环要求,发展生态农业,通过修复农业生态链,保护水土,还原土地自然肥力,发展有机农业,推进粮食生产和其他经济作物生产的协调发展,促进农业的生态化转型。在大力发展生态农业过程中,政府应该积极作为,给予从事生态农业生产的农民相应的补贴,大力扶持生态农业。因为农业生产对于农民而言,更多的是从农业生产中获利。发展生态农业需要投入更多的成本,农民不会主动承担多余的生产成本。这就要发挥政府的引导作用,通过生产补贴的方式鼓励农民从事生态农业生产,减少对农药、化肥的依赖,促进农业的生态转型。

工业是我国能源资源消耗以及污染排放的主要产业,2010 年,"我国工业能源消耗达 21 亿吨标准煤,占全社会总能源消耗的 65%,占全国化石能源燃烧排放二氧化碳的 65% 左右,钢铁、有色金属、建材、石化、化工、和电力六大高耗能行业占工业化石能源燃烧二氧化碳的 71% 左右。"②工业是推动我国经济社会发展的主要力量,工业的生态化转型是优化产业结构的主要任务,也是奠定生态文明建设经济基础的关键。为此,在遵循经济规律、生态规律的基础上,运用系统工程的方法对工业进行生态化改造,改变传统工业生态效益低下的状况,按照生态文明建设的要求,宏观上根据生态经济系统进行工业布局,微观上利用科学技术做到资源的多层级循环和综合利用,发展清洁生产,走新型工业化道路,推动

---

① 参见杨春平:《推动生产方式绿色化》,《光明日报》2015 年 5 月 14 日。
② 郭兆晖:《生态文明体制改革初论》,新华出版社 2014 年版,第 140 页。

工业集约发展,实现工业高度化和生态化转型。[①]

面对工业的巨大的生态压力,高效、清洁、低碳已经成为世界能源发展的主流方向,各国都在努力提高可再生能源和核能等清洁能源的利用比例。在工业生产领域,坚持"源头减量、过程控制、纵向延伸、横向耦合、末端再生"的生产理念,大力推进工业的绿色生产。加强资源开采方面,积极实施绿色开采,提高矿产资源的回采率。深化生产的生态设计,积极推行清洁生产,加强重点行业的节能减排和节水技术的研发与改造,推进重点行业、产业生态转型,打造循环经济产业链,发展循环经济。在末端治理方面,减少工业生产排放,对排放物进行无害化处理,对产品包装物和消费后的废物进行回收并综合利用。[②]当下,我国能源生态开发与使用的方向是:"安全高效开发煤炭、加快常规油气勘探开发,大力发展非常规天然气资源、积极有序发展水电、安全高效开发核电、加快发展风能等其他可再生能源。"[③]

大力发展战略性新能源产业,化解产能过剩,提高经济发展的质量和效益,不仅对我国当前经济运行下行压力增大的情况下保持经济平稳健康发展有着重要意义,而且对于进一步优化我国的产业结构、促进生态文明建设有着重大的现实意义。理顺新能源产业链协调发展机制,不断延伸新能源产业的技术链和价值链,构建新能源产业及其相关产业的战略联盟,发挥新能源产业的"龙头"作用,不断点燃产业发展的新的"爆发点",带动区域产业整体发展。建立生态工业园是发展生态工业的基本模式。一个地区的生态工业发展的好坏不仅与当地的工业类型、地理条件、资源状况密切相关,而且还受到该地区的发展工业的区域布局、企业整合等因素的影响。建立生态工业园,将不同企业在同一区域内集中,建立工业生产链条,通过园区不同企业之间的横向耦合与纵向闭合的关系形成循环经济系统,使得不同企业的废弃物都能在下游找到"分解者",实现园区不同企业之间副产品和废物的交换与使用,减低生态废弃物的排放量,减轻生态环境的负荷,改善人们的生产和生活环境。生态工业园的建立,密切了企业间在生态环境再生产上的联系与合作,有助于区域生态环境的改善,生态环境的改善将进一步转化成外在的吸引力,这种吸引力一方面是吸引更多的企业(包括外企)加入生态园区,提高园区的生态竞争力;另一方面是吸引更多的工业园转变

[①]　参见黄志红、任国良:《基于生态文明的我国产业结构优化研究》,《河海大学学报》(哲学社会科学版)2014年第4期。

[②]　参见杨春平:《推动生产方式绿色化》,《光明日报》2015年5月14日。

[③]　中华人民共和国中央人民政府官网:《国务院关于印发能源发展"十二五"规划的通知》http://www.gov.cn/zwgk/2013-01/23/content_2318554.htm

经济发展方式,建立起不同区域的工业发展的生态合作,实现不同园区之间的工业发展的生态链接,扩大生态工业发展的区域范围,促进社会产业结构的生态化,推进生态文明建设的纵深发展。

发展生态服务业是实现整个产业结构生态转型的重要着力点。生态服务业由于资源消耗低、环境污染少的特征使其在三大产业中具有独特的生态优势,发展生态服务业,能有效地降低农业和工业发展对生态环境的冲击和破坏,是生态文明建设的重要产业支撑。新形势下,发展生态服务业以绿色化为导向,促进产业高度关联和资源共享,对传统服务业进行生态化改造,推进绿色消费,实现服务业的生态转型。

现代社会的发展,人们的服务需求不断扩大,服务业发展前景广阔。我们需要改变服务业从属于工业、农业的错误观念,正确认识服务业的地位和作用。"服务"是生产活动得以完成的必要环节,具有价值的双重性,"为了这种劳动的使用价值,为了这种劳动以自己的物质规定性给自己的买者和消费者提供的服务。对于提供这些服务的生产者来说,服务就是商品。服务有一定的使用价值(想象的或现实的)和一定的交换价值。"①显然,在马克思看来,服务业并不是一种可有可无的产业,它也是一种商品,发展生产性服务业与产品生产同等重要,并且由于服务业资源消耗少从而具有机器大工业和农业不可比拟的生态优势,大力发展生态服务业,是建设社会主义生态文明的内在要求。

面对生态压力的日益加大,以认识自然、欣赏自然、保护自然的生态服务业成为各个国家生态产业的发展重点。构建生态服务业体系,大力推进旅游、物流、零售批发、餐饮住宿等行业的生态化,大力发展电子商务、金融服务、社区服务、仓储服务、文化休闲等低能耗、低污染的绿色服务业,实现绿色服务、绿色消费,推进服务业的生态化。发展为生态农业和工业提供技术和服务产业。

中国的改革开放40多年的快速发展,尤其是工业化的突飞猛进地发展,使得生态环境压力不断增大,已经严重影响到人们正常的社会生活。为此,节能减排、发展低碳产业是我国生态文明建设重大任务,也是必不可缺的途径。就目前而言,当务之急必须降低碳排放的强度,力争在2020年前后将生产单位GDP的二氧化碳排放量降低40%~45%,到2050年前后,实现人均碳排放量的合理化。现阶段低碳产业发展可以从以下几个方面着手:

(1)制定国家低碳发展战略,整体推进产业低碳化发展。国家从国民经济长期发展着眼,宏观上制定低碳发展战略,开展产业低碳发展的社会评估,引导企

① 《马克思恩格斯文集》第8卷,人民出版社2009年版,第220页。

业从传统产业向低碳产业的转型。

（2）提高能源使用效率,加大可再生能源的开发和应用。就目前我国的能源消耗结构而言,仍然是以石油、煤炭为主,这两种能源都是高碳排放,对环境污染都比较大。相比之下,太阳能、风能、水能、地热能等可再生能源以及核能、生物质能等新能源都属于无碳能源,从生态系统维护、生态环境的保护以及人类的可持续发展,这些无碳能源无疑是产业生态化发展的必然选择。因此,提高能源的使用效率,加大可再生能源的开发与应用,对于促进我国产业结构调整和实现经济发展低碳化的发展具有重要的意义。

（3）发展碳汇产业,再生产生态空间。人类的大量生产和大量消费,使地球每时每刻都在增加大量的碳,如何处置这些日益增加大量碳,是全球发展面临的重大难题。据统计,全球植物每年固定二氧化碳2852亿吨,占大气中二氧化碳总量的11%,其中森林每年固定二氧化碳1196亿吨,占植物年固碳的42%。目前,全世界森林面积自20世纪以来每年减少0.2亿公顷,相当于每年全球二氧化碳的吸收量减少48亿吨。[①] 对于发展中国家而言,由于其经济发展水平以及现实种种问题的解决,不可能为了降低碳的排放量,而采用罗马俱乐部的"零增长"发展方案,放弃发展。解决这样的二难选择难题,可选择的出路就是发展碳汇产业,再生产生态空间。发展碳汇产业,通俗地说,就是发展"碳吸收"产业,将大量富余的碳转化成新的生产要素,消灭"碳积累",为社会生产新排放的碳"腾出空间",不断再生产新的生态空间。我们知道,森林具有强有力的"吸碳"功能,森林植物通过光合作用吸收二氧化碳,释放出氧气,具有碳汇功能。在光合作用条件下,森林植被将空气中二氧化碳以生物量的形式固定在植被和土壤中,将二氧化碳转化成人类所需要的生物碳。在这样的转化过程中,一方面实现了森林植被的"自我发展";另一方面清除了大气中的二氧化碳,减缓了气候变暖的趋势,对生态环境的改善具有积极的促进作用。除此之外,加强碳技术研发,加强碳捕获和埋存技术研究与应用,不断提高碳汇能力。因此,发展碳汇产业,大力发展林业产业,扩大林业规模,加强森林保护,不断吸收、固化二氧化碳,净化空气,从而不断再生产生态空间,改善生态环境。

三、应对国际资本,设立生态产业门槛

我国经过40多年的改革与发展,经济、政治、社会、生态等各个领域发生了

---

① 参见郑晶:《低碳经济与生态文明研究》,中国林业出版社2014年版,第161页。

巨大的变化。土地、劳动力等要素价格大幅度上涨,经济发展的资源能源瓶颈约束日趋加强,人们对"人与自然和谐相处"的美好生活需求日益加大,生态环境压力趋紧。面对这种情形,引进外资显然不能再像以往那样"来者不拒",外资的超国民待遇也不能"普遍享有"。因为目前我国快速发展导致的生态问题也十分突出,倘若对国际资本"一刀切"的"绿灯通行",任凭其在国内任何区域和任何领域投资生产,势必进一步加剧我国资源能源的紧缺程度,导致生态环境的恶化。为此,面对国际资本,我们不能再"照单全收",而是设立必要的生态门槛,择优选资,从重数量向重质量转变,优化利用外资结构,限制国际资本在高物耗、高能耗、高污染项目以及稀缺矿产资源等项目的投资,鼓励国际资本进行新能源和环保技术领域的投资,引导国际资本逐渐向附加值高的产业转移,①促进国内产业结构的生态化调整,促进生态文明建设。

　　生态产业可以这样理解:"集生产、流通、消费、回收、环境保护为一体,将不同行业的生产工艺横向结合,把生产基地和周边的环境纳入共同的管理系统,其目的是谋求资源的高效利用和有害废弃物向系统外的零排放。"②建立原料互补的生态产业链,实现不同产业的生态发展。通过建链、补链、扩链等方式,将原来一条产业链的废料、废气、废水转变成另一条产业链的生产辅料甚至原料,链合不同产业、不同产业的产品和废弃物的相互交换、互相衔接以及高度关联,产业链各个节点上的企业,都是某一种(类)资源综合循环利用的重要一环,每一个环节上的企业废弃物,都是下一个环节上企业生产的重要原料。生态产业链的建立,使得不同企业合理分工合作,避免不必要的重复建设,集中生产与经营,便于资源共享,通过对资源的重复高效使用,既能节约资源,减少资源浪费,充分发挥生产要素的作用;又能够发挥不同产业、企业利益共享、风险共担的整体功能。企业间在物质、能量、信息等多层次的"物质变换",降低物质和能量活动比率,减少物质和能量的消耗量,构筑了工业发展的物质与能量流动的生态系统,建立一体化工业生态网链,避免传统工业独立生产所导致的高能耗、高排放、高污染的生态难题,实现不同企业和不同工业流程之间的物质与能量横向共生,减少政府、企业用于处理生产废料的末端治理的社会成本,实现物质与能量的多级应用,促进生态产业的优化。建立生态产业链,还可以衍生一系列原来没有的新的产业链环,从而提高产业链的附加价值,实现经济效益与生态效益的共赢。③

---

① 参见韩冰:《中国没有出现"外资撤离潮"》,《人民日报》2015 年 9 月 22 日。
② 张劲松:《生活中的生态文明》,江苏人民出版社 2014 年版,第 206 页。
③ 参见:王岩:《循环经济:市场动力与政府推动》,内蒙古大学出版社 2012 年版,第 155-156 页。

"从整个经济系统来看，人类的产业活动应该对自然资源的利用率达到最大化，同时对生态环境的损害达到最小化。从产业的价值流程来看，人类的产业活动应该把产品的生产、消费、报废等整个链条对自然资源的使用和生态环境的损害达到最小。"[①]产能过剩，特别是落后产能的大量存在是导致目前我国资源能源浪费、污染严重的重要原因。目前我国产业国际竞争力不强，不少企业出口的外贸产品，科技附加值不高，主要依靠国家的出口退税才得以维持，这种产业发展方式实际上"拆东墙补西墙"的方法，必然是不可持续的。还有部分企业产业转型意识不足，照搬资本主义国家已经淘汰的产业模式，造成资源能源的过量消耗和生态环境的破坏，产业结构生态转型升级急不可待。

调整产业结构布局，实现产业的生态化。产业生态化是指依据生态学的原理，综合运用生态、经济规律和系统工程的方法对传统产业进行管理和经营，实现产业的经济、社会、生态等效益最大化，达到资源的高效利用、生态环境损害最小、产业废弃物多层次利用的目的。产业生态化是涵盖三大产业各个领域的"绿色产业"，"符合生态文明建设所强调的'生态'，即产业系统的新陈代谢要像生态系统那样以循环的方式运行，因此，产业生态化是最具实质性意义的生态文明建设。"[②]按照科技含量高、资源消耗低、环境污染小的标准构建现代产业体系，实现农业、工业、服务业互动耦合，形成符合生态文明要求的产业发展模式，推动三大产业的生态协同发展，这既是生态文明建设的基础保障，也是中国特色生态文明建设的基本骨架支撑。

第三节　技术创新："中国制造"向"中国智造"的生态转换

马克思指出："手推磨产生的是封建主的社会，蒸汽磨产生的是工业资本家的社会。"[③]技术进步与创新是推动社会经济形态演进的直接动力，也是社会文明进步的重要体现。产业结构的生态转型，关键要建设支撑生态产业大厦的技术创新体系。

---

①　赵西三：《生态文明视角下我国产业结构调整》，《生态经济》2010 年第 10 期。

②　张劲松：《生活中的生态文明》，江苏人民出版社 2014 年版，第 51 页。

③　《马克思恩格斯文集》第 1 卷，人民出版社 2009 年版，第 602 页。

一、技术不先:"中国制造"生态难题的根因

生态文明建设的一个十分重要的内容和目标就是资源的有效利用、生态效益和经济效益的同时提高,这必然要求技术创新能力的提升从而促使新兴产业和知识密集型产业的快速发展,实现产业结构向高技术、高附加值、高集约化方向不断演进。①

一般而言,发达国家在产业发展的技术创新方面具有较为明显的比较优势,发达国家产业发展时的每一次技术创新和技术转让,都对发展中国家的产业发展产生深远影响。当前,新一轮的产业革命方兴未艾,放眼全球,那些发达国家之所以在产业发展方面具有强大的竞争力和优势,其根本的原因在于永不停步的技术创新。

产业发展所需要的资源有两种形态:一种是物质资源,另一种是技术资源。传统产业发展是建立在物质资源消耗基础上的,技术依赖相对有限,发展后劲不足,不具有可持续性。当今发达国家,技术资源型的产业发展迅速,并以此在国际产业链中占得先机,取得了优势。发展中国家经济发展到一定阶段时,物质资源型的产业必然要向技术资源型产业转型,技术资源型产业以其先进性、绿色性、可持续性引领产业发展。我国目前产业发展物质资源依赖还十分明显,技术创新的短板还没有克服,完成产业的生态化转型,还需要时日。按照《中国制造2025年》的发展规划,中国的产业生态转型依然任重道远。

马克思在《资本论》中指出,技术的创新与进步的结果,极大地提高了劳动生产率,提高了资本的有机构成,这样新增加的资本,将会更多地投到科学技术进步和生产资料部类,带来科学技术与生产性产业的发展。资本主义工业的大发展尤其是纺织业的大发展,充分说明了这一点:技术创新是产业跨越式发展的关键。但是目前我国产业总体上技术创新不强,产业发展"量的优势"非常明显,"质的提高"相对不足。不可否认,经过几十年的发展,我国的产业生产和出口规模日趋庞大,这一特点在制造业上具有最鲜明的表现,2011年,我国的制造业占GDP的比重为32.5%,远远高于世界平均水平的18.2%。我国已经成为制造业大国,"中国制造"已经布满全球。但是,与此同时,我们必须看到,我国产业结构不尽合理,技术创新较弱,与西方发达国家相比,"中国制造"的"生态技术含量"还比较低。目前我国的产业链"两端在外",产业链低端化比较明显。我们承

---

① 参见徐增文、何庆龙:《生态文明视角下我国产业结构优化再审视》,《南京政治学院学报》2012年第6期。

接的多为发达国家转移出来的劳动密集型加工制造等低附加值的产业或生产环节,研发设计、营销物流等生产服务型环节外溢严重,关键技术和高端设备过度依赖发达国家,企业的自主创新体系不尽完善,技术创新不足,例如在光伏电技术方面,我国在太阳能发电机组、太阳能电池组件等环节方面的研发相对滞后、生物质能、清洁电力技术支撑不足。加上我国传统产业转型升级滞缓,产业生产的资源利用率不高,新兴产业和知识密集型产业发展不足,使得产业固化在加工制造和组装环节,资源能源消耗巨大,环境污染问题较为突出,产业国际化程度不高,产品缺乏核心竞争力严重制约了我国产业结构的优化进程,不仅影响到三大产业的发展,而且制约了我国经济社会健康持续发展。为此,加快产业技术创新与应用,成为化解产业发展与资源限制之间矛盾、实现产业生态转型的现实路径。

二、技术创新:"中国智造"生态转型的关键

技术创新是经济可持续发展的灵魂,是我国产业结构生态转型升级的不竭动力。加快技术创新,大力发展新兴产业和知识密集型差异,提高资源的利用率和产品的"科技含量",改变产业发展对发达国家的技术依赖,提高产业链的国际地位,这既是全球化背景下我国产业转型发展的紧迫任务,也是推进生态文明建设的现实需要。

现代社会,技术对自然的作用具有双重性:一是去蔽性,让人们得以观察到自然"敞开的形式";二是破毁性,人们依靠技术无所顾忌地破毁自然的生态系统,使人与自然关系处于危险错置的状态。工业文明以来的历史发展表明,技术的巨大进步和滥用将会导致生态资源的枯竭和生态环境的灾难性的破坏。社会主义生态文明建设,必须克服技术的滥用,加强技术创新,促进我国经济生态化转型。

技术创新将会挖掘自然资源以及产业产品和废弃物的新的用途和功用,为产业发展开辟更为广阔的空间,促进不同产业以及同一产业的不同部类之间的物质流动,进一步扩张和延伸产业价值链。因此,技术创新是产业实现生态化发展的关键。技术创新与进步,首先带来的是生产工具的变革,生产工具的变革促使新工艺的广泛采用,增加产业的附加值,在整个产业的生产过程中,废弃物大量减少,生态环境的破坏程度相应地降低,从而加快了产业的生态化进程。其次,技术创新与进步提高了劳动生产率,人们劳动时间的缩短,休闲时间的增大,从而致使人们开始关注自己人文精神的自然审美需求,间接增加了人文精神和自然审美产品的消费,促进生态产业的发展。最后,技术创新与进步,推动了生

产力极大发展,促使社会分工更加细化,产业的生产环节也相应地增多,产业链被不断地延伸和扩展,产业链相关的生产服务性产业发展迅速,产业的生态化进程不断加快。

当前,全球正在掀起新一轮科技革命和产业革命,这与我国加快经济转变方式、建设生态文明形成历史性交汇。2015 年 5 月,中共中央国务院发布了《中国制造 2025》,这是中国版的"工业 4.0"规划,是我国实施制造强国战略第一个十年的行动纲领。在规划中,对我国制造业领域的技术创新重要性及基本路径进行了论述。提出了以"创新驱动、质量为本、绿色发展、结构优化、人才为本"的制造业转型升级的基本方针,将创新放在了制造业发展的头等重要的位置,坚持以技术创新改造传统产业尤其是传统制造业,走创新驱动的发展道路。强化市场主体的技术创新主体地位,突破产业转型升级的关键性技术,加快技术成果的产业转化,强化知识产权的运用,全面推广应用绿色智能先进技术,提高产业生产关键环节的创新能力,提高生产性服务的比重,促进产业价值链的高端化延伸与拓展。通过技术创新,推进产业的生态化转型,实现绿色发展。在技术创新的具体目标和成效方面,2025 年,规模以上单位工业增加值能耗比 2015 年下降 34%,创新能力进一步提高,规模以上制造业研发经费内部支出占主营业务收入比重从 2015 年的 0.95% 提升到 1.68%,实现"中国制造"向"中国智造"的生态转型。

诺贝尔奖经济学获得者斯蒂格利茨曾指出:"中国的投资也需要再定位,包括对创新的投入,要着眼于资源节约方向,而不是和西方国家一样的劳动力节约方向。"[①]面对产业发展的资源瓶颈,资源节约和利用效率提高的技术创新显得尤为重要。我国产业发展的生态化转型当务之急是进一步加大资源节约和利用效率提高的技术研发,保证资源能源的生态化利用,助推产业生态转型。我国作为一个后发国家,产业发展方面的确可以学习和借鉴发达国家产业发展的经验和模式,但是仅仅学习和借鉴,走的还是别人走过的路,发达国家产业发展过程中经历的生态难题,我们也必将继续遭遇,这必然增加我国产业发展的生态风险。除此之外,我们照搬发达国家的模式,充其量最多达到发达国家已有的水平,这样的结果是建立我们发展、发达国家不发展的前提下的。事实上,我们在进行产业调整和发展的时候,发达国家正在研发和应用更高级技术升级和发展本国的产业。为此,我国产业发展在学习西方的同时,必须进一步加快产业的技术创新,一方面我们在模仿中追赶,另一方面我们要在创新中超越,只有这样"双

---

①　转引褚大建:《走向美丽中国:生态文明与绿色发展》,上海人民出版社 2015 年版,第 15 页。

管齐下"，我们才有可能摆脱产业发展的低级形态，才不至于失去当今世界产业大转型升级的历史性机遇，才有可能在日趋激烈的国际产业竞争中赢得主动权和话语权，才能实现我国经济的健康可持续发展。

技术进步是现代社会产业转型升级的强大动力，人类社会以来的每一次技术革命，无不带来产业的巨大转型与发展，技术创新已经成为产业调整转型的主动力。例如美国在水平钻井设备和测井仪器方面的技术创新与突破，产生了美国页岩气革命，改变了美国产业能源结构，推动了新能源产业的发展。我国现阶段还是一个新兴工业化国家，传统产业在整个产业结构中依然占有很大比例，这给我们生态文明建设提出了挑战，如何破解传统产业发展的生态难题、促进生态文明建设，是我们当下必须认真思考并加以解决的重大现实问题。任何事物都具有两面性，传统产业生态发展不力在带来挑战的同时，也为生态文明建设提供了机遇。因为传统产业的生态潜力还没有被完全挖掘出来，还有很大的改造空间。技术具有高渗透性，通过技术创新，使得传统产业生产技术化、智能化、生态化，实现产业的转型升级，扩大传统产业的生态空间，智能制造已经成为新一轮产业革命的核心技术，也成为"中国智造"的主攻方向和突破口。

我国现有产业发展过程中，产能过剩与低水平重复建设是个比较突出的问题，进一步加剧了资源能源的紧缺程度，资源利用效率总体偏低，单位 GDP 能耗约为世界平均水平的 2 倍，[①]严重制约了经济的发展。如何化解这一难题，成了我国产业生态发展的关键。目前我国的科技成果转化率不甚理想，据统计，我国每年科技成果转化率约 25％，最终生产出产品的不到 5％，科技进步贡献率不到30％。而在发达国家，虽然科技成果总量不高，但科技成果转化率可达 40％～50％，科学技术贡献率则高于 70％。[②] 技术创新显然不能仅仅停留在我们拥有多少科技成果层次，而是将科技成果转化成现实的生产力，转化成产业结构生态转型的推动力。"中国智造"不能只局限于实验室中，必须与产业相结合，走产学研一体化的道路，推进各个产业的技术改造与升级，提升三大产业的科技含量，不断降低产业能耗和环境污染，促进产业的生态化发展。

通过技术创新，从整体层级上对产业活动进行再分解和重新组合，有机将三大产业链接起来，有效推进资源在不同产业以及不同层级循环流动，增强产业活动与自然生态系统的相互作用，在产业之间以及产业与环境之间形成正反馈机制，推动产业的生态转型升级。技术创新是实现产业结构生态化调整的重要途

---

① 周济：《"中国制造"迎来创新驱动的春天》，《求是》2015 年第 16 期。
② 参见王贵成：《新常态：处理好几组关系》，《光明日报》2015 年 8 月 20 日。

径。产品生产的生态技术创新,可以有效地节约和减少资源能源消耗,缩小生态足迹的影响范围,降低产品生命周期中内生态影响。

当然,构建生态型产业结构不是一蹴而就的,而是一个漫长的过程,每个国家和地区的发展都是一个渐进的历史演进过程,都有一些不得不经历的发展阶段,都有一些不可不跨越的发展台阶。因此,产业结构的生态化调整须循序渐进,不可盲目而为。现阶段,中国面临经济发展放缓和生态环境破坏加快的双重压力,既往"粗放型"的产业结构显然无法同时应对和担负经济发展和生态改善的两大重任,通过技术创新来完成产业结构的生态转型,成了实现经济发展与生态改善同时并举的必然选择。通过技术创新,增加产业的生态含量,实现"中国制造"向"中国智造"的生态转型,构建科学合理的生态产业结构,解决经济发展与生态破坏的历史难题,实现经济发展与生态建设的并行不悖,搭建起生态文明建设的基本骨架。2015 年 5 月,国务院下发了《关于推进生态文明建设的若干意见》,这要求我们在进行产业发展过程中,加快自然资源循环利用的技术研发,推进有利于生态环境可持续发展的新技术和新工艺,广泛应用新技术改造传统产业,实现产业的生态化转型升级,促进经济发展方式的根本性转变。

第四节　全面深化改革的生态之维

经过 40 多年的改革开放,中国产业结构发生巨大变化。"农业在 GDP 中的占比下降,从 20 世纪 50 年代初的 50% 下降到 1978 年的 28.4% ,2012 年进一步降至 10.1%。2012 年以来,中国经济结构又经历了两个主要转变。第一,中国经济向服务业转型。2012—2018 年,中国工业的增加值比重下降约 6 个百分点,服务业增加值比重上升 8 个百分点。第二,工业和服务业内部出现结构转型。中国工业内部正在从低附加值行业向高附加值行业转型,高技术制造业的比重从 1980 年的 24% 增加到 2015 年的 54%;在服务业内部,高技能服务业的比重从 1980 年的 36% 增加到 2016 年的 46% 。"①在产业结构的大调整过程中,中国经济快速发展,取得了一系列世界瞩目的重大成就,在世界经济、政治、文化等各领域发挥越来越重要的作用,为全球的可持续发展作出了巨大贡献,中国特色社会主义已经进入新时代,中国正日益走近世界舞台的中央。经济总量自

---

① 朱民、张龙梅、彭道菊:《中国产业结构转型与潜在经济增长率》,《中国社会科学》2020 年第 11期。

2010 年起,稳居世界第二,多年来对世界经济增长贡献率超过 30%,在人类经济发展史上创造了"中国奇迹"。但是,在取得巨大成就的同时,我国的经济、政治、社会、文化、生态等领域依然存在一些问题:经济下行压力趋大,正处在由高速增长阶段转向高质量发展阶段的跨越关口,意识形态领域斗争依然十分复杂,城乡区域之间依然存在发展不平衡不充分的矛盾,生态环境保护任重道远,社会矛盾和问题交织叠加……改革势在必行,改革已进入攻坚期、深水区。改革依然没有完成时,只有进行时。全面深化改革是新时代坚持和发展中国特色社会主义的必由之路,习近平总书记在庆祝改革开放 40 周年大会上的讲话中指出:"改革开放是党和人民大踏步赶上时代的重要法宝,是坚持和发展中国特色社会主义的必由之路,是决定当代中国命运的关键一招"①,全面深化改革是我们应对新情况、新挑战、克服各种困难和风险的必然选择。全面深化改革是一项复杂的系统工程,涉及经济、政治、社会、文化、生态等领域,需要顶层设计和整体谋划,在具体实施推进过程中,必须遵循相应的经济、政治、社会、文化、生态原则和要求。就生态而言,全面深化改革首先不能破坏生态环境,必须以保护生态环境为底线,在改革中推进生态建设、增进生态公平、促进生态发展,推动中国特色社会主义生态文明建设和中国特色社会主义事业的不断向前发展。

一、保护环境:全面深化改革的基本底线

自然界是人类社会存在和发展的基础,人类的生产和生活活动离不开自然界这个物质条件,正如马克思所言:"自然界是人为了不致死亡而必须与之处于持续不断的交互作用过程的、人的身体。"②改革是将人的意志诉诸现实的一项"改造世界"的重大实践活动,人与自然在改革的实践中确认彼此对象性关系并相互作用。为此,改革不能无视和破坏人与自然之间的相互依存关系,不可片面追求物质财富增长而肆意开发利用自然资源,过度地向自然界索取,忽视对自然资源的保护和生态环境的修复,造成人与自然之间关系的紧张和冲突。改革开放之初,由于我们没有充分认识生态环境保护的重大意义,没有处理好经济增长与环境承载能力相匹配的关系,使生态环境问题也日益从"隐性"发展为"显性",由矛盾的次要方面不断向矛盾的主要方面跃迁,造成生态环境问题后来集中爆发,经济社会发展的整体效能下滑,发展的"木桶效应"日渐显现,人民健康受到威胁,严重影响了人民的获得感与幸福感。历史的悲剧绝不能重演,为此,中国

---

① 习近平:《在庆祝改革开放 40 周年大会上的讲话》,《人民日报》2018 年 12 月 19 日。
② 《马克思恩格斯文集》第 1 卷,人民出版社 2009 年版,第 161 页。

共产党在带领人民进行全面深化改革时,不仅要明确"贫穷不是社会主义",同时也必须清醒地认识到"生态污染也不是社会主义",深化改革不能牺牲生态环境为代价,必须坚持以保护生态环境为前提,促进人与自然的和谐共生。

一是制定和完善环境保护法律法规,从严追惩破坏环境的行为。良好生态环境是人类生存和发展不可或缺的基本条件,但在新中国成立后相当长一段时间内,人民改变现实生活状态的愿望十分迫切,社会主义生产的热情不断高涨,人类理性的局限性随之也不断暴露和显现,涸泽而渔的现象时有发生,生态资源的开发和利用甚至一度出现了无序、混乱的状况,部分地区生态环境破坏严重。党的十八大以后,党和国家对生态环境的保护力度空前,运用最严格的制度、最严密的法治来保护生态环境。2014 年 10 月,党的十八届四中全会通过的《中共中央关于全面推进依法治国重大问题的决定》明确规定:"用严格的法律制度保护生态环境……强化生产者环境保护的法律责任,大幅度提高违法成本。"①2015 年 1 月开始施行的新环保法,被称为"史上最严"的环保法,国家划定生态保护红线,实行严格保护,明确并增加政府、企业、个人等各方面的环境保护责任,加大对环境破坏的处罚力度。2015 年 8 月,中共中央和国务院印发《党政领导干部生态环境损害责任追究办法(试行)》,将生态环境保护纳入干部政绩考核范围,对没有履行或者没有履行好相应生态环境保护职责的党政领导追究责任,造成严重后果的实施终身追责,并进行党纪国法处罚。据统计,改革开放以来,除了《宪法》和《刑法》中的部分条文之外,涉及生态保护、资源保护、污染防治等领域的相关法律达 35 部,行政法规 42 部,自 1984 年以来国务院发布的规范性文件多达 252 部,国家环境保护部门规章 105 部,国务院部门有关规章 26 部。党的十八大以来,环境保护的法律法规在全面依法治国的深入推进之下有效施行,保护环境就是保护生产力的理念得到了广泛认同,生态环境保护工作在中国特色社会主义改革进程中不断推进。

二是建立健全生态环境保护专门机构,强化政府环境保护职能。中国迅速崛起成为一个经济大国,但快速发展积累下来的生态环境问题也呈现出集中爆发、复合叠加的态势。大范围的雾霾天气、海水污染、饮水安全、水土流失、资源瓶颈等问题集中爆发,生态问题不再是一个单一的经济问题,更是一个复杂庞大的社会问题。"后发展国家理应避免走别人已付出过代价的弯路。但是,中国却重复了,并仍在重复着发达国家已经走过的'先污染,再治理'的路,而且污染后

---

① 《中共中央关于全面推进依法治国若干重大问题的决定》,人民出版社 2014 年版,第 14 页。

肯不肯治理,能不能治理,也还是个问题。"①经济快速发展,能源资源需求增长迅速,环境承载能力不断下降,资源环境压力不断加大。20 世纪 80 年代初,党中央深刻认识到环境保护在社会主义改革和建设中的重要性,从国民经济社会良序发展和社会主义现代化建设的高度,重新认识和定位环境保护工作,决心控制和治理环境污染问题。1981 年,国务院发布的《关于在国民经济调整时期加强环境保护工作的决定》明确指出:"管理好我国的环境,合理地开发和利用自然资源,是现代化建设的一项基本任务。"1983 年 12 月,第二次全国环境保护会议明确"环境保护是我国的一项基本国策",制定了"预防为主,防治结合"、"谁污染、谁治理"以及"强化环境管理"环境保护工作的基本政策,确立环境保护工作的基本定位,环境保护纳入到国民经济和社会发展计划,环境保护已经成为社会主义改革和现代化建设必须长期坚持的一项基本国策。与此同时,政府机构改革也日益突出生态环境保护职能,专门机构随之建立并日臻完善。1984 年,设立环境保护局,隶属于当时城乡建设环境保护部,并成立国务院环境保护委员会,领导和组织协调全国的环境保护工作。1988 年,成立独立副部级的国家环境保护局,直属国务院,同时也是国务院环境保护委员会的办事机构。1998 年,国家环境保护局升格为正部级的国家环境保护总局,成为国务院的组成部门,主管环境保护工作。2018 年,成立中华人民共和国生态环境部,下设自然环境保护司、大气环境司、生态环境监测司等 21 个司局部门,全面加强生态环境保护。

三是加大公共投入,实施生态系统保护工程与生态修复工程。据国家统计局数据显示,2016 年,我国生态环境污染治理投资金额达 9220 亿元,比 2001 年增长 6.9 倍。② 用于生态环境治理的资金投入占 GDP 的比例从改革开放之初的 0.51% 上升到 2016 年的 1.24%。根据《全国城市生态保护与建设规划(2015—2020 年)》,到 2020 年,我国用于生态环境的投资占 GDP 的比例将不低于 3.5%,国家用于生态环境保护的财政投入持续增长,持续有效推进生态系统保护工程与生态修复工程。加强森林资源保护,落实城乡造林绿化工作,巩固和扩大退耕还林还草、退牧还草等成果,构建重要生态屏障与绿色保护空间以及连接各生态空间的生态廊道。推进河湖与湿地保护恢复工程,加强野生动植物和生物多样性保护,推进荒漠化、石漠化、水土流失综合治理,建设大气污染重点区域气化工程,重点改造工业污染源,大力改造燃煤电厂超低排放工程,煤炭消费

---

① [美]蕾切尔·卡逊:《寂静的春天》,吕瑞兰、李长生译,上海译文出版社 2014 年版,第 1 页。

② 国家统计局:《环境保护事业全面推进生态文明建设成效初显——改革开放 40 年经济社会发展成就系列报告之十八》http://www.stats.gov.cn/tjsj/zxfb/201809/t20180917_1623289.html。

量明显下降,清洁能源消费量占能源消费总量的比重从 1978 年的 6.6％上升到 2017 年的 20.8％,森林覆盖率 2017 年达到 21.6％,地表水达到或好于山体水体比例达 67.9％,①环境质量明显改善。公共财政的持续投入以及生态系统保护工程与生态修复工程的持续推进,为生态环境改善提供了坚强保障,从而能集中力量有效恢复生态主体功能,保证生态系统良性运转,为生态环境迅速"补血""造血",有力地修复生态系统、保护生态环境,体现出社会主义优越性。

概而言之,中国共产党带领人民进行新时代改革实践时,必须继续坚守"尊重自然、顺应自然、保护自然"的生态底线,充分重视自然界对人类社会发展的重大意义,尊重自然,倡导人们约束自身行为,减少对自然生态系统的干扰和损害,决不能"像征服者统治异族人那样支配自然界,决不像站在自然界之外的人似的去支配自然界"②,顺应自然,遵循自然规律,保护自然,正确处理好经济发展与生态保护的关系。我国的生态环境问题归根结底还是发展方式的问题,转变经济发展方式是化解生态问题的根本纽结。新时代全面深化改革,必须协调经济发展与生态保护的关系、消解二者之间的矛盾冲突,坚持"人的尺度"与"物的尺度"相统一的原则,节约资源和保护环境同时并举,扬弃高资源消耗、高污染排放的经济发展方式,从产业结构、资源环境效率等方面构建以产业生态化和生态产业化为主体的生态经济体系,从而最大限度地减少自然资源的消耗和社会生产生活的污染排放,不断促进人与自然的和谐共生。

二、生态建设:全面深化改革的重要内容

面对错综复杂的经济社会问题,我们只能继续全面深化改革,只有在持续不断的改革中,才能寻到各种问题的解决之道。因此,改革没有完成时,只有进行时。新时代全面深化改革,不仅要花大力气加强生态环境保护,更要积极主动作为、推进生态建设,持续改善生态环境。

要推进和实现高质量发展,就必须密切关注社会主要矛盾的变化。在中国特色社会主义的新时代,社会主要矛盾已经转化为人民日益增长的美好生活需要和不平衡不充分的发展之间的矛盾。"美好生活"内涵丰富,美好生活环境毫无疑问是"美好生活"的重要内容。生态环境直接关乎人民的生命健康,关乎人民的生活质量,决定人民的幸福感、获得感。"环境就是民生,青山就是美丽,蓝

---

① 国家统计局:《环境保护事业全面推进生态文明建设成效初显——改革开放 40 年经济社会发展成就系列报告之十八》http://www.stats.gov.cn/tjsj/zxfb/201809/t20180917_1623289.html。

② 《马克思恩格斯文集》第 9 卷,人民出版社 2009 年版,第 560 页。

天也是幸福。"①改革开放 40 多年,中国在经济发展方面取得了辉煌成就,但是"我们也积累了大量生态环境问题,成为明显的短板、成为人民群众反映强烈的突出问题。比如,各类环境污染呈高发态势,成为民生之患、民心之痛。"②民之所望,改革所向。"老百姓关心什么、期盼什么,改革就要抓住什么、推进什么,通过改革给人民群众带来更多获得感。"③改革为了人民,改革必须依靠人民,改革成果必须由人民共享。回顾中国共产党历史,我们不难发现,"坚持以人民为中心"是中国共产党不断取得革命、建设、改革胜利的根本原因和重要保障,实现好、维护好、发展好最广大人民的根本利益是党和国家一切工作的出发点和落脚点。全心全意为人民服务是中国共产党的宗旨,让人民过上美好生活是中国共产党人的初心和使命。中国共产党站在新时代起点,全面深化改革,必须矢志不渝地从广大人民群众的根本利益出发,以解决"人民日益增长的美好生活需要和不平衡不充分的发展之间的矛盾"为目标导向,加强生态建设,满足人民对美好生活环境的诉求,"让老百姓呼吸上新鲜的空气、喝上干净的水、吃上放心的食物、生活在宜居的环境中、切实感受到经济发展带来的实实在在的环境效益"④,使社会主义改革的成果更多更好惠及人民,激励人民更加自觉地投身新时代全面深化改革实践从而为改革提供持续强劲的活力源泉。

理念是实践的先导,推进生态建设实践,首先必须加强生态理念建设。生态建设是社会主义的内在要求。工业文明为人类创造了超越历史上所有文明形态之和的物质积累,同时,工业文明也造成了人与自然严重的冲突与对立。人们尽情享受着工业文明带来的现代化物质成果的同时,也不得不时刻承受着大自然的疯狂报复。40 多年前,改革开放推动我国现代化建设走上了正轨。"改革"承认"资本"合法性,"开放"则意味着引进国外资本和技术。作为社会主义发展中国家,在融入以西方资本主义国家为主导的世界市场时,能否超越发达工业国家曾经走过的"先污染、后治理"的道路,成为考验执政党执政能力、彰显社会主义优越性的关键因素。改革开放以来,党的历代领导集体带领全国各族人民,高度重视改革中出现的生态问题,着力加强生态建设,在生态环境方面,逐渐完成了从单一的保护到保护与建设并举的重要转变。党十七大提出的"建设生态文明"便是这一转变的重要体现,从"生态良好的文明发展道路"转变为"建设生态文

---

① 《习近平谈治国理政》第二卷,外文出版社 2017 年版,第 209 页。

② 中共中央文献研究室《习近平关于社会主义生态文明建设论述摘编》,中央文献出版社 2017 年版,第 11 页。

③ 《习近平谈治国理政》第二卷,外文出版社 2017 年版,第 103 页。

④ 《习近平谈治国理政》第二卷,外文出版社 2017 年版,第 210 页。

明",既客观总结了改革开放以来中国化马克思主义生态实践的宝贵经验,又建构了我国生态文明建设的基本雏形,开启了新形势中国生态文明建设新征程,在中国生态文明建设进程中具有承上启下、继往开来的重要意义。党的十八大以来,以习近平同志为核心的党中央带领全国各族人民,坚持不懈地进行生态文明建设,全面落实新发展理念,破解发展与生态的难题,克服与超越资本逻辑下生态弊病和发展陷阱,不断开拓中国生态文明建设新境界。党的十八大报告明确提出,全面落实经济建设、政治建设、文化建设、社会建设、生态文明建设五位一体总体布局,把生态文明建设放在突出地位,融入经济建设、政治建设、文化建设、社会建设各方面和全过程。从"三位一体"到"四位一体",再到"五位一体",显示了中国共产党对生态逻辑和社会发展规律认识的不断深入。党的十九大报告不仅充分肯定了近年来我们在生态文明建设上取得的成绩,还进一步明确了生态文明在国家发展、民族复兴层面中的重要地位,将生态文明上升到"中华民族永续发展的千年大计"新的历史高度。2018 年 5 月,全国生态环境大会胜利召开,习近平总书记在大会上进一步强调生态文明建设的战略意义,发出了新时代中国特色社会主义生态文明建设动员令,明确在新时代的社会主义改革进程中,我国生态文明建设必将取得新的突破,为全球生态治理和生态安全贡献中国智慧、提供中国方案。

生态空间的再造是生态建设的实践展开。马克思主义生态哲学认为,人类通过物化劳动生产出人工物质世界,"从人与自然的关系上说是生态环境,而从人与人的关系角度来说是社会关系结构"[①]。在人工物质世界中,人类"劳动的异化"导致"自然的异化",由此形成了各具特征的生态空间以及普遍性的生态危机。因此,社会主义改革中的生态空间再造,必须实现人工物质世界的空间安排,推进生态空间与生产空间、生活空间三者和谐统一,为生态文明、生态建设、生态安全提供物质承载基础,这也是生态建设的重要内容。自 2010 年国务院印发《全国主体功能区规划》以来,全国生态系统格局逐渐优化。党的十八届三中全会提出要"划定生态保护红线""建立国土空间开发保护制度"为生态系统的自然恢复和人工修复提供了制度保障。促进以生产空间为主导的国土开发方式向生产—生活—生态空间协调的国土开发方式转变,形成人口与资源环境相协调的空间开发格局,实现生产空间集约高效、生活空间宜居适度、生态空间山清水秀。

---

① 鲁品越:《鲜活的资本论——从〈资本论〉到中国道路》,上海人民出版社 2016 年版,第 301 页。

三、生态公平:全面深化改革的价值追求

改革的目的是惠及民生,公平正义是社会主义的根本原则和价值目标,也是全面深化改革的落脚点。"如果不能给老百姓带来实实在在的利益,如果不能创造更加公平的社会环境,甚至导致更多不公平,改革就失去意义,也不可能持续。"①生态公平不仅是生态文明建设的重要理论支点和实现方式,更是我国社会主义改革的价值追求。一般而言,生态公平指的是不同时空的不同人群在生态权益享有方面的平等性。异化的社会关系是现实生态不公问题产生的症结所在。在全面深化改革的实践中,我们须从时间和空间两个向度推进生态公平。

一是在时间向度上推进可持续性生态公平。可持续性生态公平指的是作为公共产品的生态环境在代内、代际之间保持一种合理分配关系,即通常而言的"代内公平"和"代际公平"。"良好的生态环境是最公平的公共产品",生态环境的公共产品属性意味着它的生产者和使用者群体并非局限于当代,而是存在于不同的时代。因而,保护生态环境不仅关涉当代人的生存发展,也决定着后代人的生存发展。改革开放初期,由于人们对生态破坏所造成的危害认识不足,加上经济领域个人主义思潮的影响,部分群体或个人为了自身市场利益的最大化,无视生态破坏的严重后果,采用涸泽而渔的方式大肆掠夺生态资源,导致少数人的经济富裕与大多数人的"生态贫困"同时存在,代内、代际的生态不公问题日益显现。改革开放以来,党和国家正视和重视生态领域的公平问题,勇于担责,积极作为。正如习近平同志所言:"我国生态环境矛盾有一个历史积累过程,不是一天变坏的,但不能在我们手里变得越来越坏,共产党人应该有这样的胸怀和意志。"②为此,党和国家在注重和促进当代人发展的同时,积极颁布和下发各项法规政策,促进生态公平,反复强调"不能以浪费资源、破坏环境和牺牲子孙后代利益为代价"③,要"给子孙后代留下天蓝、地绿、水净的美好家园"④。社会主义改革不仅要惠及当代人,更要为后代人发展奠定良好的基础。

二是在空间向度上推进区域生态公平。生态公平必须以一定的空间秩序为基础,生态环境的空间正义的缺场,生态正义自然无从谈起。一般而言,区域生

---

① 习近平:《习近平关于全面深化改革论述摘编》,人民出版社 2014 年版,第 96 页。
② 《习近平关于社会主义生态文明建设论述摘编》,中央文献出版社 2017 年版,第 8 页。
③ 中共中央文献研究室编:《科学发展观重要论述摘编》,中央文献出版社、党建读物出版社 2008 年版,第 34 页。
④ 《习近平关于社会主义生态文明建设论述摘编》,中央文献出版社 2017 年版,第 43 页。

态公平是指在当前时空里实现人与人之间的生态公平,我们可以从国际与国内两个维度来讨论。

从国际维度来看,欧美主要资本主义国家在资本主义经济全球化浪潮中,较早进入世界市场通过资本的原始积累,在世界经济体系中掌握了主动权,制定了世界市场的贸易规则。而广大发展中国家和落后地区被迫卷入到全球资本主义体系之中,无条件的服从发达国家制定的各种规则,并逐渐成为发达国家的资源与能源供给国、原料生产国与供给国、产品倾销地、污染物倾倒地。除此之外,发达资本主义国家还将大量能源消耗大、污染排放高的产业向广大发展中国家和落后地区转移,造成了发展中国家和落后地区越发展、生态危机越严重的怪象。在经济全球化的背景下,造成这些现象的本质原因在于资本对劳动的残酷剥削与对自然界的野蛮掠夺。资本主义私有制及其雇佣劳动制度割裂了人、自然、社会的有机统一,导致了人的异化、人的社会关系的异化,最终导致了自然的异化。"在这种全面的异化状态下,落后国家势必将是环境灾难和社会灾难的最直接的,也是最沉重的承受者。"①我国是社会主义国家,在新时代的改革实践中,始终坚持共存共融,从未利用自己发展上优势向他国掠夺生态资源、转移污染,积极维护和推进全球生态公平。

从国内维度来看,不可否认,改革开放之初,在市场经济的推动下,我国城镇和农村、东部与西部也存在生态不公现象。随着城市产业不断升级转型,第三产业比重不断提升,第二产业向城市周边农村转移,我国广大农村逐渐成为城市污染的转移地和集聚地。我国东部省份改革开放以来发展迅速,但资源能源相对有限,中西部自然资源和能源被源源不断地运送到东部,从某种意义上讲,东部地区的经济"巨人"的"成长"是建立在中西部资源"巨人"不断"输血"基础之上的,城乡以及东西部之间在一段时期内存在生态不公情况,这有悖于社会主义改革的价值追求。在社会主义改革的进程中,党和国家逐渐认识并充分重视"城污乡迁""东建西耗"问题,出台一系列方案政策,治理和制止国内污染转移和异地生态资源破坏问题,维护区域间的生态公平。

实践证明,中国共产党在全面深化改革进程中,能够积极发挥社会主义优越性,驾驭和导控资本及其逻辑,克服其生态非正义的内在弊端,持续推进生态公平,切实保障每一代人平等享用生态环境,保障不同区域享有平等的生态权利,展现中国社会主义改革的正义导向和实践成效,为促进世界生态公平作出了积极贡献。

---

① 张剑:《生态殖民主义批判》,《马克思主义研究》2009 年第 3 期。

四、生态发展：全面深化改革的方向原则

高质量发展内涵丰富，生态发展是其应有之义，它体现了自然条件与社会条件统一，既是新时代高质量发展的重要内容与标志，也是社会主义生态文明与生态资本主义的根本区别。在新时代全面深化改革实践中，我国必须始终坚持社会主义生态发展方向，不断推进人与自然的和谐共生以及绿色地球的共建共享。地球是人类共同并且唯一的家园，每个人的生存和发展都离不开地球，人与自然是不可分割的生命共同体，人类应该共同呵护自己"生于斯、长于斯、死于斯"地球家园。但是纵观资本主义的发展史，可以看出，资本主义工业文明虽然展现出了人类社会前所未有的先进性和进步性，但其本质始终以"人类中心主义"为出发点，始终以利润最大化为目标，极力推崇工具理性，无视人与自然以及人与人的生命共同体和命运共同体的事实，通过资本扩张肆意占有、掠夺全球生态资源，为了自己的"风景这边独好"，在全球范围内转嫁生态危机，导致人与自然以及人与人关系的双重异化，致使生态危机的全球化。中国在新时代全面深化改革实践中，不能也不可能仅仅局限于、满足于自身发展，更不可能为了实现自身发展，掠夺生态资源、破坏全球生态环境。改革开放 40 多年尤其是近年来中国生态文明建设实践已经充分说明了这一点。当前，世界不少国家仍然深陷生态危机的泥潭，中国作为一个大国，虽然是发展中国家，在社会主义改革进程中，积极以构建人类命运共同体为发展方向，一方面大力推进生态文明建设，为广大发展中国家和落后不发达国家协调经济发展与生态环境保护提供宝贵经验；另一方面将携手世界各国共建生态良好的地球家园，推进全球生态治理，为寻求全球生态危机的破解之道、促进世界的可持续发展提供"中国样本"和"中国方案"，彰显社会主义中国的大国风范和大国担当。"中国生态发展道路印证了社会主义可持续发展的可能性，同时，中国生态发展道路也在全球应对生态危机方面开了先河，具有引领和借鉴意义。"①

一是在改革实践中，我们不仅要注重经济的高质量发展，更要注重生态环境的可持续发展，坚持和推进绿色、循环、低碳发展，促进人与自然生态的和谐共生。人与自然和谐共生是社会主义的基本特征之一，资本主义制度本身所具有的第二重基本矛盾即自然或生产条件和资本或人类生产的矛盾，决定了资本逻辑裹挟下人与自然表现出直接的对立冲突关系。因此，我国改革始终坚持社会

---

① 成长春、徐海红：《中国生态发展道路及其世界意义》，《江苏社会科学》2013 年第 3 期。

主义方向,积极发挥社会主义优势,消解资本逻辑中人与自然背后遮蔽着的内在性、根源性危机,推进生态发展。生态发展本质仍然是人的发展,人的全面而自由发展是社会主义(共产主义)的根本特征。这里的"自由而又全面的发展",必然内蕴着生态发展,即人与自然的和谐共生,共进共荣。1992年我国率先提出了《环境与发展十大对策》,第一次明确提出改变传统发展方式,走可持续发展道路,随后又制定了《中国21世纪议程》《中国环境保护行动计划》《中华人民共和国国民经济和社会发展"九五"计划和2010年远景目标纲要》等一系列纲领性文件,明确了生态发展在国民经济发展的地位和作用,生态发展成为衡量经济社会是否良性发展的重要指标和内容。党的十六大指出全面建设小康社会的目标之一就是促进人与自然和谐,推动整个社会走上生产发展、生活富裕、生态良好的文明发展道路。党的十七大进一步提出建设资源节约型、环境友好型社会,实现经济发展和人口环境相协调。党的十八大进一步强调要大力发展循环经济,按照人口资源环境相均衡、经济社会生态效益相统一的原则,优化国土开发空间格局,努力建设美丽中国,实现中华民族永续发展。党的十九大报告明确提出"我们要建设的现代化是人与自然和谐共生的现代化"。"人与自然和谐共生"是社会主义改革的内在规定性。在改革开放的历史进程中,中国共产党逐步确立并不断践行"绿水青山就是金山银山"理念,理顺经济发展与环境保护的辩证关系,通过改善生态环境为经济社会的可持续发展提供不竭动力。因此,实现生态发展,前提在于保障人的生态权利,为社会良性运转、国家民族富强振兴提供坚实的生态基础。改革开放40多年的中国实践证明:"保护生态环境就是保护生产力、改善生态环境就是改善生产力。"生态发展是中国特色社会主义改革的内在要求和重要内容。

二是在改革实践中,我们不仅要重视本国生态发展,同时也要注重与世界各国共建共享绿色地球。改革开放40多年是中国不断崛起的40多年,也是中国积极承担全球生态治理责任、彰显大国担当、日益走近世界舞台中央的40多年。中国的社会主义改革内蕴着为人类生存、为世界谋发展的价值关怀,这与发达资本主义国家面对全球生态危机方面展现出来的功利主义、生态殖民主义存在巨大差异和本质区别。生态危机是当前人类共同面临的挑战,生态文明关乎人类未来,任何一个国家和民族都无法置身事外。但资本主义国家无视自然界的内在规律,肆意掠夺和盘剥自然,通过由其主导国际政治经济规则,不断向广大发展中国家"输出污染"、转嫁危机,造成了生态危机的全球化。因此,资本主义工业化、城市化和生态危机的全球化是同一个历史过程,资本主义的发展史也是全球生态环境的破坏史。中国共产党在推进中国的社会主义改革过程中,充分认识到资本主义发展模式的生态弊端,坚定不移地走中国特色的社会主义生态发展之路,积极倡导并推动全球"各尽所能、合作共赢""包容互鉴、共同发展"的生态发展。中国一直是全球生态危机治理的积极参与者,认真落实生态保护领域的政策承诺,主动承担国际责任。改革开放以来,我国一直坚持并长期坚持互利互惠共赢开放战略,不断加强与国际组织在生态治理和可持续发展等方面的交流合作,先后和多个国家签订生态发展合作协议,加强"南南合作",设立"南南合作基金",在资金和技术上积极援助深陷生态困境的发展中国家。"启动在发展中国家开展 10 个低碳示范区、100 个减缓和适应气候变化项目及 1000 个应对气候变化培训名额的合作项目,继续推进清洁能源、防灾减灾、生态保护、气候适应型农业、低碳智慧型城市建设等领域的国际合作"①。中国在全球生态发展方面做出的积极努力和贡献,获得了国际社会的认同和支持。2013 年和 2016 年,联合国环境规划署先后发布了《推广中国生态文明理念的决定草案》和《绿水青山就是金山银山:中国生态文明战略与行动》报告。此外,中国积极引导和促成多方合作,大力支持欠发达国家、内陆发展中国家、小岛屿发展中国家应对气候变化挑战,已批准加入 30 多项生态环境相关的多边公约和议定书,在全球生态发展中的引领作用日益凸显。

---

① 《习近平谈治国理政》第二卷,外文出版社 2017 年版,第 530-531 页。

第七章 生态消费:中国特色社会主义生态文明建设的社会基础

消费是资本流通的重要环节,也是资本实现增殖的基本条件,正如马克思在《资本论》第二卷中所言:"如果商品没有按照它们的用途,在一定时间内,进入生产消费或个人消费,换句话说,如果它们没有在一定时间内卖掉,它们就会变坏,并且在丧失它们的使用价值的同时,也就丧失作为交换价值承担者的属性。"[①] 生态文明建设是一项系统工程,涉及生产、交换、分配和消费各个领域,仅有生态生产和生态产业结构,无法完成生态文明建设的重大任务,生态消费无疑也是生态文明建设的一项重要内容。人们持续无度消费已经给环境造成了严重的压力,不断侵占和压缩着本来就十分有限的生态空间。面对当下资本与生态之间的矛盾,生态文明建设不仅体现在生态生产上,也要在消费模式上进行生态转化,培育公民生态消费,为生态文明建设和人民美好生活的实现奠定坚实的社会基础。中国作为一个人口大国,积极倡导和推行生态消费,既是我国推进绿色发展、建设生态文明的重要之举,也是积极承担大国责任、促进全球生态治理、推进人类生态命运共同体的行动之为。

第一节 消费主义的生态恶果

马克思指出,资本主义社会生产与消费相互分离,造成这种矛盾的根本原因

---

① 《资本论》第 2 卷,人民出版社 2004 年版,第 144 页。

在于资本的内在否定性,"因为资本的目的不是满足需要,而是生产利润,因为资本达到这个目的所用的方法,是按照生产的规模来决定生产量,而不是相反,所以,在立足于资本主义基础的有限的消费范围和不断地力图突破自己固有的这种限制的生产之间,必然会不断发生不一致"①。现代社会,人们的消费方式受到资本逻辑影响,不断地发生变化、异化,人们的消费方式因而不断扭曲,以消耗大量生态资源为基础的攀比型和炫耀型消费盛行,导致生态资源的严重浪费和破坏,致使生态的不断恶化。正如巴里·康芒纳指出的那样:"工业社会消费驱动的生活方式比起人口规模来更是环境破坏的根源"②。中国目前消费领域的浪费与污染问题十分突出,"双十一"的疯狂与海外购的风靡,消费主义在国内日益显现,这一方面由于国人从物资匮乏阶段快速转入"衣食无忧"阶段所造成的报复性的消费结果;另一方面与资本主义国家盛行的消费主义存在密切关系。部分人在消费文化的影响下,其内在主体性和独立性日渐消失,异化成了物品的奴隶。高消费势必伴随着高索取和高排放,加速资源危机,破坏生态平衡,威胁人与自然的和谐共生。消费主义的泛滥不仅撕裂了人与自然原本和谐的生态秩序,也侵蚀了人们的精神世界,消解了人与人之间原本温情的社会关系,人是社会关系的总和,离开温情脉脉的社会关系,美好生活自然也就无从谈起。

一、资本逻辑与消费主义的蔓延

随着资本逻辑在西方世界统治地位的确立,消费主义悄然滋生并迅速蔓延,从某种意义上讲,消费主义是资本逻辑的现实化③。消费主义的出现进一步加剧了生态危机。"历史的变化已使原本马克思主义关于只属于工业资本主义生产领域的危机理论失去效用。今天,危机的趋势已经转移到消费领域,即生态危机取代了经济危机。"④消费主义最先在美国出现,它倡导消费至上、享受至上的价值理念,主张将对物质财富的无限占有和无限消费的贪婪追求作为全部目标。"消费宛如美国文化基因中的骑马以及印第安人传统中的放牧,是资本文化的中枢要素。"⑤这种消费已经脱离了现实的社会生产,生产的种类和数量无法

---

① 《资本论》第 3 卷,人民出版 2004 年版,第 285 页。

② 〔美〕戴斯·贾丁斯:《环境伦理学——环境哲学导论》,林官明等译,北京大学出版社 2002 年版,第 77 页。

③ 参见卢风:《应用伦理学》,中央编译出版社 2004 年版,第 166 页。

④ 〔加〕本·阿格尔:《西方马克思主义概论》,慎之等译,中国人民大学出版社 1991 年版,第 486 页。

⑤ 刘顺:《资本的辩证逻辑:生态危机与生态文明》,《当代经济研究》2017 年第 4 期。

跟上消费的节奏,生产与消费出现了严重的背离。"全球需求正在分割之中,这不仅反映在地理位置上,而且也反映在消费者的需求上。所以,满足需求往往有多种选择,生产周期也应该更为迅速,产品也需要更加个性化,售后服务更为广阔,所有这些都是企业与企业之间的常态,并且扩展到消费品的营销之中。"①在资本逻辑的宰制下,生产者为了尽快获利以及获得更多的剩余价值,极力推崇"消费至上"的理念,更加刺激了人们的消费欲望,资本主义再生产图式也因此愈发难以闭合。"生产和消费的辩证法决定了资产阶级必然要在全社会范围内宣扬消费主义价值观和生存方式,从而导致了人们消费伦理的转换和消费主义价值观的盛行。"②在消费主义的视野下,人们消费的不再是一种商品和服务的有用性,而是商品和服务所具有的符号意义。在消费符号的刺激下,人们的消费欲望不断膨胀,人的消费行为与人的真实消费需求越来越背离,无节制的花钱、挥霍奢华成为消费主义的典型特征并将其视为潮流和时尚。我们不能简单将消费只看成一种经济行为,现代社会的消费更是一种影响深远的社会行为。"消费这个不仅被看成终点而且被看成最后目的的结束行为,除了它又会反过来作用于起点并重新引起整个过程之外,本来不属于经济学的范围。"③消费涉及人与自然、人与人的社会关系,关系到整个生态系统的正常运行。

"我们奴役自然,为了满足自身的需要来改造自然,结果是自然界越来越多地遭到破坏。想要征服自然界的欲望和我们对它的敌视态度使我们人类变得盲目起来,我们看不到这样一个事实,即自然界的财富是有限的,终有枯竭的一天,人对自然界的这种掠夺欲望将会受到自然界的惩罚。"④"消费高于一切"是消费主义的核心主张,消费成了人们生活、生存的全部,"不仅与他人的关系,而且与自己的关系都变成了一种被消费的关系"⑤。没有了消费,人就似乎找不到存在感,生活也因此失去了意义。正如美国经济学家维克托·勒博所言:"我们巨大而多产的经济要求我们将消费作为我们的生活方式,将购买和使用商品变为我们的习惯,我们需要在消费中寻找精神满足和自我满足。我们需要以一种持续

---

① [墨]克莱门特·鲁伊斯·杜兰:《21世纪资本主义的危机与重构》,刘学东译,中国大百科全书出版社2015年版,第108页。

② 王雨辰:《生态批判与绿色乌托邦——生态马克思主义理论研究》,人民出版社2009年版,第179页。

③ 《马克思恩格斯文集》第8卷,人民出版社2009年版,第13页。

④ [美]埃里希·弗罗姆:《占有还是生存——一个新社会的精神基础》,关山译,生活·读书·新知三联书店1988年版,第10页。

⑤ 让·鲍德里亚:《消费社会》,刘成富等译,南京大学出版社2014年版,第79页。

增长的速度消费、燃烧、损耗、替换和丢弃各种物质。"①资本对自然的狂妄占有,造成了人与自然的对立,自然最终不堪重负。"资本主义和国家社会主义的结构上的弱点导致了人们在其中不得不通过个人的高消费来寻求幸福的环境,从而加速工业的增长,对业已脆弱的生态系统进一步造成压力。"②

消费主义认为消费是个人之事,将消费固化成私向化的个人行为,主张每个人在消费面前平等、自由、民主,鼓吹消费的"无政府主义",维护社会公平与正义。粗观概览,这种观点和思想貌似正确,但细究其下,消费主义者忽视消费现象背后复杂的社会关系,忽视了财富和权力体系在消费领域的决定性作用。在现实的消费社会中,弱肉强食的丛林法则依然是人们日常生活的主导法则,社会成员由于占有财富的多寡以及社会地位、权力等方面的差异,在消费领域自然表现的千差万别,处于社会财富和权力体系上端的人,凭借其独一无二的优势,肆意消费,而处于弱势地位的群体由于"门槛条件"的限制,往往没有能力、也没有机会和其他人一样"平等地消费商品",从某种意义上讲,一部分人的任性、肆意消费挤占了另外一部分人的基本消费资料,其消费行为的发生和消费需求的满足是建立在对他人消费权利剥夺基础之上的。因此,消费的平等化、自由化、民主化是个伪命题,因为人们的收入、社会地位和权力的不同,消费能力和水平自然随之不同,人们也就无法真正平等、自由、民主地消费。"平等消费""自由消费""民主消费"只不过是借"平等、自由、民主"之名,推行资本逻辑宰制的消费主义意识形态,行消费奴役之实,并借助其构建的强势话语体系消解和摧残弱势群体的批评能力和反抗精神,践踏社会公平,加剧社会阶层的固化和对立。表面上消费的自由与平等掩盖了物品的占有和分配方式与消费能力的差异与不公。人们被卷入资本主宰的异化体系而浑然不觉,在消费主义的物欲世界中沉迷并渐次迷失自我、丧失自我,造成精神世界的空虚与崩塌,沦为物品符号的"代言人",价值物化和精神贫困成为其社会生活的典型表征,丧失了对纰缪生活的批判与纠偏能力,美好生活的憧憬和践行渐渐退出了其生活的舞台。据经济合作与发展组织的研究,全球需求量未来 20 年可能主要集中于发展中经济体,"由于80％的需求增加会发生在亚洲,造成的巨大变化将使全球消费和投资大量转移

---

① Victor Lebow, "Price Competition in 1955", The Journal of Retailing, Spring 1955, p. 7. 转引王治河、樊美筠:《第二次启蒙》,北京大学出版社 2011 年版,第 420 页。

② ［加］本·阿格尔:《西方马克思主义概论》,慎之等译,中国人民大学出版社 1991 年版,第 493页。

到该地区"①。在消费主义主导下的社会,无限度的欲望消费成了一种时尚,"奢侈"与"无度"是消费主义的精神内核。现代社会,消费主义犹如一种精神鸦片,人们沉溺于过度物质消费带来的虚荣心满足,消费带来的表面上的满足和内心的空虚同时发生,"消费狂欢"之后,带来的是自我的迷失,消费成了一种畸形消费。

二、"丰裕社会"的消费幻象

资本逻辑导致了消费主义的盛行,使得人们认为社会经济发展已经不再是个问题,社会物质极大丰富,人类社会已然成为了"丰裕社会",因而在个人消费方面,可以尽情所欲,完全忽视或者漠视社会和个人的真实存在,深陷"丰裕社会"的消费幻象不能自拔。

不可否认,资本主义带来了生产力的大发展,物质产品极大丰富,商品生产也从原料的生产不足转变成现在的大量商品过剩。如何处理这些过剩的商品是每个生产商和经销商当务之急,包装与宣传成了他们惯有的手段。厂商们充分利用消费主义主导下的人们消费心理,炫目的包装和铺天盖地的宣传,诱使人们对商品产生强烈的需求欲和消费欲,"只有欲望满足和即时需求的那部机器用化妆香水很好地上足了油,当代资本主义才能生存"②,加上周围人"消费的疯狂",人们开始慢慢失去了理性和判断力,商品使用价值的真实已经不再重要,人们也不再在乎这种商品是否是自己的真实需求,渐次遗忘了消费的本真目的,商品至此"深入人心",人们能做的事情只能是不停地购买和不停地消费了。"今天,在我们周围,存在着一种由不断增长的物、服务和物质财富所构成的惊人的消费和丰富现象,它构成了人类自然环境中的一种根本变化。恰当地说,富裕的人们不再像过去那样受到人的包围,而是受到物(OBJETS)的包围。"③"除了确保那种为满足市场需求而打击的少数私人需要外,这些商品在很大程度上没有使用价值。……消费者实际上在精神上和心理上被市场所消费。"④现代社会人们欲壑难填的消费欲望正在不断吞噬地球的躯体,一群挥霍无度的富裕人,正在不断地抢夺剩余不多的自然资源。"现代人没有意识到无限的欲望,导致无限的掠夺,

---

① [墨]克莱门特·鲁伊斯·杜兰:《21世纪资本主义的危机与重构》,刘学东译,中国大百科全书出版社2015年版,第108页。

② [美]丹尼尔·贝尔:《资本主义文化矛盾》,严蓓雯译,江苏人民出版社2012年版,第295页。

③ [法]让·鲍德里亚:《消费社会》,刘成富等译,南京大学出版社2014年版,第1页。

④ [法]居伊·德波:《景观社会》,王昭风译,南京大学出版社2006年版,第173页。

无限的生产导致无限的污染。"①

　　鲍德里亚指出,现代是一个物的死亡的时代,现代人消费的只是"物的象征意义"。为了实现增殖,资本会千方百计地在市场上推陈出新,激发人们的消费欲求。"资本家不顾一切'虔诚的'词句,寻求一切办法刺激工人的消费,使自己的商品具有新的诱惑力,强使工人有新的需求等等。"②消费主义的泛滥,使得整个社会为了自身的繁荣创造出越来越多的虚假需求,人们被这些虚假需求所"绑架",整天忙碌于虚假需求满足的消费之中,虚假需求得以满足产生的幸福假象下掩盖的是人们内心幸福感的缺失。精细化的现代社会分工,使工人的劳动内容日趋单一,当工人复杂多元的需要无法在劳动中满足时,这种在生产过程产生的问题必然向消费领域转移,工人希冀通过消费化解自己与劳动产品的矛盾、满足需要。但在现实的实践中,往往事与愿违,劳动和需要的双重异化最终导致了消费的异化,人们开始对物进行疯狂地占有和肆无忌惮地消费,"人们从'节欲'的禁锢中解放出来,'昂首阔步'走向'消费社会'"③,生产和消费的真实目的已被人们遗忘殆尽,虚假的心理满足代替了本真的生理需要,"无节制的挥霍浪费和放纵无度的非生产性消费"④,最终导致了异化从物转向了人自身。"他们贪婪地消费着这一切,吞噬着这一切。世界成了填充我们胃口的巨大物品,……我们则永远在期待,永远在希望,也永远在失望。"⑤人已经被异化成空虚的物,"劳动中缺乏自我表达的自由与意图,就会使人逐渐变得越来越柔弱并依附于消费行为"⑥。在四处弥散着物质气息的生活世界里,人们无时无刻不受到"狂欢消费"的诱惑和刺激,消费成瘾已经成了人们的通病,从而深陷"贪心不足蛇吞象"的恶性循环不能自拔。

　　在消费主义理念的影响下,人们会竭尽所能地运用一切手段来不断满足自己的消费欲望,人们的欲求也因此不断被激发和放大,人们必须借助或者创造一切可能的条件,来满足自己的消费欲求,科学技术是其依仗和惯用重要手段。"技术的进步和'高档'商品的大量涌入除了产生和再产生异化了的劳动世界外,还产生和再产生了一个不费力的,快乐的,满足的和舒适的世界图象。"⑦在科学

---

①　佟立:《当代西方生态哲学思潮》,天津人民出版社 2017 年版,第 3 页。

②　《马克思恩格斯全集》第 30 卷,人民出版社 1995 年版,第 247 页。

③　曾建平:《自然之境:"消费—生态"悖论的伦理探究》,中国人民大学出版社 2018 年版,第 5 页。

④　《马克思恩格斯文集》第 1 卷,人民出版社 2009 年版,第 233 页。

⑤　[美]埃里希·弗洛姆:《爱的艺术》,陈维钢译,四川人民出版社 1986 年版,第 97-98 页。

⑥　[加]本·阿格尔:《西方马克思主义概论》,慎之等译,中国人民大学出版社 1991 年版,第 493 页。

⑦　马尔库塞:《工业社会和新左派》,任立编译,商务印书馆 1982 年版,第 94 页。

技术的帮助下,人们的生活消费的欲望不断能够得到满足,将"消费创造一切"视为生活信条,每天人们都在不停地消费、疯狂地消费。人们集体的非理性消费,制造出了一幅幅"盛世丰裕"的虚幻图景。"资本主义走到哪里,它的幻觉机器、它的拜物教和它的镜子系统就不会在后面太远。"①

三、符号拜物教与消费价值的扭曲

"丰裕社会"里,人们沉溺于物的"极大满足",一个个跪拜在贴满标签的商品脚下。这种对物的迷恋于追求,被资本家迅速地捕捉到,并迅速地运用到企业生产中,最终导致消费需求不断被制造与放大。这种被制造和放大的消费需求具有双重意蕴:一方面,资本家通过制造和放大消费需求实现资本的增殖以及对社会成员的经济与精神控制;另一方面,一般的社会劳动者在被制造和放大消费需求面前,出现"无能为力"的消费能力与"为所欲为"的消费欲望矛盾心理,更多地付出劳动以满足日益膨胀的消费欲望成了他们的共同的选择,劳动者"通过大量的过度消费以期从单调乏味的流水线生产实践中刷新'存在感'"②,实现"符号意义上的'暂时满足'",疯狂地消费使劳动者日益迷失自我,扭曲了本应真实的消费价值。"劳动中缺乏自我表达的自由和意图,会使人逐渐变得越来越柔弱并依附于消费行为。"③符号拜物教一度盛行,"我们时代被贴上消费符号标签的,恰恰是这种原始层面被普遍重组为一种符号系统,而看起来这一系统是我们时代的一个特有模式,也许就是从自然天性过渡到我们时代文化的那种特有模式"④。这种符号化系统模式不断驯化和控制人的消费行为,加上广告传媒的消费煽动以及信用卡的消费透支的刺激,人们的以前勤俭节约的量入为出的消费方式被彻底颠覆了,超前消费、符号消费成了"流行之风",人人都可以"透支未来",人人都可以"买得起"商品。这样的消费似乎消灭了人与人之间的不平等,因为拥有了信用卡,每个人都可以消费未来,每个人都可以使用信用卡来平等地购买商品,信用卡是不同阶层人群实现了"平起平坐"。真的是这样吗?答案是否定的。因为信用卡本身就是一种符号,不同级别的信用卡也就意味持卡人身份的不同,因而在购买商品时,享受的待遇也是不同的。符号消费不仅没有消灭

① [美]大卫·哈维:《后现代的状况:对文化变迁之缘起的探究》,阎嘉译,商务印书馆 2003 年版,第 427 页。

② 刘顺:《资本的辩证逻辑:生态危机与生态文明》,《当代经济研究》2017 年第 4 期。

③ [加]本·阿格尔:《西方马克思主义概论》,中国人民大学出版社 1991 年版,第 493 页。

④ [法]让·鲍德里亚:《消费社会》,刘成富、全志钢译,南京大学出版社 2014 年版,第 61-62 页。

人与人之间的不平等,相反,还进一步拉大人们之间的差距。符号消费的背后掩藏着经济负债风险和道德责任僭越,个人的负债风险一旦成为现实,将成为人见人躲的"黑名单会员",从此失去了"平起平坐"的资格。但奇怪的是,即便如此,众人还是痴迷于符号消费,外在的符号标签远远超过了商品真实的本身,消弭了商品的使用价值和交换价值,一定程度上造成了假冒伪劣商品的泛滥,带来了严重的资源浪费。

消费主义的盛行,滋生了一股异化的社会风气,即通过消费来认识和评价人,将人的自身价值与所消费的物品价值相提并论,甚至将物的价值等同于人的价值,人"不由自主地成为物的工具,在物化的危机中迷失了人的主体性,从而使社会的理性被工具化"[①]。人们在符号消费面前,慢慢迷失了自我,符号需求取代了真正需求,人被符号所控制、奴役,这种情形下,人不再是自己的主人,人成了单向度的人,人离开了符号消费,缺少了符号,就会带来自我否定与自我沉沦,整天焦虑、失去个性。为了确证自我的存在,势必不断进行大量符号消费,从而不断增加环境的生态负担。"在文化工业中,个性就是一种幻象,这不仅是因为生产方式已经被标准化。个人只有与普遍性完全达成一致,他才能得到容忍,才是没有问题的。虚假的个性就是流行……个性不过是普遍性的权力为偶然发生的细节印上的标签。"[②]消费被整齐划一的标准符号化了。

攀比和炫耀的消费,使得每天生活在消费幻象中,悄然间迷失了自我却始终浑然不觉,"津津乐道"的灯红酒绿式的生活,实际上是如此的索然无味。幻象消费"绑架"了现实的人,使消费成了"与我们真实自我相异化的虚幻活动"[③],将类型多样、层次多种的本真需求统一简化成单一符号需求,使人的需要在"真实的道路"上相形渐远,人在消费中的主体性荡然无存。盲目的符号崇拜,导致符号垄断消费模式的形成,不可避免地加剧生态环境的恶化。"在一个高消费的、喜欢随手扔掉的社会中,商品世界已经被广告媒体改造成了一个'魔幻王国',它仅仅致力于追求符号化的需求,因而将不可避免地毁坏其周边的生态环境。"[④]"消费的逻辑不再单纯是人对使用价值的需要的逻辑,'而是关于社会符号的生产和

---

① 孙绍勇:《消费主义的内在机理及其意识形态逻辑透析》,《理论学刊》2019 年第 4 期。

② [德]马克斯·霍克海默、西奥多·阿多诺:《启蒙辩证法》,渠敬东、曹卫东译,上海人民出版社 2006 年版,第 140 页。

③ [美]埃利希·弗洛姆:《健全的社会》,欧阳谦译,中国文艺出版公司 1988 年版,第 134 页。

④ John Bellamy Foster, The Epochal Crisis, Monthly Review, 2013, Volume 65, Issue 05 (October). 转引唐正东:《异化的生产方式与资本主义的生态危机——福斯特的资本主义危机论解读》,《南京社会科学》2015 年第 1 期。

操控的逻辑'."①消费不再是人们生理需要的满足,而是成了人们显示社会地位以及进行社会交往的符号。"消费过程是人的等级化和社会区隔的过程,在这个过程中,(作为消费对象的)符号/客体不仅按照其意义差异排序,而且按照等级制社会地位价值而排序"②。

资本绝不可能脱离消费而自我存在。"现代人在征服自然的过程中,在市场同一性逻辑的操纵下,使人自身的欲望人为地、无限制地向外延伸,从而遮蔽了人的原始的基本的自然性的存在意义和界限,反而使现代人在消费主义与享乐主义为主导意识形态的现代社会中失去自我批判与反思的能力,使人类自身沉迷于商品'拜物教'的狂欢中。"③在消费主义的影响下,人们总是以物标准和原则去看待世界,去度量世界。"在资本主义发展过程中,物化结构越来越深入地、注定地、决定性地沉浸入人的意识里。"④物质的推崇已经深入资本主义世界中人们的脑海,物化的消费已经成了他们日常生活必不可少的组成部分。

现代社会人们肆无忌惮地过度消费,致使"丰裕社会"消费幻象的出现,消费似乎成了人们确证自我存在的"第一要务",传统的节约精神和禁欲主义已经被庞大的消费符号肢解得支离破碎,人们通过大量占有和大量消费来证明自己的社会存在,"小轿车、高清晰度的传真装置、错层式家庭住宅以及厨房设备成了人们生活的灵魂"⑤,完全忽视了无度消费对自然资源和生态环境造成的负面影响。"丰裕社会"的消费幻象,把生产和投资也引入了迷途,消费的幻觉进一步刺激了生产者和投资者的生产欲和投资欲,生产和投资的盲目扩大化成了必然趋势。疯狂的盲目生产与投资,带来了"大量商品的堆积"和废弃物的"遍地开花"。人们沉溺于物化消费世界中不能自拔,自愿成为物质消费的附庸和奴隶。物欲的膨胀与消费主义的盛行,导致人们精神世界开始偏离人类文明的演进与发展轨道,再次陷入"丛林原则"的泥潭,造成"原本丰满的具有'类'本质属性的人成为建基于消费层次上的感性与欲求需求的'平面'……人的生命价值与精神意义追求在物质主义和消费主义面前分崩离析"⑥,人的社会生活世界与价值世界出现了断裂。

---

① 鲁品越:《虚拟经济的诞生与当代精神现象》,《哲学动态》2015 年第 8 期。
② Jean Baudrillard, The Consumer Society: Myths and Structures, Sage, London, England, 1998,pp.61-62.转引鲁品越:《虚拟经济的诞生与当代精神现象》,《哲学动态》2015 年第 8 期。
③ 张彭松:《生态危机的现代性根源》,《求索》2005 年第 1 期。
④ 卢卡奇:《历史与阶级意识》,商务印书馆 1999 年版,第 161 页。
⑤ 马尔库塞:《单向度的人:发达工业社会意识形态研究》,刘继译,上海译文出版社 2008 年版,第 9 页。
⑥ 牛庆燕:《生态困境的道德哲学研究》,中国社会科学出版社 2019 年版,第 48 页。

在消费的拜物教影响下，资本能够轻而易举地诱导人们将几十年的积蓄以及下半辈子的钱瞬间全部消费掉，例如消费商品房这样的商品，它本来是人们生活的必需品，但是现在社会，在资本的鼓动下，一部分拥有"资本"的人加入"炒房"的队伍，不断炒热、炒火商品房的消费，使得商品房的使用价值与价值出现严重偏离，商品房幻化成现代社会的一种奢侈品，住房成了一种稀缺的社会符号，成了人们炫耀自己地位和身份的凭借物，纵情消费的快感与幻想与现实的劳动明显对立。而对于多数的普通劳动人民而言，商品房消费还是一件难以完成的"奢侈的事情"，集体无意识的商品房符号消费，绑架了一般的普通消费者，使其整天顶着光鲜的符号，却过着煎熬身心的房奴生活，人们被非理性的商品房消费逼到这样一个角落。一面是众人的流离失所、无房可住，另一面是占据大片土地以及耗费大量资源和能源的商品房大面积空置，商品房消费的符号拜物教，带来了生态资源的大量浪费。

消费社会中的人们，"正常的生理需求变成了消费竞赛，人异化为一种消费动物。人们疯狂地、辛苦地工作，就是为了享受那种所谓消费的欢愉。只有消费者才是成功者"[①]。"消费越多越好"成了人们普遍的消费理念，人们不断攀比消费，似乎意味着消费的越多，意味着越成功，消费不足或者是比别人消费的少，就意味着社会地位的低下，就意味着失败，就会被人看不起。人们被消费主义完全异化，心理扭曲，社会的非理性因素不断增多。

人们在消费主义理念的控制下，消费理性已经被消费冲动与欲望排挤到"千里之外"，拜倒在符号消费的膝下。人们对消费品的评判尺度，由原先的使用价值转变成了符号向度，越是能显示社会地位和身份的奢侈消费品越能受到青睐，而那些使用价值高、适用性强的商品，由于缺乏外在的符号化，在消费社会中不断被冷落甚至被丢弃，消费社会中"消费怪相"令人遐思。的确，商品的符号化包装确实能增加商品美感和象征性价值。但是从生态环境保护的视角来分析这个问题时，一个基本的事实是，市场消费主义的符号化消费需求，势必造成生产者和经销商将大量的成本投入商品的符号包装和符号营销上面，本来对消费者最重要的使用价值却被放到了次要位置甚至被忽略了。消费品符号化的包装和营销，需要消耗大量的资源和能源，这些符号化商品在人们瞬间消费过后，便成了被丢弃的垃圾，符号化生产耗费的资源和能源瞬间成了废弃物，这不仅是资源能源的浪费，也是对生态环境破坏的行为表现。正如罗宾斯指出的那样："不理解人们是如何变成消费者的，以及奢侈品是如何变成必需品的，就没有办法理解环

---

① 文佳筠：《低消费高福利：通往生态文明之路》，《绿叶》2009年第3期。

境破坏问题。"①人们过度的符号化消费,不仅没有对人类社会的生态环境产生有益的效果,反而增加生态环境的负担,因为在反复的符号生产和消费中,必然要不断加大对自然资源的索取,而符号化消费又在不断地缩短了商品的使用寿命,必然产生大量的排放和废弃物的堆积,处置不当,资源的浪费以及生态环境的破坏就是意料之中的事情了。

第二节　生态消费的生活方式及其价值

消费主义是现代工业文明的一个精神向度,建设生态文明必须走出消费主义的精神陷阱,在消费方式上进行彻底革命,解决现代工业文明所导致的种种消费难题。面对世界性的消费困境,西方众多学者和政要纷纷把目光投向中国,希望中国能为此作出贡献。"这个世界正在要求中国拯救世界两次,这显然对中国不公平。首先,这个世界把乞求的目光投向中国,希望中国人像美国人和欧洲人那样大量消费来拯救全球经济;随后,世界又要求中国在大量消费的同时避免产生那些会威胁我们所有人的消极后果,我们想让中国将这个世界从过度消费的恶果中拯救出来。"②中国是个负责任的大国,一方面为促进世界经济的复苏和发展积极行动,另一方面大力推进生态文明建设,倡导消费革命,引导人们确立符合经济社会发展实情的生态消费生活方式,从源头上扭转生态环境恶化的趋势,节约和保护生态资源,推动经济社会的可持续发展。

一、生态消费:一种节制欲望的新生活方式

消费主义的肆虐以及技术理性的泛滥导致了人们欲望的无限膨胀和人们生活的意义世界的崩塌。生产力的快速发展纵然带来了物质财富的迅猛增长,但也永远无法满足人们没有止境的欲望消费。资本逻辑主宰下的欲望消费,已经脱离了现实生产的实际,人对自然的占有和挥霍已经超出其承载的限度,消费繁荣的表象下潜伏着重重危机。但不幸的是,被资本逻辑控制下的人们对这样的危机无以为视,浑然不觉,依然在进行着无度的消费和无休的生产,人与自然之间的生态危机以及人与人之间的社会危机一触即发。"一切真正的危机的最根

---

① 〔美〕理查德·罗宾斯:《资本主义文化与全球问题》,姚伟译,中国人民大学出版社 2013 年版,第 295 页。

② 〔英〕葛凯:《中国消费的崛起》,曹槟译,中信出版社 2011 年版,中文版序第 2 页。

本的原因,总不外乎群众的贫困和他们的有限的消费,资本主义生产却不顾这种情况而力图发展生产力,好像只有社会的绝对的消费能力才是生产力发展的界限。"①在资本和资本逻辑的影响下,消费主义逐渐控制了人们,人们的生活消费被不断地扭曲,成为一种异化的、畸形的生活方式,正如马克思、恩格斯所指出的那样:"资本同[资本主义前的]统治关系的区别恰恰在于:工人是作为消费者和交换价值实现者与资本相对立"②,消费不再是满足人的正常需求,而是使人与资本相对立,从而不断超越消费的各种界限,从而寻求一种短暂的心理满足,消费"所满足的不是需要,而是欲求。欲求超过了生理本能,进入心理层次,它因而是无限的要求"③。这种异化的消费方式,加快了人们对自然资源的盘剥和破坏步伐,"受消费驱动的生活方式比起人口规模来更是环境破坏的根源"④。

面对日益严峻的生态危机,人们的异化消费方式必须作出改变,"我们面临着严酷的选择:要么摒弃阻挠把自然与社会和谐发展作为建立更公正社会秩序的最基本目标的一切行为,要么面对自然后果,即迅速失控的生态与社会危机及其对人类和众多其他与我们共存物种所造成的无可挽回的毁灭性后果"⑤。在消费方面,人们要抛弃"大量消费—大量浪费—大量污染"的消费理念,充分认识到消费对生态环境的深远影响。"从全球变暖到物种灭绝,我们消费者应对于地球的不幸承担巨大的责任。然而我们的消费却很少受到那些关心地球命运的人们的注意,这些人注意的是环境恶化的其他因素。消费是在全球环境平衡中被忽略的一个量度。"⑥消费主义产生的生态灾难,迫使我们必须重新思考人们的生产和生活方式,改变既有的消费范式,节制自己的消费欲望,从人与自然互依共存的整体视角进行生态消费,从而缓解和克服日益严重的生态危机。正如弗洛姆所言:"只有从根本上改变人的性格结构,抵制重占有的价值取向和发扬重生存的价值取向,才能避免一场精神上和经济上的灾难降临。"⑦严峻的生态现

---

① 《列宁选集》第 1 卷,人民出版社 1995 年版,第 183 页。

② 《马克思恩格斯全集》第 30 卷,人民出版社 1995 年版,第 404 页。

③ [美]丹尼尔·贝尔:《资本主义文化矛盾》,赵一凡、普隆、任晓晋译,三联书店 1989 年版,第 68 页。

④ [美]戴斯·贾丁斯:《环境伦理学——环境哲学导论》,林官明等译,北京大学出版社 2002 年版,第 77 页。

⑤ [美]约翰·贝拉米·福斯特:《生态危机与资本主义》,耿建新、宋兴无译,上海译文出版社 2006 年版,第 17 页。

⑥ [美]杜宁:《多少算够——消费社会和地球的未来》,毕聿译,吉林人民出版社 1997 年版,第 36 页。

⑦ [美]埃里希·弗洛姆:《占有还是生存》,关山译,三联书店 1988 年版,第 177 页。

实,要求人们不能再一味奉行消费主义,迫使人们必须戒掉消费主义的"毒瘾",对自己的消费方式和生活方式作出相应的改变,生态消费是人们可以选择、必须选择的一种新的生活方式。

生态消费是一种平衡人与自然以及人与人之间的构成关系的消费方式,它"反对拥有财富之后挥霍无度,大肆消费,将消费作为炫耀财富和彰显身份的手段"①,主张满足人们基本需求的适度消费,是人们一种节制欲望的新的生活方式,体现出了人的"物的满足"精神追求的统一。因此,生态消费不仅能够维持人与自然之间的生态平衡关系,而且还能建立起新的人类生态平衡关系,对于优化生态资源配置、丰富社会文化的生态内涵以及促进经济社会可持续发展具有重要的现实意义。② 现实和未来的压力,迫使我们不得不改变消费至上的生活方式,我们的生存、生活的愿望必须彻底战胜无度消费的欲望,建立生态消费的新的生活方式,我们的可持续发展、我们的生态文明建设才有实现的希望。生态消费通过"节制"的方式来抑制欲望消费和过度消费,人们"从内心深处时刻克制自身的消费冲动,在诱惑面前保持清醒的头脑,从自身的需要以及生态的视角重新审视自身可能的消费行为。"③如果人们节制了自己的消费欲望,那么就能节约更多的生态资源,生态环境就会更少地被破坏,"如果不断增加的财富能够使我们消费更少而享受更多,那么这样的繁荣就会产生对我们所生存的星球的更少破坏。"④人与自然之间的关系也将因此更和谐。

生态消费既是个体为了满足生存的消费,也是个体为了满足享受和发展的消费。生态消费致力于当下每个人在消费需求满足的同时,更有效地节约资源、保护环境,从而使更多的人有满足自身消费需求的机会,不断提高"获得感"和"幸福感",在经济社会发展中实现自己的美好生活。这既是以人为本的意义关照,也是以人为本的真实写照。⑤ 我们知道,消费不仅确认个体的自我存在,也确认了个体的社会存在关系。"这些产品的消费再生产出一定存在方式的个人自身,再生产出不仅具有直接生命力的个人,而且是处于一定的社会关系的个人。可见,在消费过程中发生的个人的最终占有,再生产出处于原有关系的个人,即处在他们对于生产过程的原有关系和他们彼此之间的原有关系中的个人;

---

① 冯庆旭:《生态消费的伦理向度》,《哲学动态》2015 年第 12 期。

② 参见俞世峰:《生态消费需求视角下产业结构转型升级路径研究》,《理论探讨》2015 年第 4 期。

③ 牛文浩:《生态消费模式:社会主义生态文明建设的必然选择》,《生态经济》2012 年第 8 期。

④ Paul C. sterm,"Thomas Dietz and Robert Alcock, Consumption and Sustainable Dwvelopment Science", New Series, 276(5319),1997.

⑤ 田月容、赵玲:《论共享理念与消费主义的矛盾及化解之道》,《云南社会科学》2020 年第 1 期。

再生产出处在他们的社会存在中的个人,因而再生产出他们的社会存在。"①社会化条件下,消费总是在一定的社会关系中进行的,个体的消费总会对他人产生一定的影响,生态消费也不例外。因此,生态消费既是满足自我需求的利己消费,也是有利于满足社会需求的利他消费,既关系到当代人的生存与发展,也关系到未来子孙后代的幸福。生态消费以人与自然和谐相处为前提,尊重自然规律,是一种以消耗最少的资源、产生最少的污染、实现最大的生态效益为原则,绿色、可持续的消费方式,这与消费主义主导的欲望消费存在天壤之别。消费主义主导下的人们,陷入了"消费—丢弃—再消费—再丢弃"的无限消费循环中,伴随这个循环的是对自然的不断掠夺和生态环境持续恶化,与此同时,人们似乎也并没有在消费中寻找到快乐、感受到幸福,疯狂消费,内心的彷徨与挣扎愈加明显,改变生活的呐喊时常在耳边响起,回归田园的"粗茶淡饭"式消费悄然间成了现代社会一种新的消费风尚。在生态资源日益紧缩的今天,生态消费是人们应对现实生态问题的必然选择。从人类发展的长远利益来看,生态消费是人类社会实现可持续发展的一种必然,因为只有生态消费才能保证生态资源的充分利用和合理分配,才能保证更多人生态权益的实现,才能真正提高人们的生活质量,才能推进生态文明建设。

二、生态消费的生态价值

消费作为社会经济活动的组成部分,在人们的社会生产和生活中发挥着重要作用。"消费,作为必需,作为需要,本身就是生产活动的一个内在要素。"②消费的本意是促进社会有序的再生产,从而为人们提供一种更满足、更舒适的生活。但是消费主义主导下的欲望消费使人们正常的生活支离破碎,社会生产也因此变得更加的盲目和无序,导致了生态危机与社会生产、生活混乱的恶性循环。"人们对永远丰裕这一许诺的期望将被刚出现的生态危机无情地粉碎,因为要应付这种危机,工业生产就必然会下降。"③在资源愈发紧张、人与自然矛盾突出的新时期,异化的欲望消费必须遭到唾弃,人们应积极践行"更少"和"更好"相结合的生态消费,这既是我们避免陷入消费主义的生态陷阱的必需之举,也是我们改善人与自然关系、大力推进生态文明建设的现实之需。

---

① 《马克思恩格斯全集》第31卷,人民出版社1998年版,第112页。
② 《马克思恩格斯文集》第8卷,人民出版社2009年版,第18页。
③ [加]本·阿格尔:《西方马克思主义概论》,慎之等译,中国人民大学出版社1991年版,第496页。

第一,生态消费有助于生态资源的保护。生态消费显然不是反对消费,正常的消费是社会经济发展的必要环节和助推力。生态消费不是炫耀非理性的异化消费,而是在一定的生态资源的条件下,人们经过理性选择,根据社会生产和生活状况和自己的消费能力而确立的消费规模和层次。生态消费有两大原则,一是够用、不浪费原则,即人在消费时,不是单纯追求欲望的满足,超出自身需求肆意挥霍资源,消费准备量远远大于消费的实际量,带来消费品的大量库存甚至变质腐烂,致使生产资源和人力资源的大量浪费;如果摒弃这一原则,肆意消费和过度消费势必产生大量消费废弃物,这些废弃物排放到空气、河流、土壤等自然环境中时,将对可利用、可使用的生态资源造成污染,致使其使用价值的减少甚至毁灭,过度消费产生的废弃物污染,是对生态资源的一种变相浪费。因此,人们在消费时,绝不是消费得越多越好,而是根据自己的实际需要和现实条件,量力而行。生态消费的第二个原则是适切性原则,即人们在消费时,须充分考虑到当地的资源条件和生态环境承载能力,自己的消费是否适合生态发展的要求。消费不能以掠夺自然资源和破坏生态环境为前提,不能超越自然的限度,透支自然。消费要在人与自然和谐相处的限度以内,适切自然的生态容量,既满足自己的生态需求,也不给生态环境太大的压力。当然,适切不是绝对的,是相对的,不同时期不同地域,适切消费的"度"是有所不同的,我们需要把适切消费放到具体的历史和现实的情境中去衡量,消费是现实的,同时也是历史的,不同历史时期和不同的社会制度,适切消费的标准差异巨大。资本主义发达国家的"适切消费"标准绝不适用于广大的发展中国家,它们的"适切"是建立在生态资源的大量耗费以及生态环境严重破坏基础上,表面上看,这些发达国家山清水秀、景色怡人,生态消费似乎都比较"适切",殊不知,这些国家是通过向发展中国家转移生态污染来实现本国的"山清水秀"的。为此,建设生态文明,倡导生态消费,须从本国经济社会发展以及全球生态保护的整体着眼,消费不能盲目超前,也不能一味落后,在保证人们生活质量和生态容量的前提下,大力提倡勤俭节约的消费理念,反对铺张浪费,提高人与自然的适切性。生态消费的形成,不仅有利于人们个人品德和情操的提高,而且对于推进当前生态文明建设具有重要的促进作用。

第二,生态消费有助于生态的可持续发展。世界不是原子化的个体的总和,万物总在相互联系中不断发展变化。就消费而言,显然不能单纯地从经济层面来理解消费本身。消费的发生,总会带来一系列的连锁反应。生态文明建设需考虑到消费的连锁反应。生态消费是一种可持续消费,它包括两层含义,一是时间序列上的可持续性;二是空间序列上的可持续性。时间序列上可持续性指的是今天的消费不会影响到明天需求的满足和发展,不能寅吃卯粮,出现消费的

"断裂",保证生态资源和生态环境的可持续再生产,减少污染严重和有毒材料的使用,保持自然系统的净化能力,给子孙后代留下生存和发展的资源,实现生态资源的代际流动。"我们消费者有约束我们消费的道德义务,因为我们的消费危害了未来后代的机会。"①空间序列的可持续性指的是人们在消费时,不能过度地占有生态空间,要区别对待各种消费废弃品,尽量做到废弃品回收再利用,提高消费品的使用寿命和使用效率,积极再生产生态空间。可持续性的生态消费是人类社会可持续发展的前提,在生态文明建设过程中,我们要培养可持续消费的生态意识,养成可持续消费的健康生活习惯,形成生态消费的生活方式,承担起人类可持续发展的重任,积极践行可持续消费理念,分担因经济发展而造成的生态成本,在消费中做到尊重自然、保护自然,实现人与自然的可持续发展。

第三,生态消费有助于生态人格的培养。消费是人的生理和心理共同作用的过程,涉及人的生理、安全、交往、尊重和自我实现等各个方面。因此,生态文明建设中的生态消费不是单一化的消费,它是一种全面性的消费,包括两层含义:一是消费层次具有全面性;二是消费内容具有全面性。消费层次的全面性指的是既有关乎生存的基本消费,也有涉及享受、发展的高级消费。人在不同的发展阶段以及不同的社会条件下,消费需求不尽相同,但从人的全面发展以及环境的生态保护来看,生态消费应该关涉生存、享受、发展各个层次,我们不能将自己消费停留在生存和享受层次,单纯追求生理的刺激和欲望的满足,还须有关涉个人和社会未来的发展层次。消费的多层化是避免消费异化的有效方式,也是推进生态文明建设的有效途径。消费内容的全面性指的是消费既有清新空气、绿色食品的物质消费,也有著文作画、感受意境的精神消费,既有蓝天白云、绿水青山的实践体验,也有闭目静思、天马行空的思想驰骋。生态消费除了满足人们日常生活所需的物质需求外,还能提供陶冶情操、提升境界的精神需求。人们走进自然、欣赏自然,既是人们满足物质消费的行动表现,也是人们享受自然之美、提升道德品质的重要表现。人在满足自己物质消费需求的同时,通过学习和传播生态知识、生态旅游和健身等活动,不断提高自己消费的"文化"含量,增强生态意识和生态情感,提高自己的生态修养,奠定消费生态性的社会基础。

第四,生态消费有助于生态公平的实现。我们前文谈及了消费是一种社会权力的观点,这一观点的核心要义是:不是每个人都可以消耗大量的生态资源来满足自身的需求,每个人因自己的社会关系和社会地位的不同,所能支配和使用

---

① [美]杜宁:《多少算够——消费社会和地球的未来》,毕聿译,吉林人民出版社1997年版,第101页。

的生态资源也有所不同。这意味着消费涉及公平正义问题。就我国当下的生态文明建设而言,我们提倡生态消费,是一种公平性消费。首先,生态消费体现为消费主体的公平。马克思在《资本论》中对资本家和工人的生活环境和生态消费巨大差异进行了揭露,批判了资本主义国家消费的不公平性,资本家的生态资源消费量是工人消费的几百倍甚至上千倍,在生态资源消费问题上,表现出主体的不公平性。我们是社会主义国家,生态资源的消费绝不像西方发达国家那样,成为少数人的特权,我们的制度是建立在公有制基础上的,这是公正消费得以实现的制度保障。生态消费须体现为每个人都平等地享有生态资源的权利,任何人不能肆意剥夺他人生态消费的权利。其次,生态消费表现为消费过程的公正。在消费过程中,每个人的消费都不能损害他人和社会生态权益。例如,人们日常消费产生的果壳、厨房垃圾、废旧物品等各种废弃物不可乱放乱堆,不能方便了自己,污染了环境,影响了他人的健康。更不能像发达资本主义国家那样,通过不平等的国际经济贸易条件,对广大第三世界国家的生态资源进行掠夺式的消费,造成第三世界国家生态环境的严重破坏。除此之外,发达国家利用旧有的国际经济政治秩序确立的“优势”,确证自己在使用和消费第三国家生态资源的“合理性”和“合法性”,进一步加剧了发达国家与发展中国家之间生态消费的不公平性,这是生态殖民主义的典型表现。建设生态文明,提倡生态消费,必须确认每个人生态资源消费的公正性,必须打破旧的不合理的生态资源消费格局,反对生态殖民主义,每个公民从我做起,确立生态公平消费意识,推进生态文明建设。

弗洛姆指出:“消费活动应该是一个具体的人的活动,我们的感觉、身体需要和审美趣味应该是具体的、有感觉的、有感情的和有判断力的人;消费活动应该是一种有意义的、富于人性的具有创造性的体验。”①人的需求是丰富多彩的,消费主义坚持为了发展而发展的病态逻辑,倡导的过度物质消费抹灭了人的需求的真实性和多样性,颠倒了消费目的与手段之间的辩证关系,将手段视为目的,消费从满足人的需要的手段转变成控制人社会行为的异己力量,人受制于各种消费物,被消费物所奴役,丧失了自身的主体性,过度消费带来的过度浪费,不仅破坏了生态环境,也威胁了人类的精神家园。为此,必须摒弃消费主义,走出欲望支配世界的消费陷阱和符号消费主义的泥潭,坚持生态消费,建立一种不为物役、精神自在的绿色消费方式,实现消费的工具理性与价值理性的统一。社会主义制度下,我们要坚决抵制消费主义,反对人自然资源的疯狂攫取和消费品的肆意挥霍,我们不倡导禁欲主义,也不提倡苦行僧式的生活哲学,但要坚决反对纵

---

① 转引邓志伟:《弗洛姆对消费异化的伦理批判》,《消费经济》2005年第4期。

欲主义①,追求生态和谐,将生态消费融入自己的日常生活中,建立一种新的生活方式,确证人的本质发展。"在社会主义的前提下,人的需要的丰富性具有什么样的意义,从而某种新的生产方式和某种新的生产对象具有什么样的意义。人的本质力量得到新的证明。"②

第三节　消费主义的超越与生态文明建设

显然,资本逻辑宰制下的消费主义所倡导的欲望消费与我国当下的生态文明实践格格不入,我国是个人口大国,也是一个消费大国,"多年积聚起来的发展劲头比较大,如果不及时改变增长方式,注意改变人们的消费理念和消费方式,都铆足了劲像美国那样消费,学得越成功,生态崩溃得就越快"③。现实的生态文明建设,要求人们必须超越消费主义,走一条理性的生态消费之路。在人与人的关系方面,生态消费要求人们树立生态责任意识,关注和关心生态环境,承担起对自己、他人和社会的生态责任,努力在消费中实现需求与理性、享受与道义的融合,在实践中顺应自然、亲近自然、享受自然,只有这样才能真正实现自己的生态自由。正如马克思在《资本论》中指出的那样:"自由王国只有建立在必然王国的基础上,才能繁荣起来。"④

一、培养理性生态人,弥补理性经济人缺陷

"理性经济人"是西方经济学关于人类经济行为的一种理论假设,认为人们在进行社会活动尤其是经济活动时,总是具有自利的动机和倾向,从自身利益的最大化目标来决定自己的行为。"理性经济人"在市场激励的作用下,将人自身的存在和利益成为人们生活的中心目的和社会活动的出发点与归宿,人以外的一切存在物被人们漠视甚至直接忽视,自然也不例外。人把自然当作客体和质料,最大限度地利用自然资源,以获取经济利益。当然,也并不是每一种自然资源都可以直接转化成经济效益。面对这样难题,人们经过精心"理性计算"后,凭

---

① 参见李龙强:《生态文明建设的理论与实践创新研究》,中国社会科学出版社 2015 年版,第 377-378 页。

② 《马克思恩格斯文集》第 1 卷,人民出版社 2009 年版,第 223 页。

③ 陈静:《生态文明:超越消费主义的现实路径》,《中国社会科学报》2009 年 8 月 18 日。

④ 《资本论》第 3 卷,人民出版社 2004 年版,第 929 页。

借科学技术实现了对自然资源的开发与利用。但与此同时,由于科学技术的进步,人们对自然的敬畏之心渐渐消失,取而代之是日益膨胀的征服自然的欲望,在经济理性驱动和科学技术的座架下,自然界原初的神秘不断被去蔽,自然资源成了人们获利的基本来源,科学技术成了人们提供了满足经济私欲的理性化工具。依仗科学技术,"理性经济人"以自然的主人自居,对自然始终抱着占有、征服、支配的心态,认为自己对自然拥有无限的权利,把自然视为因人而存在的、可任意宰割的对象,在行为上对自然进行掠夺式破坏开发与利用,人沦为了被市场利益牵着鼻子走的自大狂,利益最大化成了唯一的目的,人们陷入市场利益的泥潭不能自拔。人在"经济理性"的主导下,成为"经济至上"的单向度的人,"把自然界视为必然性和物质性的领域,把人类社会及其政治、经济、社会性的利益当做自由的领域,这放纵了对自然的掠夺。"①无所顾忌地破毁自然的生态系统,自然成了满足人类需要和欲望的人类占有物,人们的生活整天充盈着利益的追求和欲望的满足,"自然为我所用"成了天经地义,工具理性充斥到社会生活的方方面面,生态资源不断被肢解成满足人的需求和利益增殖的价值碎片,人与自然关系危险错置,人的"理性需求"与生态资源的有限供给之间的矛盾冲突愈演愈烈。

超越消费主义,必须实现从"欲求"向"需求"的转变,从"以物为本"向"以人为本"的转变。只有这样,才能避免人的消费异化,确认在消费中主体性,才能"以一种全面的方式,就是说,作为一个完整的人,占有自己的全面的本质"②,使消费主体在消费过程中体验消费之"真"、确证消费之"是"③。"理性经济人"的生态困境、资本与生态的逻辑悖论无不和人相关,从某种意义上讲,生态治理的市场失灵很大程度上是由人造成的。解铃还须系铃人,人是生态治理最关键的因素,人是生态文明建设的直接参与者和实践者,生态治理问题的解决必须唤起人的生态意识,将"理性经济人"转换成"理性生态人",正如习近平总书记指出的那样,"绿水青山和金山银山决不是对立的,关键在人"④,新形势下生态文明建设的推进,离不开"理性生态人"的培养。"理性生态人"兼有"理性人"和"生态人"的双重属性,虽然强调人的主体性,主张人在自然面前积极作为,但人的作为有生态界限,人不能在自然面前无所不为。"生态人"能够"理性"地认识到,人与自然是一个有机的整体,人与自然关系是一种对象性存在关系,人不能凌驾于自

① 叶秀山、王树人:《西方哲学史》(第六卷),凤凰出版社 2005 年版,第 546 页。

② 《马克思恩格斯文集》第 1 卷,人民出版社 2009 年版,第 189 页。

③ 参见田月容、赵玲:《论共享理念与消费主义的矛盾及化解之道》,《云南社会科学》2020 年第 1期。

④ 《习近平等分别参加全国人大会议一些代表团审议》,《人民日报》2014 年 3 月 8 日。

然之上,肆意践踏自然。因而人的需要满足不能以生态环境破坏为代价,突出强调人在生态环境保护和改善中积极作为,自觉把握自我发展以及人与自然和谐发展的能动实践。"理性生态人"强调人与自然和谐发展对于人的全面发展的价值和意义,尊重自然、尊重自然规律,追求人与自然的和谐统一,这与我们当下的生态文明建设的理论和现实逻辑具有高度的一致性。因此,建设生态文明,应积极培养"理性生态人",从人与自然共生共荣的立场来思考和规制人的行为,划分人类活动的生态红线,限制人类的生态足迹,将人的发展与生态系统的修复有机结合起来,承担保护生态的责任和义务,减少对自然掠夺和征服的"粗暴行为",克服"理性经济人"单向度收益算计的局限,避免金钱通约导致的生态恶果,为生态文明建设奠定坚实的社会基础,推进生态文明建设。

二、确立生态需要,奠定生态消费的内生动力

马克思指出:"历史不过是追求着自己目的的人的活动而已。"①历史总是一定社会条件下的人创造的,"自己的目的"实际上是指人类的需要。人类的需要以及为了满足需要而进行的活动,对社会的发展产生了重要影响。从某种意义上讲,正是因为人类为了满足自己是需要而不断将自身的本质力量对象化到自然界和社会关系上去,带来了自然界和社会的巨大变化和发展。就自然界而言,在人的需要满足的活动中,原始自然不断被翻转成印有人的活动烙印的人化自然,原始自然的"覆盖面"和神秘性渐次萎缩,人化自然逐渐成为人类劳动的主要场所和对象。就社会而言,在人的需要的满足以及新的需要产生过程中,带来了社会生产力的发展以及人与人社会关系的变革,推动了社会的发展进步。但是,有一点必须澄明是,并不是所有人的需要都能带来社会的进步与发展,这要求对的需要进行具体的分析。

人的需要,从不同的角度可以区分出不同的需要类型。从人的属性来看,人的需要可分为自然需要(生理需要)和社会需要,因为就人而言,具有自然和社会两大属性。自然需要是满足个体的衣食住行的自我生命存在的需要,这是人的一种基本需要;社会需要则是满足人的尊严与价值的需要,这是人的一种本质需要。依据人的属性,对人的需要进行自然和社会的两大划分,这符合人的生命存在和社会存在相统一的社会规律,也是学界常用的一种分类标准。从需要的活动内容来看,可以将需要分为物质需要和精神需要;从需要的实现的可能性来

---

① 《马克思恩格斯文集》第 1 卷,人民出版社 2009 年版,第 295 页。

看,可以分成现实的需要和虚幻的需要。站在不同的视角,需要可以分成诸多不同类型。这里我们不再对需要的类型进行划分和列举,重点阐释一下现实的需要和虚幻的需要。关于现实的需要和虚幻的需要,马克思在《1844 年经济学哲学手稿》中有类似的表达,他在论述货币对人的重要影响时,提及人的需要的现实与虚幻的二重性,认为建立在货币基础上的需要是有效需要,而建立在激情和愿望基础之上的需要则是无效需要,并且将二者的区别视为"存在和思维之间的差别"以及"只在我心中存在的观念和那作为现实对象在我之外对我而存在的观念之间的差别"①。并指出:"人的需要在何种程度上成为合乎人性的需要,就是说,别人作为人在何种程度上对他来说成为需要,他作为最具个体性的存在何种程度上同时又是社会存在物。"②马尔库塞在其著作《单向度的人:发达工业社会意识形态研究》中现实的需要和虚幻的需要称为真实需要和虚假需要。因此,我们可以说,现实需要是建立在现实的生产力发展水平和社会关系的基础之上的合理、真实的需要;虚幻的需要则是超越了社会历史发展阶段特定的生产力发展水平和社会关系要求的非必要、虚假的需要。

生态需要不是从来就有的,它是随着人类社会关系的不断变革以及生态危机的不断恶化而产生的一种新的需要。马克思恩格斯在《德意志意识形态》中,从社会历史发展的角度对人的需要的产生与变化进行了阐释,概括为四个方面:第一,人的现实需要的满足必须建立在物质生产基础之上,人必须生产满足自己需要的吃住穿等物质资料,即"生产物质生活本身";第二,"已经得到满足的第一个需要本身、满足需要的活动和已经获得的为满足需要而用的工具又引起新的需要"③;第三,人口再生产所引起的新的需要;第四,新的社会关系的生产引起的新的需要。以上人的需要的四个方面分析,我们可以概括为生存需要、生活需要以及生命需要三个层次。生存需要是最基本的需要、最低层次的需要,是"活下去"的需要;生活需要是在生存需要满足基础上的更高层次的需要,既包括物质需要,也包括精神需要,并且很多情况下的精神需要多一些,倾向于情感归属和尊重的需要,是一种"品质"的需要,是一种"如何活"的需要。④ 生命的需要是建立在人的全面自由发展基础之上,是对幸福的追求和自我价值的社会实现,是最高层次的需要,是促进社会关系再生产的需要,是一种"功德无量"的"有意义的活"的需要。

---

① 《马克思恩格斯文集》第 1 卷,人民出版社 2009 年版,第 246 页。
② 《马克思恩格斯文集》第 1 卷,人民出版社 2009 年版,第 185 页。
③ 《马克思恩格斯文集》第 1 卷,人民出版社 2009 年版,第 531 页。
④ 参见董强:《马克思主义生态观研究》,人民出版社 2015 年版,第 172 页。

毫无疑问,生态需要是一种社会需要。它是"人类自身发展过程中,对生态平衡关系的确立和生态平衡条件的创建的一种需要"①。首先,生态需要是基于现实人与自然关系的一种真实需求,而不是消费主义宰制下的虚假需求。正如马尔库塞所言:"为了特定的社会利益而从外部强加在个人身上的那些需要,使艰辛、侵略、痛苦和非正义永恒化的需要,是'虚假的'需要。……现行的大多数需要,诸如休息、娱乐、按广告宣传来处世和消费、爱和恨别人之所爱和所恨,都属于虚假的需要这一范畴之列。"②生态需要是在保证人与自然之间物质变换顺畅基础上的现实需求,显然不属于虚假需求的"范畴之列",克服了消费主义的弊病,是公民生态理性的直接反映。其次,生态需要不是人类单一方面的需要,而是一种社会性的综合需求。"生态需要既有物质需要的内涵,也有精神需要的指向,它既有自然需要的内容,也有社会需要的意蕴。"③生态需要虽然也包含"物的指向",但它绝不是消费主义所倡导的"唯物是从",更不是为了物或者物的符号的占有而践踏一切的"自大狂"。"如果我们都用物质来满足这些需求,就会形成永无止境的欲望,这等于给真正的问题错误的答案,由此导致的心理空虚,反倒成为助长物质欲望的主要动力。一个可以把非物质需求表达清楚,并以非物质方式来满足需求的社会,可以大量减少物质和能源的消耗,并大幅度提升人们的成就感。"④生态需要则更多地表现为一种人与自然和谐的精神向度需求,它既是人们生存、生活的现实需要,也是人们实现自我自由全面发展和社会价值以及推动整个社会生命有机体良序发展的现实需要。

三、培育生态意识,引导生态消费行为

蕾切尔·卡逊的《寂静的春天》中文版序言指出:"只有当多数中国人懂得了环境保护对自己和子孙后代的重要意义时,中国才有可能期盼一个绿色的明天。"⑤虽然生态思想在中国源远流长,但处于现代化转型过程中国人,还没有普遍的生态意识,人们在生产和消费方面还缺少应有的生态意识。

---

①　曾坤生:《论生态需要与生态消费》,《生态经济》1999 年第 6 期。

②　[美]赫伯特·马尔库塞:《单向度的人:发达工业社会意识形态研究》,刘继译,上海译文出版社 2008 年版,第 6 页。

③　董强:《马克思主义生态观研究》,人民出版社 2015 年版,第 173 页。

④　[德]魏伯乐、[瑞]安德斯·维杰克曼:《翻转的极限:生态文明的觉醒之路》,程一恒译,同济大学出版社 2018 年版,第 131 页。

⑤　[美]蕾切尔·卡逊:《寂静的春天》,吕瑞兰、李长生译,上海译文出版社 2014 年版,中文版序第 3-4 页。

消费的意识直接影响消费行为。在消费社会中,人们沉迷于物的满足,生态意识已经在每个人大脑中荡然无存,"每个人都千方百计在别人身上唤起某种新的需要,以便迫使他作出新的牺牲,使他处于一种新的依赖地位,诱使他追求新的享受方式,从而陷入经济上的破产。每个人都力图创造出一种支配他人的、异己的本质力量,以便从这里面找到他自己的利己需要的满足。因此,随着对象的数量的增长,压制人的异己本质的王国也在扩展,而每一个新产品都是产生相互欺骗和相互掠夺的新的潜在力量。"①生态意识的缺乏,使得人们异化成了简单的"消费工具",人在自然面前的主体自觉日渐消逝,人与自然的冲突日益激烈。当然,生态消费不能只停留在理念口号和政策文件中,生态消费的实践践行必须要求个体首先应具有生态消费的意识,培育公民的生态意识,建设生态文化,是促进生态消费行为、推进生态文明建设的重要方式。个体具有强烈的生态消费意识,表明其具有广泛的生态消费需求,生态需求是"刚需",这样,生态消费践行坚决有力;如果个体没有生态消费意识或意识不强,则表明其生态需求为"软需"甚至"不需",那么,生态消费践行无力,难以成行。

近年来,随着人们生活水平不断提高以及生态安全事件的频发,人们的生态消费意识和生态消费能力逐渐增强,生态需求量不断增加,生态消费成了当下的一种"流行和时尚",部分人甚至以"非生态不消费"的原则来定位自己的日常消费。但是,需要注意的是,这不是当前中国的一种普遍现象,万不可以此认为,生态消费观念已深入中国百姓之心田,生态消费行为已成为中国百姓每日之所为。其实,我们的生态消费困难重重,任重而道远。生态消费的"热"现象折射出我们目前生态消费的诸多问题。其中最主要的问题是我们生态消费意识整体上不足,生态消费的区域和人群相对集中,社会生态消费需求整体不旺,现有公民生态消费动员性参与多,自主性参与少。就消费主体而言,不少消费者可能还处于"生态文盲"阶段,对于生态消费一知半解甚至一无所知,简单地将生态消费理解成"吃吃农家饭、买买绿色菜、看看原生态",没有认识到生态消费内在本质和社会意义 ,不少消费者只注重自己的消费产品是否是生态环保的,至于自己消费完并随便丢弃的消费剩余物是否生态环保似乎不怎么在意,"一些人在亲近自然时不懂得甚至不愿意保护自然,掠夺式的采撷瓜果、恶意毁损花草等情况时有发生,甚至有人肆意猎杀野生动物,盗伐珍稀植物……他们在消费绿色中'绿化'了自身,却'弱化'了自然,最终'矮化'了人类。"②许多人没有把自己的消费放到

---

① 《马克思恩格斯全集》第 42 卷,人民出版社 1979 年版,第 132 页。
② 张永红:《生态消费的困境与出路探要》,《理论与改革》2015 年第 4 期。

整体联系的生态系统中去加以考虑,将消费理解成一个孤立的过程,满足了"自我",污染了"大我"。不少消费者综合表现可以概括为:生态知识的"无知"、生态需求的"无欲"、生态行为的"无为"。加上目前国内生态消费市场还不成熟,生态消费品的质量良莠不齐,部分一般消费品经过"炒作"后,贴上了"生态"的标签①,如果是没有生态知识和智慧的普通百姓,很难鉴别出真伪,少数人买了"伪生态"消费品后,使得本来就不怎么强烈的生态意识再次降低,严重影响到其日后的生态消费选择和生态消费行为。

现代社会,不少人的消费观发生了严重的扭曲,"只讲财富的占有而不讲财富的意义;只讲高消费超前消费,而不问所消费的是不是自己真正需要的;经济的增长被当作最终的目的,而对这种经济增长中带来的人的异化现象视而不见;为了利润挖空心思地制造消费热点,盲目攀比,片面顾全面子的现象比比皆是"②。人们的消费行为完全被社会所牵制,缺乏自主的消费意识,"公共运输和通信工具,衣、食、住的各种商品,令人着迷的新闻娱乐产品,这一切带来的都是固定的态度和习惯,以及使消费者比较愉快地与生产者,进而与社会整体相联结的思想和情绪上的反应。在这一过程中,产品起着思想灌输和操纵的作用;它们引起一种虚假的难以看出其为谬误的意识。"③"作为消费主体的发达国家既不对其政治理念和生活方式进行反思,又要一味地通过对发展中国家的谴责来获得其在生态问题上的道德制高点,无疑只不过是用抽象的口号和'虚饰美德'对其民众进行欺骗。"④生态意识对于生态文明建设意义重大,"生态主义如果不自我提升为一种信仰或类信仰,或者被整合到一个信仰体系中,那么,生态主义事业就不可能真正完成,因为人的一切都最终要在信仰层面找到根基"⑤。人们只有具有了生态意识并付诸生态实践,才能最终实现生态文明建设的目的性和规律性的统一。

作为公民,在生态文明建设中,须摒弃两种错误认识:一是认为生态文明建设只是政府的事情,生态保护是政府的责任,与自己无关;二是片面理解发展是第一要务,认为生态问题和生态危机不是社会的重大问题和矛盾,只要经济发展

---

① 参见张永红:《生态消费的困境与出路探要》,《理论与改革》2015 年第 4 期。

② 张焕明:《困境与出路:消费主义的生态审视》,《福建论坛》(人文社会科学版)2006 年第 7 期。

③ 马尔库塞:《单向度的人:发达工业社会意识形态研究》,刘继译,上海译文出版社 2008 年版,第 11 页。

④ 包大为:《从启蒙到解放:马克思主义政治哲学的多元实践研究》,上海社会科学院出版社 2020 年版 ,第 341 页。

⑤ 王晓华:《中国的生态主义运动与建设性后现代主义——在美国克莱蒙特大学的演讲提纲》,http://www.douban.com/group/topic/1302256/?

上去了,生态问题就自然解决了。这两种认识都是缺乏生态意识的表现。自然是人得以存在前提,每个人都与自然产生联系,生态文明建设是政府和公民维护生态环境的共同行动,我们每个人都是其中一员,不能对此总是袖手旁观,而是积极行动、积极作为,共建美好生态家园。经济发展为生态文明建设提供了物质基础和技术支持,但这绝不意味着,经济发展好了,生态问题就自然解决了。从历史上来看,西方发达国家,在早期的发展过程中,经济发展取得了巨大成就,但生态环境却遭到史无前例的破坏,世界"八大公害"事件,是经济发展和生态环境矛盾冲突的典型表现。从现实来看,改革开放40多年来,中国经济取得了快速发展,但我们的生态环境也出现诸多问题,前些来"雾霾中国"现象一定程度上说明了经济发展与生态发展存在的不协调。

社会主要矛盾的变化以及人民美好生活需要的满足,都要求我们树立并践行生态消费。党的十九大明确指出,我国社会的主要矛盾已转化成人民日益增长的美好生活需要和不平衡不充分的发展之间的矛盾。人民美好生活需要以及不平衡不充分发展问题,在消费领域主要表现为少数人占有、消耗、浪费了大量的资源能源,而与此同时,还有大量的人无法满足基本的消费需求,人们的消费不平衡不充分问题比较突出。生态消费倡导资源最大节约和最充分利用,反对资源的闲置和浪费,从这个意义来说,生态消费是一种共享消费。美好生活是人们共同的美好生活,只有将有限的资源能源以及改革发展的成果由人们共享,人们的美好生活需求才能有真正满足的可能。"单个人的存在是偶性的、任性的,亦是贫乏的。只有在个人与他人的共在、共鸣中,个体的消费才能摆脱任性,才能获得无限的惬意与幸福。"[1]人们在共享消费中进一步确认自我的社会存在,丰富和发展人的社会规定性,推动人与自然、人与人、人与社会关系和谐共生,促进不平衡不充分问题的解决和美好生活需要的满足。

生态文明建设,需要人们树立生态消费意识,参与到保护环境的生态行动中来。客观而论,目前我国老百姓的生态消费意识比较薄弱,不少人甚至认为消费是个人的事情,自己爱怎么消费就怎么消费,"我行我素"式消费,消费剩余物和废弃物"随手一丢",显得比较"任性",没有认识到自己的消费对生态环境造成的不良影响。对于他人生态破坏式消费又显得过于"冷静",抱着"事不关己高高挂起"的态度,缺乏生态保护的主体自觉,没有形成良好的生态文化氛围,公民的生态消费教育以及生态文化建设有待进一步加强。

公民的消费习惯和消费意识对生态文明建设具有重要影响。生态文明建设

---

[1]　赵玲、高品:《消费主义的中国形态及其意识形态品批判》,《探索》2018年第2期。

不仅是政府、企业的战略事情,而且也是与每个公民密切相关的日常事情。公民是否具有良好的生态意识,会在很大程度上影响生态文明建设的成效。新中国成立之初,可谓"一穷二白",经济落后和人们生活质量不高,是中国社会发展面临的重大难题。改革开放以后,经济开始活跃起来,人们围绕着改变生活积极参与到市场活动中来了,可以设想一下,当部分公民还在为现实的经济利益而奔波的时候,怎么能够让他们具有较高的生态意识呢?这种情况下,公民不会将自己的注意力放在经济的可持续发展和生态文明建设方面,而是关注于现实的经济利益,生态意识无从谈起。经过多年的改革开放,市场经济在我国得到了快速发展,温饱问题早已解决,部分群体已经步入了"小康社会",生活水平和质量得到了大幅度提高,但生态意识却没有得到相应的提高。其原因可能有这样的两个方面,一是我国经济总量虽然跃居世界第二,但人均量排名却在 80 名左右,并且区域发展水平差异较大,部分地区经济发展水平还较为落后;二是市场经济在中国的多年发展,使市场意识已经扎根于大多数公民内心,这对生态意识形成了溢出效应。如何培养公民的生态意识,是生态文明建设面临的一个重大问题。

公民的生态意识包括尊重自然的意识。我们知道,自然界是个复杂的系统,具有整体系统性。"我们所接触到的整个自然界构成一个体系,即各种物体相联系的总体。"①自然界的各种存在物彼此相互关联,构成了一个不可分割的系统。人与自然交互作用,形成了一个"人—自然"共同体,人与自然之间的关系也具有系统性。尊重自然首先要尊重自然的系统性,只有确立尊重自然的系统性以及人与自然关系的系统性的辩证法立场,才有可能实现人与自然的和谐。② 正如习近平同志指出的那样:"我们要认识到,山水林田湖是一个生命共同体,人的命脉在田,田的命脉在水,水的命脉在山,山的命脉在土,土的命脉在树。用途管制和生态修复必须遵循自然规律,如果种树的只管种树、治水的只管治水、护田的单纯护田,很容易顾此失彼,最终造成生态的系统性破坏。"③

大自然生息有度,有其存在有其客观规律性,这种规律是不以人的意志为转移,对于人类的活动具有强有力的限制,一旦人类僭越了自然规律,必然得到"自然的报复"。"自然规律是根本不能取消的。在不同的历史条件下能够发生变化的,只是这些规律借以实现的形式。"④为此,我们的消费一定要遵循自然的规律

---

① 《马克思恩格斯文集》第 9 卷,人民出版社 2009 年版,第 514 页。

② 参见张云飞:《生态理性:生态文明建设的路径选择》,《中国特色社会主义研究》2015 年第 1 期。

③ 习近平:《关于〈中共中央关于全面深化改革若干重大问题的决定〉的说明》,《人民日报》2013 年 11 月 16 日。

④ 《马克思恩格斯文集》第 10 卷,人民出版社 2009 年版,第 289 页。

性,摒弃"人定胜天"的冲动,不能逆律而为,人类"冒着极大的危险竭力把大自然改造得适合我们的心意,但却未能达到目的,这确实是一个令人痛心的讽刺。然而看来这就是我们的实际情况。虽然很少有人提及,但人人都可以看到的真实情况是,大自然不是这样容易被塑造的"①。消费以不违背、不破坏自然规律为前提,确立尊重自然规律客观性的适度消费原则,只有这样,才能走出过度消费导致的生态困境。

四、建设生态文化,营造生态消费的良好氛围

人总是在一定的社会文化环境中生存和发展,现实中的人的行为总会受到社会文化的影响而不断发生变化。消费是一种社会化活动,受到社会文化环境的影响。生态文明建设中,要充分发挥文化对消费的作用,以文化引领消费。加大生态文化建设,首先,建立生态文化设施等一系列器物文化,让人民感受生态文化"就在身边",使生态文化离百姓不是那么遥远。其次,普及生态消费知识,加强生态伦理文化建设。目前百姓整体生态消费知识缺乏,生态责任意识淡薄,通过广告牌、电视、网络、手机等媒介手段,传播生态消费知识,弘扬生态伦理价值,使人们认识到人对自然、人与他人之间的生态伦理责任,认识到生态消费的重要性。最后,建设生态消费制度文化,保障生态消费。针对人们生态消费僭越现象,进行行为惩治,让人们感受到生态制度的约束之力,从而使人们对生态制度存有敬畏之情。总之,通过生态文化建设,发挥文化"润物细无声的化人"功效,激发主体的生态消费自觉,引领人们尊重自然、善待自然,做到适度、全面、可持续的消费,实现人与自然的和谐。

生态文化对于生态建设具有重大推进作用,是生态文明建设的重要途径和方法,在生态文明建设中,要充分发挥生态文化的积极作用,"要化解人与自然、人与人、人与社会的各种矛盾,必须依靠文化的熏陶、教化、激励作用,发挥先进文化的凝聚、润滑、整合作用"②。资本主义的异化消费的产生与发展,有其文化根源,"一种历史唯物主义的对资本主义的社会经济分析表明,应该责备的不仅仅是个性贪婪的垄断者和消费者,而且是这种生产方式本身:处在生产力金字塔之上的构成资本主义的生产关系。"③

生态问题积弊已久,时间上跨代性、空间上的广延性以及内容的丰富性,使

---

① [美]蕾切尔·卡逊:《寂静的春天》,吕瑞兰、李长生译,上海译文出版社 2014 年版,第 241 页。

② 习近平:《之江新语》,浙江人民出版社 2007 年版,第 149 页。

③ [美]戴维·佩珀:《生态社会主义》,刘颖译,山东大学出版社 2005 年版,第 133 页。

得生态问题不可能一蹴而就完全解决,解决生态问题是个渐进的过程,有时候甚至是个长期的过程,需要公民的积极参与,需要一个良好的生态文化氛围,使缺乏生态意识的人们有个慢慢了解、认识、认同生态文明的过程。调查数据显示,2014 年,中国奢侈品消费高达 3800 亿元,奢侈品消费量连续两年居世界第一[①]。我国奢侈品的消费量与我国经济社会的发展水平不相适应,人们的消费行为与中国勤俭节约的消费传统出现了较大偏离,人们生态消费意识明显不足。客观而论,中国经过 40 多年的改革开放和发展,经济水平得到了大幅度提高,已经成为仅次于美国的世界第二大经济体。但是,同时也要看到,我们的人均经济总量还十分落后,我国的资源能源储备以及生态环境保护工作不容乐观,少数人的消费能力远远超出了生态环境可供给范围,奢侈品消费的象征性、浪费性对自然环境和社会风气产生了不良影响,既浪费了社会财富,也造成了环境破坏,既不利于经济的可持续发展,也不利于人们良好消费心理的形成,对推进生态文明建设增加了社会阻力。为此,加强生态文明建设,必须培养人们的生态消费意识,转变消费方式,做到合理消费、绿色消费、可持续消费的有机统一。通过生态文化引导和激励人们投身于生态文明建设,只用具备了良好的生态文化社会基础,才能不断推进生态文明建设。

生态文明建设需建设生态文化,在消费领域,引导人们生态消费,从某种意义上讲,人们内心的消费贪婪决定了我们不断地对自然的贪婪。消费世界的种种生态怪相,是我们当前生态问题日益严重的重要原因。精神世界萎缩的畸形化的消费人格,阻碍的不仅仅是人的健康全面发展,同时也阻碍了生态文明建设的顺利推进。生态文明的发展急需具有生态自觉的人们积极努力,需要有生态担当的各方人士共同携手,进化心灵,改变既往的消费陋习,树立生态消费意识,摆脱"唯利是图"的资本的控制,自觉抵制"消费至上"的消费主义意识,远离高消费、高污染的生活方式,自觉地将自己融入人—自然生命共同体中,积极树立生态消费意识,做到物质消费与精神消费的协调、数量增长与质量提高的结合,在满足基本生存性需求的基础上,对享受性的甚至是奢侈性的消费有所限制,以最小化消耗、最小化污染的方式来进行个人消费,不对他人和环境造成额外的伤害和破坏,通过自己的活动积极主动地促进生态系统的良性循环,推进生态文明建设。

---

① 参见于冬雪《中国奢侈品消费八年来首跌》,《南方日报》2015 年 1 月 23 日。

结　语

　　资本主义经过几百年的发展,积累了巨大的社会财富,但与此同时,资本与生态的矛盾每天都在上演并且愈演愈烈。中国经过几十年的快速发展,也产生了一些生态环境问题,一段时间、一定区域甚至比较严重。不过这并不意味着资本和生态"水火不容",只要驾驭和引导适当,资本和生态和谐统一可以实现。《资本论》蕴含丰富的生态哲学思想,为实现资本与生态的和谐统一提供了诸多"良方"。缘于资本主义制度和社会主义制度的根本区别,资本与生态的彼此互动结果存在巨大性差异。当前,尽管许多资本主义国家作出了一些"保护生态"的改革,但这些改革依然是在资本主导和宰制的制度环境下进行,所有的改革不过是对原有经济政治体制、技术发展理念作出的一些修补和完善,无法克服资本对生态胁迫和破坏的弊病,因而"并没有有效遏制全球范围的环境与生态危机,危机反而越来越重,越来越危及人类安全"[①],无法从根本上解决困扰人类已久的生态危机。部分资本主义国家"生态怡人"景象,也只是"区域之景",因为资本逐利的本性使得这些国家在发展中从来不会率先考虑环境的被破坏和污染,因此这些国家的资本主义发展史就是生态环境破坏史,每个国家的发展无不建立在对生态资源的洗劫和生态环境的践踏基础之上,这些国家的快速发展无不付出了惨重的环境代价。当前资本主义世界环境的改善只是局部的,因为发达资本主义国家依靠巨大的经济投入来研发生态技术、发展生态产业,并通过严格的环境立法和执法严惩生态破坏行为,生态环境在一定区域内取得了良好改善,这是其中的一个原因;另外一个原因是这些发达资本主义国家在产业升级过程中将污染严重的产业和大量生产和生活垃圾转移到了广大的发展中国家,发达资

---

　　① 胡鞍钢:《中国:创新绿色发展》,中国人民大学出版社,2012年版,第9页。

本主义国家的"蓝天碧水"过程正是发展中国家"霾天黑水"过程,全球性的生态危机并没有得到彻底地解决,只是技术进步和污染转移带来的生态环境的局部改善。面对全球生态危机,人类需要做的事情还很多,发达资本主义对此行动不足甚至不作为,美国学者克莱顿结合实际,对美国在生态危机问题上的表现,提出了批判,指出:"这个国家的政策制定者们一次又一次地证明了他们所关注的只有商业团体,且无视这一追求必将导致环境的崩溃。"①因此,从根本上克服生态危机依然任重而道远,需要不同的国家、不同的地区、不同的民族以人类命运共同体的共同理念来应对和处理危机。"大多数的生态问题以及那些既是生态问题的原因也是其结果的社会经济问题,仅仅在地方性的层面是不可能得到解决的。"②正如《里约环境与发展宣言》所指出的那样:"各国应本着全球伙伴精神,为保存、保护和恢复地球生态系统的健康和完整进行合作。鉴于导致全球环境退化的各种不同因素,各国负有共同的但是又有差别的责任。发达国家承认,鉴于他们的社会给全球环境带来的压力,以及他们所掌握的技术和财力资源,他们在追求可持续发展的国际努力中负有责任。"③

青山绿水、蓝天白云是我们对生态文明建设的美丽愿景,也是美丽中国的生动描绘。立足当下,放眼全球,高扬马克思主义伟大旗帜,建设中国特色社会主义生态文明,必将呈现给世人一幅幅美丽的中国画卷。"走向生态文明新时代,建设美丽中国,是实现中华民族伟大复兴的中国梦的重要内容。"④在中国特色社会主义的新时代,建设生态文明,不仅是促进我国经济社会发展、满足人民日益增长的美好生活需要的现实之为,也是我国积极推进全球生态治理、彰显大国风范、担负中国特色社会主义世界期待的行动之举。近年来中国在生态文明建设方面取得了显著成效,引起世界关注。"考虑到中国在致力于解决其国内环境问题和世界的生态危机方面所做的一切努力,我认为'中国会拯救地球'这一论断非常可能。与西方垄断资本主义经济存在种种矛盾的社会建设完全不同,中国作为社会主义国家,确实有朝着生态文明目标发展的重大潜力。"⑤在第五届

---

① 刘志礼:《生态文明的理论体系构建与实践路径选择——第五届生态文明国际论坛综述》,《武汉理工大学学报(社会科学版)》2011年第5期。

② 〔美〕詹姆斯·奥康纳:《自然的理由:生态学马克思主义研究》,唐正东等译,南京大学出版社2003年版,第433页。

③ 万以诚等:《新文明的路标:人类绿色运动史上的经典文献》,吉林人民出版社2000年版,第38-39页。

④ 习近平:《携手共建生态良好的地球美好家园》,《光明日报》2013年7月21日。

⑤ 〔希〕哈里斯·格乐米斯:《后疫情时代的生态马克思主义理论与资本主义困境——约翰·贝拉米·福斯特教授访谈》,《马克思主义与现实》2022年第2期。

生态文明国际论坛上有美国学者指出："所有目光都聚到中国。放眼全球,只有中国不仅可以,而且愿意在打破旧的发展模式、建立新的发展模式上有所作为。中国政府将生态文明纳入其发展指导原则中,这是实现生态经济所必需的,并使得其实现变为可能,是一个高瞻远瞩的规划。"[1]英国《卫报》曾刊登了一篇评论,它认为:"19世纪英国教会世界如何生产,20世纪美国教会世界如何消费。如果中国要引领21世纪,它必须教会世界如何可持续发展。"[2]面对生态危机,中国没有退缩与回避,而是从人类命运共同体的高度积极采取行动,从国家战略的高度大力推进生态文明建设,为克服全球生态危机积极贡献中国智慧,拿出中国方案。2007年,党的十七大将生态文明建设列为全面建设小康社会的目标要求,吹响了向环境污染宣战的号角。2012年,党的十八大将生态文明建设融入经济建设、政治建设、文化建设、社会建设的全过程,成为中国特色社会主义"五位一体"总布局之一,"美丽中国"首次成为生态文明建设的宏伟目标,中国特色社会主义生态文明建设正在有条不紊地持续推进。2013年,党的十八届三中全会通过的《中共中央关于全面深化改革若干重大问题的决定》中,对生态文明建设的制度体系进行了顶层设计,"实行最严格的源头保护制度、损害赔偿制度、责任追究制度",用制度来保护生态环境。2014年,新修订的《环境保护法》,对各级政府的生态环境保护责任进行了明确而严格的规定,积极推进生态治理现代化。一系列文件和行动方案相继下发和颁布,明确了生态文明建设的各项指标落实的时间表和路线图,到2020年,非化石能源占一次能源消费比重达到15%;2014—2015年,单位GDP能耗、化学需氧量、二氧化硫、氨氮、氮氧化物排放量分别逐年下降3.9%、2%、2%、2%、5%以上,单位GDP二氧化碳排放量两年分别下降4%、3.5%以上。[3]生态文明建设成效可见、可期。

2015年11月,党的十八届五中全会提出了"绿色发展"理念,调整和优化空间结构,划定生态空间保护红线,加大生态环境治理力度,推动低碳循环发展,筑牢生态安全屏障,"推动形成绿色发展方式和生活方式,协同推进人民富裕、国家富强、中国美丽。"[4]2015年12月,在巴黎气候大会上,中国应对全球生态危机和中国生态文明建设作出庄严承诺:"2030年单位国内生产总值二氧化碳排放比

[1] 刘志礼:《生态文明的理论体系构建与实践路径选择——第五届生态文明国际论坛综述》,《武汉理工大学学报(社会科学版)》2011年第5期。

[2] 《环球时报》,2012年11月12日。

[3] 《生态文明建设微图解》,《光明日报》2014年12月31日。

[4] 《中共中央关于制定国民经济和社会发展第十三个五年规划的建议》,人民出版社2015年版,第23页。

2005 年下降 60％—65％,非化石能源占一次能源消费比重达到 20％左右,森林蓄积量比 2005 年增加 45 亿立方米左右。"①并且"积极参与气候变化国际合作","支持发展中国家特别是最不发达国家、内陆发展中国家、小岛屿发展中国家应对气候变化挑战。"②为全球生态危机的解决作出积极的行动。

2016 年 8 月习近平在全国卫生与健康大会上进一步总结"要按照绿色发展理念,实行最严格的生态环境保护制度"③。2016 年 12 月,习近平对生态文明建设作出重要指示,强调"要深化生态文明体制改革,尽快把生态文明制度的'四梁八柱'建立起来,把生态文明建设纳入制度化、法治化轨道"④。

2017 年 10 月,党的十九大报告对过去五年生态文明建设成就进行了概括总结,指出生态文明建设成效显著,全党全国贯彻绿色发展理念的自觉性和主动性显著增强,忽视生态环境保护的状况明显改变;生态文明制度体系加快形成能源资源消耗强度大幅下降;重大生态保护和修复工程进展顺利,生态环境治理明显加强,环境状况得到改善;引导应对气候变化国际合作,成为全球生态文明建设的重要参与者、贡献者、引领者。在生态文明建设的方向上,党的十九大首次提出了建设"富强民主文明和谐美丽"的社会主义现代化强国目标,对社会主要矛盾作出了新判断,指出人民群众日益增长的美好生活需要和不平衡不充分的发展之间的矛盾是当前我国社会的主要矛盾,为人民提供优美生态环境,既是满足的人民美好生活需要的要求,也是新时代中国共产党的使命担当。为此,中国共产党将始终坚持人与自然和谐共生发展理念,加快生态文明体制改革,积极构建人类命运共同体,构筑尊崇自然、绿色发展的生态体系,坚定走生产发展、生活富裕、生态良好的文明发展道路,建设美丽中国,为人民创造良好生产生活环境,为全球生态安全作出贡献。

2021 年 11 月,党的十九届六中全会进一步指出,"党的十八大以来,党中央以前所未有的力度抓生态文明建设,全党全国推动绿色发展的自觉性和主动性显著增强,美丽中国建设迈出重大步伐,我国生态环境保护发生历史性、转折性、

---

① 习近平:《携手构建合作共赢、公平合理的气候变化治理机制——在气候变化巴黎大会开幕式上的讲话》,《人民日报》2015 年 12 月 1 日。

② 习近平:《携手构建合作共赢、公平合理的气候变化治理机制——在气候变化巴黎大会开幕式上的讲话》,《人民日报》2015 年 12 月 1 日。

③ 习近平:《把人民健康放在优先发展战略地位 努力全方位全周期保障人民健康》,《人民日报》2016 年 8 月 21 日。

④ 习近平:《树立"绿水青山就是金山银山"的强烈意识 努力走向社会主义生态文明新时代》,《人民日报》2016 年 12 月 3 日。

全局性变化。"①立足中华民族伟大复兴战略全局和世界百年未有之大变局,中国秉持人类命运共同体理念,统筹国内国际发展,持续推进中国特色社会主义生态文明建设,积极参与全球环境治理,不断加强南南合作以及世界各国的合作,共同构建地球生命共同体,引领和推进全球生态文明建设。

当然,目前我国生态文明建设中依然存在一些问题,资本对生态的奴役尚未完全克服,但我们一直在行动,中国特色社会主义生态文明建设一直在推进。在建设过程中,必须对资本进行适当的驾驭和导控,妥善处理好资本与生态的关系,"什么时候我们能在全球范围内像农夫一样用制度和文化的鞭子驾驭住资本(无论是私人的、国家的还是跨国的资本)这头力大无比而又桀骜不驯的耕牛,那么,人类离生态文明的实现也就不会太遥远了"②。

"人不负青山,青山定不负人。生态文明是人类文明发展的历史趋势。"③生态文明是人类文明新形态的重大创新。生态文明建设是新时代中国特色社会主义的一个重要特征,超越了传统工业文明发展模式,更确切地说,是超越了以资本为基本建制与根本原则的现代资本主义制度及其文明。资本所固有的效用原则与增殖原则将自然界的一切都蜕变为经济价值,"第一自然"不可逆地被资本逻辑转化为"第二自然",成为为获取交换价值而不断耗费自然资源来生产商品的世界,它与"第一自然"是截然分离、完全对立的关系。资本主义的现代化道路是资本绝对权力无限膨胀之路,是人与自然的自然力全面衰败之路。资本权力的无限高涨乃是建立在对人与自然的残酷盘剥的基础上的。资本积累具有无限的扩张本性,但它必然与人与自然力的有限性形成不可调和的内在矛盾,因而资本想通过无限积累来永葆生机与活力绝对行不通。那些试图不对资本主义制度进行彻底革命的生态主义者注定要陷入失败。习近平总书记在《中共中央关于党的百年奋斗重大成就和历史经验的决议》中指出:"党领导人民成功走出中国式现代化道路,创造了人类文明新形态,拓展了发展中国家走向现代化的途径,给世界上那些既希望加快发展又希望保持自身独立性的国家和民族提供了全新选择。"④中国共产党在中国式现代化进程中创造了人类文明新形态,生态文明是中国式现代化和人类文明新形态的重要特征,中国式现代化道路是人与自然和谐共生的现代化道路,人类文明新形态是物质文明、政治文明、精神文明、社会文明、生态文明协调发展的新文明。习近平总书记指出,"我国建设社会主义现

---

① 《中共中央关于党的百年奋斗重大成就和历史经验的决议》,人民出版社 2021 年版,第 52 页。

② 胡正豪、周鑫刚:《生态文明的前景:后资本社会的总体性建构》,《求实》2014 年第 2 期。

③ 习近平:《论坚持人与自然和谐共生》,中央文献出版社 2022 年版,第 294 页。

④ 《中共中央关于党的百年奋斗重大成就和历史经验的决议》,人民出版社 2021 年版,第 64 页。

代化具有许多特征,其中之一就是我国现代化是人与自然和谐共生的现代化。"①人与自然和谐共生是中国式现代化道路的典型特征,它打破了资本主义现代化模式中人与自然截然对立的必然性,提供了一种既能实现促进经济发展又能保护生态环境的现代化方案。当某些西方资本主义文明世界中的政治党派还在将生态环境问题作为谋取政治利益的政治工具时,中国已经将生态文明建设在理论和实践上实现了新突破并不断推向世界。中国式现代化道路所追寻的生态文明绝非宣传性的政治口号,亦非止步于价值道德层面的生态批判,更非技术乐观主义,而是将生态文明建设与以人民为中心内在嵌构起来,从人们对美好生活的现实需要出发,从生产方式、生活方式的绿色变革着手,将生态文明建设具体地、现实地体现在现代化建设的方方面面,切实构建美丽中国。不仅如此,中国式现代化道路生态路向还致力于为世界生态环境做出更大的贡献。无论是节能减排,还是碳中和,作为负责任、有担当的大国——中国矢志不渝地履行自己的生态职责,并呼吁世界人民一道,为建设美丽世界、保护地球家园做出应有的贡献。

---

① 习近平:《努力建设人与自然和谐共生的现代化》,《求是》2022 年第 11 期。

参考文献

中文著作类：

[1]《资本论》(1～3卷)，人民出版社 2004 年版。

[2]《马克思恩格斯文集》(1～10卷)，人民出版社 2009 年版。

[3]《马克思恩格斯全集》(第 1 版)(有关卷)，人民出版社。

[4]《列宁选集》(1～4卷)，人民出版社 2012 年版。

[5]《十七大以来重要文献选编》(上中下)，中央文献出版社 2013 年版。

[6]《十八大以来重要文献选编》(上中下)，中央文献出版社 2018 年版。

[7]《习近平谈治国理政》(第一卷)，外文出版社 2018 年版。

[8]《习近平谈治国理政》(第二卷)，外文出版社 2017 年版。

[9]《习近平谈治国理政》(第三卷)，外文出版社 2020 年版。

[10]《习近平关于社会主义生态文明建设论述摘编》，中央文献出版社 2017 年版。

[11]习近平：《论坚持人与自然和谐共生》，中央文献出版社 2022 年版。

[12]《中共中央关于党的百年奋斗重大成就和历史经验的决议》，人民出版社 2021 年版。

[13]张雄、鲁品越：《中国经济哲学评论·货币哲学专辑》，社会科学文献出版社 2005 年版。

[14]张雄、鲁品越：《中国经济哲学评论·资本哲学专辑》，社会科学文献出版社 2007 年版。

[15]张雄、鲁品越：《中国经济哲学评论·财富哲学专辑》，社会科学文献出版社 2012 年版。

[16]张雄、鲁品越：《中国经济哲学评论·政治经济学批判专辑》，社会科学文献

出版社 2016 年版。

［17］张雄、鲁品越:《中国经济哲学评论·社会主义与市场经济专辑》,社会科学文献出版社 2018 年版。

［18］张雄、鲁品越:《中国经济哲学评论·金融化世界专辑》,社会科学文献出版社 2019 年版。

［19］张雄、鲁品越:《中国经济哲学评论·市场精神专辑》,社会科学文献出版社 2021 年版。

［20］鲁品越:《资本逻辑与当代现实:经济发展观的哲学沉思》,上海财经大学出版社 2006 年版。

［21］鲁品越:《社会主义对资本力量:驾驭与导控》,重庆出版社 2008 年版。

［22］鲁品越:《深层本体论:自然科学的新哲学境界》,人民出版社 2011 年版。

［23］鲁品越:《鲜活的资本论:从深层本质到表层现象》,上海世纪出版集团 2015 年版。

［24］鲁品越:《鲜活的资本论:从〈资本论〉到中国道路》,上海人民出版社 2016 年版。

［25］鲁品越:《〈资本论〉与当代世界》,学习出版社 2019 年版。

［26］刘同舫:《马克思人类解放思想史》,人民出版社 2019 年版。

［27］刘同舫:《青年马克思政治哲学思想研究》,中国社会科学出版社 2018 年版。

［28］陈学明:《谁是罪魁祸首:追寻生态危机的根源》,人民出版社 2012 年版。

［29］陈学明:《生态文明论》,重庆出版社 2008 年版。

［30］王雨辰:《生态批判与绿色乌托邦——生态学马克思主义理论研究》,人民出版社 2009 年版。

［31］王雨辰:《生态学马克思主义与生态文明研究》,人民出版社 2015 年版。

［32］王雨辰:《生态学马克思主义与后发展国家生态文明理论研究》,人民出版社 2017 年版。

［33］王雨辰:《国外马克思主义生态观研究》,崇文书局 2020 年版。

［34］郇庆治:《绿色乌托邦:生态主义的社会哲学 》,泰山出版社 1998 年版。

［35］郇庆治、高兴武、仲亚东:《绿色发展与生态文明建设》,湖南人民出版社 2013 年版。

［36］郇庆治:《生态文明建设十讲》,商务印书馆 2014 年版。

［37］郇庆治:《当代西方生态资本主义理论》,北京大学出版社 2019 年版。

［38］郇庆治:《绿色变革视角下的当代生态文化理论研究》,北京大学出版社 2019 年版。

[39]卢风:《从现代文明到生态文明》,中央编译出版社 2009 年版。

[40]卢风:《生态文明新论》,中国科学技术出版社 2013 年版。

[41]卢风:《生态文明:文明的超越》,中国科学技术出版社 2019 年版。

[42]余谋昌:《生态文明论》,中央编译出版社 2010 年版。

[43]余谋昌:《生态哲学》,陕西人民教育出版社 2000 年版。

[44]王治河、樊美筠:《第二次启蒙》,北京大学出版社 2011 年版。

[45]方世南:《马克思恩格斯的生态文明思想——基于〈马克思恩格斯文集〉的研究》,人民出版社 2018 年版。

[46]刘思华:《生态马克思主义经济学原理》,人民出版社 2000 年版。

[47]丰子义、杨学功、仰海峰:《全球化的理论与实践——一种马克思主义的视角》,江苏人民出版社 2017 年版。

[48]孙承叔:《资本与历史唯物主义:〈资本论〉及其手稿当代解读》,复旦大学出版社 2013 年版。

[49]胡键:《资本的全球治理——马克思恩格斯国际政治经济学思想研究》,上海人民出版社 2016 年版。

[50]郗戈:《从哲学革命到资本批判》,世界图书出版公司 2012 年版。

[51]郗戈:《超越资本主义现代性——马克思现代性思想与当代社会发展》,中国人民大学出版社 2014 年版。

[52]唐正东:《资本的附魅及其哲学解构》,江苏人民出版社 2013 年版。

[53]唐正东、孙乐强:《资本主义理解史:经济哲学视域中的当代资本主义批判理论》,凤凰出版传媒集团 2009 年版。

[54]沈斐:《资本的内在否定性探究》,人民出版社 2011 年版。

[55]王巍:《马克思视域下的资本逻辑批判》,人民出版社 2016 年版。

[56]王传玲、杨建民:《资本逻辑与生态文明》,山东人民出版社 2019 年版。

[57]任平:《当代视野中的马克思》,江苏人民出版社 2003 年版。

[58]刘湘溶:《我国生态文明发展战略研究研究》,人民出版社 2013 年版。

[59]曹孟勤、徐海红:《生态社会的来临》,南京师范大学出版社 2010 年版。

[60]曹孟勤:《人向自然的生成》,上海三联书店 2012 年版。

[61]曹孟勤、卢风:《中国环境哲学 20 年》,南京师范大学出版社 2012 年版。

[62]解保军:《马克思自然观的生态哲学意蕴:"红"与"绿"结合的理论先声》,黑龙江人民出版社 2002 年版。

[63]解保军:《生态资本主义批判》,中国环境出版社 2015 年版。

[64]刘仁胜:《生态马克思主义概论》,中央编译出版社 2007 年版。

[65]王正平:《生态、信息与社会伦理问题研究》,复旦大学出版 2013 年版。

[66]孙道进:《马克思主义环境哲学研究》,人民出版社 2008 年版。

[67]叶秀山、王树人:《西方哲学史》(第六卷),凤凰出版社 2005 年版。

[68]何怀宏:《生态伦理——精神资源与哲学基础》,河北大学出版社 2002 年版。

[69]徐海红:《生态劳动与生态文明》,人民出版社 2013 年版。

[70]王丹:《马克思主义生态自然观研究》,大连海事大学出版社 2014 年版。

[71]崔永和:《走向后现代的环境伦理》,人民出版社 2011 年版。

[72]董强:《马克思主义生态观研究》,人民出版社 2015 年版。

[73]李明宇、李丽:《马克思主义生态哲学:理论建构与实践创新》,人民出版社 2015 年版。

[74]连玉明:《中国生态文明发展报告》,当代中国出版社 2014 年版。

[75]廖福森:《生态文明建设的理论和实践》,中国林业出版社 2003 年版。

[76]解振华、冯之浚:《生态文明与生态自觉》,浙江教育出版社 2013 年版。

[77]唐代兴:《生态理性哲学导论》,北京大学出版社 2005 年版。

[78]郑晶:《低碳经济与生态文明研究》,中国林业出版社 2014 年版。

[79]鲍金:《消费生存论——现代消费方式的生存论阐释》,中央编译局出版社 2012 年版。

[80]杜宁:《多少算够:消费社会与地球未来》,吉林人民出版社 1997 年版。

[81]李龙强:《生态文明建设的理论与实践创新研究》,中国社会科学出版社 2015 年版。

[82]郑国玉:《生态社会主义构想》,中国社会科学出版社 2015 年版。

[83]张劲松:《生活中的生态文明》,江苏人民出版社 2014 年版。

[84]赵凌云:《中国特色生态文明建设道路》,中国财政经济出版社 2014 年版。

[85]张云飞:《唯物史观视野中的生态文明》,中国人民大学出版社 2014 年版。

[86]张进蒙:《马克思恩格斯生态哲学思想论纲》,中国社会科学出版社 2014 年版。

[87]陈永森、蔡华杰:《人的解放与自然的解放——生态社会主义研究》,学习出版社 2015 年版。

[88]蔡华杰:《另一个世界可能吗？——当代生态社会主义研究》,社会科学文献出版社 2014 年版。

[89]徐民华、刘希刚:《马克思主义生态思想研究》,中国社会科学出版社 2011 年版。

[90]朱华桂、贾学军:《基于危机意识的再生资源产业发展研究》,南京大学出版

社 2012 年版。

[91]蒋高明：《中国生态环境危急》，海南出版社 2011 年版。

[92]李晓西、胡必亮：《中国：绿色经济与可持续发展》，人民出版社 2012 年版。

[93]唐方方：《气候变化与碳交易》，北京大学出版社 2012 年版。

[94]张德昭、李树财：《生态经济学的哲学基础》，科学出版社 2013 年版。

[95]孙文营：《循环经济哲学维度研究》，光明日报出版社 2013 年版。

[96]万以诚等：《新文明的路标：人类绿色运动史上的经典文献》，吉林人民出版
社 2000 年版。

[97]王岩：《循环经济：市场动力与政府推动》，内蒙古大学出版社 2012 年版。

[98]郭兆晖：《生态文明体制改革初论》，新华出版社 2014 年版。

[99]杨朝飞、杜跃进等：《"治霾在行动"研究报告》，中国环境出版社 2015 年版。

[100]陶良虎等：《美丽中国：生态文明建设的理论与实践》，人民出版社 2014
年版。

[101]陶火生：《马克思生态思想研究》，学习出版社 2013 年版。

[102]方锡良：《现代性批判视域中的马克思自然观研究》，上海人民出版社 2014
年版。

[103]靳利华：《生态与当代国际政治》，南开大学出版社 2014 年版。

[104]褚大建：《走向美丽中国：生态文明与绿色发展》，上海人民出版社 2015
年版。

[105]邓翠华、陈墀成：《中国工业化进程中的生态文明建设》，社会科学文献出版
社 2015 年版。

[106]魏波：《环境危机与文化重建》，北京大学出版社 2007 年版。

[107]许良：《恩格斯现代性批判思想研究》，上海财经大学出版社 2016 年版。

[108]佟立：《当代西方生态哲学思潮》，天津人民出版社 2017 年版。

[109]顾钰民：《新时代中国特色社会主义生态文明体系研究》，上海人民出版社
2019 年版。

[110]包大为：《从启蒙到解放：马克思主义政治哲学的多元实践研究》，上海社会
科学院出版社 2020 年版。

译著类：

[1][德]黑格尔：《自然哲学》，梁志学等人译，商务印书馆 1986 年版。

[2][德]黑格尔：《法哲学原理》，范扬、张企泰译，商务印书馆 1961 年版。

[3][德]黑格尔：《黑格尔全集》第 11 卷，商务印书馆 1983 年版。

[4][德]黑格尔:《小逻辑》,商务印书馆1980年版。

[5][匈]卢卡奇:《历史与阶级意识》,商务印书馆1999年版。

[6][德]罗莎·卢森堡:《资本积累论》,三联书店1959年版。

[7][德]尼采:《权力意志:重估一切价值的尝试》,张年东、凌素心译,中央编译出版社2005年版。

[8][法]雅克·德里达:《马克思的幽灵》,中国人民大学出版社1999年版。

[9][英] 弗兰西斯·培根:《新工具》,商务印书馆1984年版。

[10][德]马克斯·霍克海默、西奥多·阿多诺:《启蒙辩证法》,渠敬东、曹卫东译,上海人民出版社2006年版。

[11][美]蕾切尔·卡逊:《寂静的春天》,吕瑞兰、李长生译,上海译文出版社2014年版。

[12][美]巴里·康芒纳:《封闭的循环——自然、人和技术》,侯文惠译,吉林人民出版社1997年版。

[13][美]约翰·贝拉米·福斯特:《生态危机与资本主义》,耿建新译,上海译文出版社2006年版。

[14][美]约翰·贝拉米·福斯特:《马克思的生态学:唯物主义与自然》,刘仁胜、肖峰译,高等教育出版社2006年版。

[15][美]约翰·贝拉米·福斯特:《生态革命——与地球和平相处》,刘仁胜等译,人民出版社2015年版。

[16][德]詹姆斯·奥康纳:《自然的理由:生态学马克思主义研究》,唐正东、臧佩洪译,南京大学出版社2003年版。

[17][美]巴里·康芒纳:《与地球和平共处》,王喜六等译,上海译文出版社2002年版。

[18][日]广松涉:《资本论的哲学》,邓习议译,南京大学出版社2013年版。

[19][日]岩佐茂:《环境的思想:环境保护与马克思主义的结合处》,韩立新等译,中央编译出版社1997年版。

[20][英]阿诺尔德·约瑟·汤因比:《人类与大地母亲》,徐波莱译,上海人民出版社2012年版。

[21][加]本·阿格尔:《西方马克思主义概论》,中国人民大学出版社1991年版。

[22][美]彼得·S.温茨:《环境正义论》,朱丹琼、宋玉波译,上海人民出版社2007年版。

[23][英]戴维·佩珀:《生态社会主义:从深生态学到社会正义》,刘颖译,山东大学出版社2005年版。

[24][美]霍尔姆斯·罗尔斯顿.《哲学走向荒野》,刘耳、叶平译,吉林人民出版社 2000 年版。

[25][印]萨拉·萨卡:《生态社会主义还是生态资本主义》,张淑兰译,山东大学出版社 2012 年版。

[26][美]赫尔曼·戴利、肯尼思·汤森:《珍惜地球:经济学、生态学、伦理学》,马杰等译,商务印书馆 2001 年版。

[27][德]汉斯·萨克赛:《生态哲学》,东方出版社 1991 年版。

[28][美]奥尔多·利奥波德:《沙乡年鉴》,侯文蕙译,吉林人民出版社 1997 年版。

[29][法]塞尔日·莫斯科维奇:《反自然的社会》,黄玉兰译,天津人民出版社 2002 年版。

[30][加]威廉·莱斯:《自然的控制》,岳长岭等译,重庆出版社 2007 年版。

[31][英]麦克尔·S. 诺斯科特:《气候伦理》,社会科学文献出版社 2010 年版。

[32][德]席美尔:《货币哲学》,朱桂琴译,光明日报出版社 2009 年版。

[33][日]福泽渝吉:《文明论概略》,商务印书馆 1959 年版。

[34][美]塞缪尔·亨廷顿:《文明的冲突与世界秩序的重建》,新华出版社 1998 年版。

[35][古希腊]修昔底德:《伯罗奔尼撒战争史》上册,商务印书馆 1997 年版。

[36][法]让·鲍德里亚:《消费社会》,刘成富等译 ,南京大学出版社 2001 年版。

[37][法]让·鲍德里亚:《象征交换与死亡》,车槿山译,译林出版社 2006 年版。

[38][法]居伊·德波:《景观社会》,王昭风译,南京大学出版社 2006 年版。

[39][美]埃里希·弗洛姆:《占有还是生存——一个新社会的精神基础》,关山译,生活·读书·新知三联书店 1988 年版。

[40][美]埃里希·弗洛姆:《爱的艺术》,陈维钢译,四川人民出版社 1986 年版。

[41][美]戴维·贾丁斯:《环境伦理学》,林管民、杨爱民译,北京大学出版社 2002 年版。

[42][美]赫伯特·马尔库塞:《单向度的人:发达工业社会意识形态研究》,刘继译,上海译文出版社 2008 年版。

[43][美]赫伯特·马尔库塞:《爱欲与文明》,上海译文出版社 2005 年版。

[44][美]赫伯特·马尔库塞:《工业社会和新左派》,任立编译,商务印书馆 1982 年版。

[45][美]德内拉·梅多斯等:《增长的极限——罗马俱乐部关于人类困境的报告》,李宝恒译,吉林人民出版社 2007 年版。

［46］［英］I.梅扎罗斯:《超越资本——关于一种过渡理论》(上),郑一明等译,中国人民大学出版社2003年版。

［47］［英］大卫·哈维:《新帝国主义》,初立忠等译,社会科学文献出版社2009年版。

［48］［美］大卫·哈维:《资本社会的17个矛盾》,许瑞宋译,中信出版社2016年版。

［49］［美］戴维·哈维:《后现代的状况:对文化变迁之缘起的探究》,阎嘉译,商务印书馆2003年版。

［50］［美］戴维·哈维:《正义、自然和差异地理学》,胡大平译,上海人民出版社2010年版。

［51］［美］爱德华·威尔逊:《生命的未来》,陈加宽等译,上海人民出版社2005年版。

［52］［法］阿尔伯特·施韦兹:《敬畏生命》,陈泽环译,上海社会科学出版社1996年版。

［53］［法］阿尔伯特·施韦兹:《文化哲学》,陈泽环译,上海世纪出版集团2008年版。

［54］［美］麦克尔·哈特、安东尼奥·奈格里:《帝国:全球化的政治秩序》,杨建国、范一亭译,江苏人民出版社2003年版。

［55］［挪］G.希尔贝克、N.伊耶《西方哲学史》(上下卷),童世俊等译,上海译文出版社2012年版。

［56］［美］霍尔姆斯·罗尔斯顿.《环境伦理学》,杨通进译,中国社会科学出版社2000年版。

［57］［美］丹尼尔·贝尔:《资本主义文化矛盾》,赵一凡、蒲隆、任晓晋译,三联书店1989年版。

［58］［美］阿尔温·托夫勒:《第三次浪潮》,朱志炎等译,三联书店1984年版。

［59］［英］安东尼·吉登斯:《气候变化的政治》,曹荣湘译,社会科学文献出版社2009年版。

［60］［英］安东尼·吉登斯:《现代性的后果》,田禾译,凤凰出版传媒集团2011年版。

［61］［英］安东尼·吉登斯:《第三条道路——社会民主主义的道路》,郑戈译,北京大学出版社2000年版。

［62］［美］莫蒂默·艾德勒、查尔斯·范多伦:《西方思想宝库》,《西方思想宝库》编委会译编,吉林人民出版社1988年版。

［63］［德］霍克海默：《批判理论》，李小兵等译，重庆出版社 1989 年版。

［64］［美］彼得·圣吉：《必要的革命》，李晨晔、张成林译，中信出版社 2010 年版。

［65］［英］葛凯：《中国消费的崛起》，曹槟译，中信出版社 2011 年版。

［66］［美］理查德·罗宾斯：《资本主义文化与全球问题》，姚伟译，中国人民大学出版社 2013 年版。

［67］［德］罗伯特·库尔茨：《资本主义黑皮书——自由市场经济的终曲》（下），钱敏汝译，社会科学文献出版 2003 年版。

［68］［意］马塞罗·莫斯托：《马克思的〈大纲〉——〈政治经济学批判大纲〉150 年》，闫月梅译，中国人民大学出版社 2011 年版。

［69］［墨］克莱门特·鲁伊斯·杜兰：《21 世纪资本主义的危机与重构》，刘学东译，中国大百科全书出版社 2015 年版。

［70］［澳］约翰·德赖泽克：《地球政治学：环境话语》，蔺雪春译，山东大学出版社 2008 年版。

［71］［美］莱斯特·R.布朗：《崩溃边缘的世界：如何拯救我们的生态和经济环境》，林自新等译，上海世纪出版集团 2011 年版。

［72］［美］希拉里·弗伦奇：《消失的边界》，李丹译，上海译文出版社 2002 年版。

［73］［美］菲利普·克莱顿、贾斯廷·海因泽克：《有机马克思主义：生态灾难与资本主义的替代选择》，孟献丽、于桂凤、张丽霞译，人民出版社 2015 年年版。

［74］［美］杰森·摩尔：《地球的转型：在现代世界形成和解体中自然的作用》，赵秀荣译，商务印书馆 2015 年版。

［75］［德］魏伯乐、［瑞］安德斯·维杰克曼：《翻转的极限：生态文明的觉醒之路》，程一恒译，同济大学出版社 2018 年版。

［76］［德］乌尔里希·布兰德、马尔库斯·威森：《资本主义自然的限度：帝国式生活方式的理论阐释及其超越》，郇庆治等编译，中国环境出版社 2019 年版。

［77］［法］安德列·高兹：《资本主义，社会主义，生态迷失与方向》，彭姝祎译，商务印书馆 2018 年版。

［78］［美］杰里米·里夫金、特德·霍华德：《熵：一种新的世界观》，吕明等译，上海译文出版社 1987 年版。

［79］［美］杰里米·里夫金：《零碳社会：生态文明的崛起和全球绿色新政》，赛迪研究院专家组译，中信出版集团 2020 年版。

外文资料：

［1］Foster, J. B., Brett Clark, and Richard York. The Ecological Rift:

Capitalism's War on the Earth. New York: Monthly Review Press,2010.

[2]Foster, J. B, Brett Clark. Ecological Imperialism: The Curse of Capitalism. London: Merlin Press, 2003.

[3]Foster,J. B. Marx's Ecology: Materialism and Nature Monthly Review Press, 2000.

[4]Foster,J. B. Marx and the Rift in the Universal Metabolism of Nature. Monthly Review,2013

[5]Foster J B. The Ecological Revolution: Making Peace with the Planet. Monthly Review Press,2009.

[6]Foster,J. B. The Epochal Crisis,Monthly Review,2013,Volume 65,Issue 05(October).

[7]Foster, J. B. The Vulnerable Planet, New York: Monthly Reviewer Press, 1994.

[8] Paul. Taylor, Respect for Nature: A Theory of Environment Ethics, Princeton University Press, 1986.

[9] Leopold A. "Some Fundamentals of Conservation in Southwest", Environmental Ethic 1(1999).

[10]Victor Wallis. Red-Green Revolution: The Politics and Technology of Ecosocialism. Political Animal Press. 2018

[11] Chris Williams. Ecology and Socialism: Solutions to Capitalist Ecological Crisis. Haymarket Books, 2010.

[12]David Klein and Stephanie McMillan. Capitalism and Climate Change: The Science and Politics of Global Warming.

[13] Michael Löwy. Ecosocialism: A Radical Alternative to Capitalist Catastrophe, Haymarket Books, 2015.

[14]Paul Burkett. Marx and Nature: A Red and Green Perspective 2nd edition. Haymarket Books, 2014.

[15]Martin Empson. Land & Labour: Marxism, Ecology and Human History Bookmarks, 2014

[16] Daniel Tanuro. Green Capitalism: Why It Can't Work Fernwood, 2014.

[17]Magdoff F. Harmony and ecological civilization: Beyond the capitalist alienation of nature. Monthly Review,2012(2).

[18]David Pepper(1993). Eco-socialism: From Deep Ecology to Socail Justice,

London：Routledge.

［19］James O'Connor. Natual Causes：Essas in Ecological Marxim

［20］Kohei Saito. Karl Marx's Ecosocialism：Capital，nature，and the Unfinished Critique of Political Economy. Monthly Review Press，2017.

论文类：

［1］鲁品越：《货币力量的深层本体论》，《学术月刊》2003 年第 8 期。

［2］鲁品越：《货币化与社会结构的变迁》，《哲学动态》2003 年第 8 期。

［3］鲁品越：《哲学主题的历史变迁与当代走向——兼论"以人为本"的马克思主义理解》，《哲学研究》2004 年第 7 期。

［4］鲁品越：《物品体系与社会结构再生产——历史唯物主义的一条新解读路径》2004 年第 12 期。

［5］鲁品越：《剩余劳动与唯物史观理论建构——走向统一的马克思主义理论体系》，《哲学研究》2005 年第 10 期。

［6］鲁品越、骆祖望：《资本与现代性的生成》，《中国社会科学》2005 年第 3 期。

［7］鲁品越：《货币化与价值世界的祛魅——现代化进程中货币功能的哲学透视》，《江海学刊》2005 年第 1 期。

［8］鲁品越：《资本逻辑与当代中国社会结构趋向——从阶级阶层结构到和谐社会建构》，《哲学研究》2006 年第 12 期。

［9］鲁品越：《实践生成论：马克思主义哲学的主轴》，《哲学动态》2009 年第 10 期。

［10］鲁品越：《劳动价值的物化形态与人化形态——"产值悖论"及其解决途径》2009 年第 2 期。

［11］鲁品越：《资本逻辑与金融风暴》，《马克思主义研究》2009 年第 10 期。

［12］鲁品越：《金融风暴与马克思学说的当代生命力》，《晋阳学刊》2009 年第 2 期。

［13］鲁品越：《劳动与交往：创造人类历史的经纬线》，《哲学分析》2011 年第 3 期。

［14］鲁品越：《马克思的实践生成论与中国特色社会主义理论》，《河北学刊》2012 年第 4 期。

［15］鲁品越：《资本逻辑与人的发展悖论》，《学习与探索》2013 年第 2 期。

［16］鲁品越：《资本扩张与"人—自然共同体"的形成——人与自然矛盾的当代形态》，《上海财经大学学报》2011 年第 2 期。

[17]鲁品越:《从人性结构到市场权力结构——市场机制深层结构的再发现》,《哲学研究》2011 年第 4 期。

[18]鲁品越:《论财富公正之间的互补与均衡原则》,《伦理学研究》2013 年第 3 期。

[19]鲁品越:《〈资本论〉的生态哲学思想研究》,《学习与探索》2015 年第 1 期。

[20]鲁品越:《虚拟经济的诞生与当代精神现象》,《哲学动态》2015 年第 8 期。

[21]鲁品越:《当代理论经济学三大源流的哲学基因剖析》,《西南大学学报(社会科学版)》2015 年第 6 期。

[22]鲁品越、王永章:《从"普世价值"到"共同价值":国际话语权的历史转换——兼论两种经济全球化》,《马克思主义研究》2017 年第 10 期。

[23]鲁品越:《〈资本论〉的生产力与生产关系概念的再发现》,《上海财经大学学报》2018 年第 4 期。

[24]鲁品越:《马克思主义政治经济学对我国开放战略的指导意义——从比较优势分析到市场权力结构分析》,《当代经济研究》2018 年第 8 期。

[25]鲁品越:《"人类命运共同体"与殖民主义和霸权主义存在本质不同》,《世界社会主义研究》2018 年第 12 期。

[26]鲁品越:《构建人类命运共同体:解决当代国际基本矛盾的中国方案》,《学术界》2019 年第 6 期。

[27]鲁品越:《"供给侧结构性改革"在思想和实践上的新贡献》,《马克思主义研究》2020 年第 2 期。

[28]鲁品越:《习近平关于实现人民共同富裕的方法论》,《马克思主义研究》2022 年第 1 期。

[29]鲁品越:《习近平以人民为中心的方法论体系的形成机制及其哲学意蕴》,《哲学研究》2022 年第 2 期。

[30]张雄:《现代性逻辑预设何以生成》,《哲学研究》2006 年第 1 期。

[31]张雄:《现代性后果:从主体性哲学到主体性资本》,《哲学研究》2006 年第 10 期。

[32]张雄、速继明:《时间维度与资本逻辑的勾连》,《学术月刊》2006 年第 10 期。

[33]张雄、季小江:《中国企业家精神现象问题的哲学透视》,《哲学动态》2007 年第 3 期。

[34]张雄、曹东勃:《拜物逻辑的批判:马克思与波德里亚》,《学术月刊》2007 年第 12 期.

[35]张雄、速继明:《历史进步的寓意——关于历史普遍性与历史特殊性的解读》

《哲学动态》2008 年第 12 期。

[36]张雄:《财富幻象:金融危机的精神现象学解读》,《中国社会科学》2010 年第 5 期。

[37]张雄:《政治经济学批判:追求经济的"政治和哲学实现"》,《中国社会科学》2015 年第 1 期。

[38]张雄、熊亮:《消费观念:改革开放 40 年历程的经济哲学反思》,《马克思主义与现实》2019 年第 5 期。

[39]张雄、刘倩:《马尔库塞的政治经济学批判思想探析》,《马克思主义与现实》2020 年第 2 期。

[40]张雄:《当代中国马克思主义政治经济学的哲学智慧》,《中国社会科学》2021 年第 6 期。

[41]张雄:《马克思政治经济学批判思想缘起及其发展逻辑》,《哲学研究》2021 年第 6 期。

[42]刘同舫:《启蒙理性及现代性:马克思的批判性重构》,《中国社会科学》2015 年第 2 期。

[43]刘同舫:《构建人类命运共同体对历史唯物主义的原创性贡献》,《中国社会科学》2019 年第 7 期。

[44]刘同舫:《技术进步与正义困境》,《社会科学战线》2021 年第 5 期。

[45]刘同舫:《马克思唯物史观叙事中的劳动正义》,《中国社会科学》2021 年第 9 期。

[46]卜祥记:《〈资本论〉当代性诠释的哲学视角》,《江苏社会科学》2008 年第 6 期。

[47]卜祥记:《马克思经济批判的哲学境域》,《哲学动态》2006 年第 5 期。

[48]卜祥记:《福斯特生态学语境下的马克思哲学——〈马克思的生态学〉的旧唯物主义定向》,《哲学动态》2008 年第 5 期。

[49]卜祥记:《"生态文明"的哲学基础探析》,《哲学研究》2010 年第 4 期。

[50]卜祥记、何亚娟:《经济哲学视域中的生态危机发生机制透析》,《马克思主义与现实》2013 年第 3 期。

[51]卜祥记:《〈资本论〉的理论空间与哲学性质》,《中国社会科学》2013 年第 10 期。

[52]卜祥记:《〈资本论〉理论定向的阐释维度》,《中国社会科学》2020 年第 8 期。

[53]卜祥记:《马克思对"正义"合法性的劳动本体论奠基》,《马克思主义与现实》2021 年第 4 期。

[54]范宝舟:《货币与个人交往的偶然性》,《哲学动态》2012 年第 3 期。

[55]马拥军:《西方马克思主义政治经济学批判的当代意义》,《哲学动态》2012
　　年第 10 期。

[56]马拥军、汪谦慎:《从马克思的资本哲学到资本价值观在当代中国的扬弃》,
　　《毛泽东邓小平理论研究》2013 年第 7 期。

[57]马拥军、陈志超:《从需要角度重新审视价值体系概念》,《哲学动态》2013 年
　　第 5 期。

[58]陈学明:《资本逻辑与生态危机》,《中国社会科学》2012 年第 11 期。

[59]陈学明《马克思"新陈代谢"理论的生态意蕴——J. B. 福斯特对马克思生态
　　世界观的阐述》,《中国社会科学》2010 年第 2 期。

[60]陈学明:《不触动资本主义制度能摆脱生态危机吗? ——评福斯特对马克思
　　生态世界观当代意义的揭示》,《国外社会科学》2010 年第 1 期。

[61]陈学明:《在建设生态文明中如何走出两难境地》,《北京大学学报(哲学社会
　　科学版)》2010 年第 1 期.

[62]沈斐:《〈资本论〉在何种意义上与我们同时代——〈资本论〉的方法及其当代
　　发展》,《经济学家》2013 年第 6 期。

[63]沈斐:《〈资本论〉与方法论的资本内在否定性——兼评雷蒙·阿隆的"模棱
　　两可和取之不尽"》,《当代世界与社会主义》2013 年第 3 期。

[64]杨志华、严耕:《中国生态文明建设的六大类型及其策略》,《马克思主义与现
　　实》2012 年第 6 期。

[65]王雨辰:《略论我国生态文明理论研究范式的转换》,《哲学研究》2009 年第
　　12 期。

[66]王雨辰:《当代生态文明理论的三个争论及其价值》,《哲学动态》2012 年第
　　8 期。

[67]王雨辰:《论生态学马克思主义与我国的生态文明理论研究》,《马克思主义
　　研究》2011 年第 3 期。

[68]王雨辰:《以历史唯物主义为基础的生态文明何以可能? ——从生态学马克
　　思主义的视角看》,《哲学研究》2010 年第 12 期。

[69]王雨辰:《论以社会建设为核心的生态文明建设》,《哲学研究》2013 年第
　　10 期。

[70]王雨辰:《论生态文明理论研究和建设实践中的环境正义维度》,《马克思主
　　义哲学研究》2020 年第 1 期。

[71]张云飞:《生态理性:生态文明建设的路径选择》,《中国特色社会主义研究》

2015 年第 1 期。

[72]丰子义:《全球化与资本的双重逻辑》,《北京大学学报》2009 年第 5 期。

[73][美]乔尔·科维尔:《马克思与生态学》,武烜等译,《马克思主义与现实》2011 年第 5 期。

[74]贾学军、朱华桂:《生态危机的深化与全球化:由资本主义的扩张逻辑谈起》,《生态经济》2013 年第 3 期。

[75]车玉玲:《超越资本与空间生产的历史限度》,《南京政治学院学报》2014 年第 1 期。

[76]施从美、沈承诚:《现代性、资本逻辑与生态危机》,《社会科学战线》2013 年第 9 期。

[77]陈晓林:《现代性视域下的物化关系——马克思物化理论再研究》,《福建论坛》2009 年第 2 期。

[78]潘岳:《直面中国资源环境危机——呼唤以新的生态工业文明取代旧工业文明》,《环境教育》2004 年第 3 期。

[79]郭殿生:《生态危机与 21 世纪资本主义》,《教学与研究》2012 年第 2 期。

[80]田坤:《从异化劳动到生态危机:生态学马克思主义的资本批判逻辑》,《社会科学辑刊》2012 年第 4 期。

[81]徐水华:《论资本逻辑与资本的反生态性》,《科学技术哲学研究》2010 年第 6 期。

[82]杜受祜:《气候变化下我国城市的绿色变革与转型》,《社会科学研究》2014 年第 6 期。

[83]包庆德、夏承伯:《走向荒野的哲学家——霍尔姆斯·罗尔斯顿及其主要学术思想评介》,《自然辩证法研究》2011 年第 1 期。

[84]温莲香:《马克思恩格斯劳动概念的生态维度解读》,《当代经济研究》2012 年第 5 期。

[85]田辉玉、张三元:《资本逻辑视域下的生态文明建设》,《现代哲学》2016 年第 2 期。

[86]杜黎明:《推动工业文明向生态文明跃迁的保障体系研究》,《社会科学战线》2013 年第 2 期。

[87]苗启明:《马克思生态哲学的双重历史构架》,《思想战线》2013 年第 5 期。

[88]廖志丹、陈墀成:《马克思恩格斯生态哲学思想:中国生态文明建设的哲学智慧之源》,《贵州社会科学》2011 年第 1 期。

[89]周志山:《马克思生态哲学的社会视阈与科学发展观》,《马克思主义研究》

2011 年第 5 期。

[90]杨巧蓉：《全球化视野下我国生态文明建设之困境与应对》，《山东社会科学》
2014 年第 12 期。

[91]黄志红、任国良：《基于生态文明的我国产业结构优化研究》，《河海大学学
报》（哲学社会科学版）2014 年第 4 期。

[92]李全喜：《从生态哲学看环境问题的思想根源及其转变》，《科学技术哲学研
究》2010 年第 5 期。

[93]李怀涛：《历史唯物主义关注现实的方式》，《哲学研究》2015 年第 6 期。

[94]刘福森：《新生态哲学论纲》，《江海学刊》2009 年第 6 期。

[95]王雪松：《马克思主义生态哲学思想及启示》，《江淮论坛》2009 年第 3 期。

[96]叶平：《生态哲学的内在逻辑：自然（界）权利的本质》，《哲学研究》2006 年第
1 期。

[97]罗骞：《人的解放与自然的全面复活——兼论历史唯物主义作为生态哲学之
基础的可能性》，《马克思主义研究》2006 年第 9 期。

[98]任平：《中国特色生态文明理论的构建：问题、观念与模式》，《江苏行政学院
学报》2014 年第 4 期。

[99]方世南：《马克思唯物史观中的生态文明思想探微》，《苏州大学学报（哲学社
会科学版）》2015 年第 6 期。

[100]戴圣鹏：《生态文明的历史诉求——马克思恩格斯的生态文明思想探析》，
《学术界》2013 年第 5 期。

[101]马凯：《坚定不移推进生态文明建设》，《求是》2013 年第 9 期。

[102]张春华：《中国生态文明制度建设的路径分析——基于马克思主义生态思
想的制度维度》，《当代世界与社会主义》2013 年第 2 期。

[103]刘希刚：《马克思恩格斯生态文明思想的体系性存在及现实启示》，《科学社
会主义》2012 年第 1 期。

[104]李娟、杨世文：《十六大以来党的生态文明建设思想探析》，《当代中国史研
究》2012 年第 1 期。

[105]张士发：《论生态辩证法与多元现代性——关于生态文明与马克思主义生
态观的思考》，《马克思主义研究》2011 年第 6 期。

[106]龚天平、何为芳：《生态文明与经济伦理》，《北京大学学报（哲学社会科学
版）》2011 年第 4 期。

[107]邓坤金、李国兴：《简论马克思主义的生态文明观》，《哲学研究》2010 年第
5 期。

[108]张弥:《社会主义生态文明的内涵、特征及实现路径》,《中国特色社会主义研究》2013 年第 2 期。

[109]徐春:《对生态文明概念的理论阐释》,《北京大学学报(哲学社会科学版)》2010 年第 1 期。

[110]王睿:《马克思的环境思想与我国生态文明建设》,《科学社会主义》2013 年第 1 期。

[111]王宏斌:《当代中国建设生态文明的途径选择及其历史局限性与超越性》,《马克思主义与现实》2010 年第 1 期。

[112 江潭瑜:《生态文明的正义维度》,《马克思主义与现实》2008 年第 4 期。

[113]宋林飞:《生态文明理论与实践》,《南京社会科学》2007 年第 12 期。

[114]徐海红:《生态文明的劳动基础及其样式》,《马克思主义与现实》2013 年第 2 期。

[115]赵成:《马克思的生态思想及其对我国生态文明建设的启示》,《马克思主义与现实》2009 年第 2 期。

[116]顾钰民:《论生态文明制度建设》,《福建论坛(人文社会科学版)》2013 年第 6 期。

[117]顾钰民:《生态危机根源与治理的马克思主义观》,《毛泽东邓小平理论研究》2015 年第 1 期。

[118]刘红玉、彭福扬:《马克思的产业思想与当代产业发展》,《自然辩证法》2011 年第 2 期。

[119]刘湘溶:《中国的生态文明建设:现实基础与时代目标》,《马克思主义与现实》2013 年第 5 期。

[120]刘湘溶:《生态文明建设:文化自觉与协同推进》,《哲学研究》2015 第 3 期。

[121]刘思华:《关于马克思生态经济思想的两个基本理论问题》,《学术论坛》2006 年第 5 期。

[122]刘思华:《对建设社会主义生态文明论的若干回忆——兼述我的"马克思主义生态文明观"》,《中国地质大学学报》(社会科学版)2008 年第 4 期。

[123]俞可平:《科学发展观与生态文明》,《马克思主义与现实》2005 年第 4 期。

[124]倪瑞华:《马克思对资本的生态批判》,《社会科学辑刊》2009 年第 2 期。

[125]俞金尧:《资本主义与近代以来的全球生态环境》2009 年第 6 期。

[126]周生贤:《中国特色生态文明建设的理论创新和实践》,《求是》2012 年第 19 期。

[127]蒯正明、陈华娟:《资本的反生态性与当下中国生态风险的规避》,《江西农

业大学学报》(社会科学版)2012 年第 1 期。

[128]方时姣:《论社会主义生态文明三个基本概念及其相互关系》,《马克思主义研究》2014 年第 7 期。

[129]吴瑾菁、祝黄河:《"五位一体"视域下的生态文明建设》,《马克思主义与现实》2013 年第 1 期。

[130]余源培:《生态文明:马克思主义在当代新的生长点》,《毛泽东邓小平理论研究》2013 年第 5 期。

[131]陈凡、杜秀娟:《论马克思〈资本论〉中的生态观》,《马克思主义与现实》2008 年第 2 期。

[132]万冬冬:《人与自然的矛盾及其和解:〈资本论〉及其手稿的生态意蕴》,《学术交流》2014 年第 4 期。

[133]胡家勇、李繁荣:《〈资本论〉中的生态思想及其当代价值》,《经济学动态》2015 年第 7 期。

[134]何爱平、石莹:《我国城市雾霾天气治理中的生态文明建设路径》,《西北大学学报(哲学社会科学版)》,2014 年第 2 期。

[135]朱炳元:《关于〈资本论〉中的生态思想》,《马克思主义研究》2009 年第 1 期。

[136]莫放春:《国外学者对〈资本论〉生态思想的研究》,《马克思主义研究》2011 年第 1 期。

[137]莫放春:《〈资本论〉与生态文明》,《伦理与文明》2015 年第 2 期。

[138]贺来、张欢欢:《"人的本质是一切社会关系的总和"意味着什么》,《学习与探索》2014 年第 9 期。

[139]周光迅、王敬雅:《资本主义制度才是生态危机的真正根源》,《马克思主义研究》2015 年第 8 期。

[140]张春玲:《资本逻辑视阈下的现代生态问题》,《理论月刊》2015 年第 1 期。

[141]张永红:《生态消费的困境与出路探要》,《理论与改革》2015 年第 4 期。

[142]约翰·巴切特尔:《资本主义生产方式:生产环境与生态环境双重危机的根源》,骆小平译,《马克思主义研究》2015 年第 6 期。

[143]周济:《"中国制造"迎来创新驱动的春天》,《求是》2015 年第 16 期。

[144]张乐、胡敏中:《探源生态危机:资本逻辑的时空布展》,《湘潭大学学报》(哲学社会科学版)2015 年第 2 期。

[145]唐正东:《异化的生产方式与资本主义的生态危机——福斯特的资本主义危机论解读》,《南京社会科学》2015 年第 1 期。

[146]刘顺:《资本逻辑与生态危机的根源——与顾钰民先生商榷》,《上海交通大学学报》《哲学社会科学版》2016年第1期。

[146]刘顺:《资本的辩证法:生态危机与生态文明》,《当代经济研究》2017年第4期。

[147]刘顺:《"杰文斯悖论":资本逻辑宰制下技术的生态幻象》,《自然辩证法研究》2017年第9期。

[148]贾雷、郇庆治:《资本主义"红绿"批判的三重维度——新陈代谢断裂理论、生态帝国主义与新资源榨取主义》,《国外社会科学》2017年第2期。

[149]牛庆燕:《全球化视阈中的生态文明话语权重建》,《科学社会主义》2019年第6期。

[150]曹孟勤:《超越人类中心主义和非人类中心主义》,《学术月刊》2003年第6期。

[151]曹孟勤:《论共生与共享的统一》,《马克思主义与现实》2019年第5期。

[152]乔玉强:《互动与形塑:人类命运共同体与全球化的互构式发展》,《社会主义研究》2020年第4期。

[153]栾永玉、林超琴:《马克思〈资本论〉生态思想再论析》,《学习与实践》2021年第3期。

[154]王向阳:《新时代共建地球生命共同体创新路径选择》,《人民论坛·学术前沿》,2020年第6期(上)。

[155]张盾、马枫:《论德勒兹资本主义批判的生态维度》,《江海学刊》2020年第4期。

[156]朱民、张龙梅、彭道菊:《中国产业结构转型与潜在经济增长率》,《中国社会科学》2020年第11期。

[157][希]哈里斯·格乐米斯:《后疫情时代的生态马克思主义理论与资本主义困境——约翰·贝拉米·福斯特教授访谈》,《马克思主义与现实》2022年第2期。

后　记

　　本书是在我博士论文基础上修改而成。回想四年的博士求学时光,转眼即逝,无限感慨。在去上海财经大学之前,虽然在高校工作多年,但在学术研究方面,一直是一名门外汉。求学期间,导师们循循善诱、谆谆教诲,让我通过"门缝"领略到学术研究的五彩斑斓之美。现在虽然已经毕业离校,但每每想起求学和从学之事,对各位老师的感激之情不禁涌上心头。

　　首先要感谢我的导师鲁品越教授。感谢先生当年不嫌我才疏学浅,收入门下,并悉心指导。先生学识渊博,将自然科学与人文科学融会贯通,见解深刻独到,具有强烈的社会责任感,以破解社会现实问题为己任,治学严谨,行文掷地有声。先生为人一身正气,刚正不阿,品德高尚,是我等为学和做人的标杆和楷模。但缘于我自己愚钝,无法完全领悟先生的思想。因此,摆在面前的这个文稿远远没有到达先生精心指导下所应该达到的水准。在未来的学术研究中,我将进一步学习和吸收先生的思想。

　　感谢我的硕士导师浙江大学高力克教授对我的学业、工作和生活的一直关心。先生淡泊名利,一心向学,不与人争,生活高雅,启发和指引我不断前行。

　　感谢一直以来默默支持我的家人。感谢妻子王梅女士。在我读书求学期间,她承担了家里家外一切事务和孩子的抚养与教育工作,多年来一直鼓励并大力支持我的工作,帮我解除后顾之忧;活泼可爱的女儿、儿子给我的生活增添了很多乐趣。感谢父母、岳父岳母对我求学和工作的理解和支持,谢谢你们!

　　感谢浙江大学出版社傅百荣老师、葛玉丹老师为此书出版作出的辛劳。

　　本书的部分章节内容曾发表于《马克思主义研究》《浙江社会科学》《思想政

治教育研究》《当代经济研究》《学术交流》《北方论丛》《天府新论》《浙江工商大学学报》《哈尔滨工业大学学报》(社会科学版)《天津行政学院学报》《齐齐哈尔大学学报》(哲学社会科学版)等刊物,在此感谢各期刊给予的机会和鼓励,感谢各位编辑老师给予的指导和辛苦付出。

　　行文至此,内心并没有多少欣喜与激动,更多的是遗憾。遗憾的是,没有领悟导师之意,从而毕业时没有很好地完成博士论文;遗憾的是,囿于自己水平和能力,呈现出来的文稿依然不完满;遗憾的是,长期的伏案工作,错过了孩子成长的许多美好片段……也许风雨兼程的奔波,就难免会留下一些遗憾,聊以安慰,是为记。

2022 年 8 月